农村基础教育三级课程实施研究

王　标　孙自强　著

科学出版社

北京

内 容 简 介

　　三级课程是第八次基础教育课程改革的亮点，也是难点。本书基于实证的研究方法，试图以西南地区 5 个省（自治区、直辖市）为例，勾勒农村基础教育三级课程实施现状，寻找实施存在的问题，借助新制度经济学理论探寻影响三级课程实施的因素，以期提出促进三级课程有效实施的策略。本书立足实践，关注农村基础教育发展，着眼解决实际问题，可作为研究和解决农村基础教育问题的重要参考。

　　本书可供中小学教育工作管理者、研究者阅读参考。

图书在版编目（CIP）数据

　　农村基础教育三级课程实施研究/王标，孙自强著. —北京：科学出版社，2017.3

　　ISBN 978-7-03-052246-7

　　I. ①农… II. ①王… ②孙… III. ①乡村教育－基础教育－研究－中国 IV. ①G639.2

　　中国版本图书馆CIP数据核字(2017)第053476号

责任编辑：郭勇斌　邓新平　欧晓娟/责任校对：郭瑞芝
责任印制：张　伟/封面设计：蔡美宇

斜 学 出 版 社 出版
北京东黄城根北街16号
邮政编码：100717
http://www.sciencep.com

北京建宏印刷有限公司 印刷
科学出版社发行　各地新华书店经销
*
2017年3月第 一 版　　开本：720×1000　1/16
2017年3月第一次印刷　　印张：16 1/4
字数：310 000

定价：88.00 元

（如有印装质量问题，我社负责调换）

导　言

21 世纪初正式实施的第八次基础教育课程改革（以下简称新课程改革）给基础教育的发展注入了新的活力，新理念、新模式、新方法使学校教育焕发了新的生机。10 余年过去了，新课改实施之初所倡导的新理念、新模式、新方法实施得如何？尤其是在经济、文化、教育发展水平等方面都较为落后的农村地区实施得如何？目前尚未有较为权威的研究报告，甚至多年来一直被忽视，这需要全面的实证研究，国家也急需这方面翔实的研究报告。在这种背景下，笔者选取了新课改革实施中的亮点和难点环节——三级课程的实施作为研究主题，并以西南地区云南、贵州、四川、重庆、广西 5 个省（自治区、直辖市）为样本，以期还原农村基础教育课程改革的真实状况，为国家基础教育均衡和公平发展提供翔实的证据。

三级课程作为核心概念，从字面理解即为国家课程、地方课程和学校课程，但从不同的视角来看，三级课程有着不同的内涵，概括起来主要有三种，即三级课程作为课程体系、三级课程作为课程管理体制、三级课程作为课程政策。已有的研究主要关注作为课程管理体制的三级课程，本书则主要从课程体系和课程政策的角度关注三级课程，重点研究农村基础教育三级课程实施现状及存在问题、硬件与软件资源保障情况、主要影响因素作用情况、典型案例与基本经验及促进三级课程有效实施策略等内容，以期真实客观地反映农村基础教育三级课程实施状况，科学分析其影响因素，提出改进策略，为深化农村基础教育课程实施、推进素质教育、促进国家基础教育均衡发展提供参考。

本书主要采用文献法、调查法、统计分析法。通过对国内外研究成果的梳理，在已有相关成果基础上设计了三级课程实施现状、硬件与软件资源保障情况、影响因素分析的调研框架和工具。三级课程实施现状主要立足教师视角，从三级课程文本的理解与认识、三级课程实施主体素质、三级课程实施资源与环境三个维度进行了解；硬件与软件资源保障情况主要从基础条件、经费投入及教师队伍情况三个方面进行了解；影响因素分析主要借助新制度经济学的理论，从制度因素和非制度因素两个维度的 7 个二级指标进行描述。

从收集的资料分析来看，总体上农村基础教育三级课程实施是平稳的，新课改革理念在农村受到了较高的认同；三级课程得到贯彻落实，国家课程基本开齐开足，地方课程开发受到重视、类型多样，学校课程开发丰富多彩。但在实施中也暴露了一些问题：只重视国家课程部分科目的实施，音体美、综合实践活动等课程被忽视，地方课程、学校课程实施被轻视；课程管理底层组织和机构执行不力，教材多样化落实差；课程资源严重匮乏，教师资源严重不足；教与学方式没能得到根本转变；评价成为三级课程实施的瓶颈。与此同时，从制度和非制度的因素分析入手发现，影响三级课程实施最主要的因素是保障机制，包括师资、经费、资源等多个方面；对三级课程实施影响较大的是非制度因素，包括教师人际关系、教育信念、非权力影响力等方面。此外，课程实施相关的组织和运行机制等因素也不容忽视。

针对农村基础教育三级课程实施存在的主要问题，对硬件与软件资源保障情况的分析，以及典型案例与基本经验的总结，本书提出了推进三级课程有效实施的策略：建立健全相关的课程实施组织机构，并有效运行；精简国家课程科目，为学生发展提供核心知识，有效推进三级课程整合；建设和开发独具特色的农村课程资源；努力提升农村教师队伍素质；建立和完善发展性评价体系。

本书力图在以下方面进行创新：在研究内容的选取上，首次整体关注农村基础教育三级课程实施；在研究的视角上，从政策实施的角度，分析影响三级课程实施的制度因素和非制度因素，发现相比制度因素，教师人际关系、教育信念、非权力影响力等非制度因素对三级课程实施影响更大；在研究方法的应用上，改变以往有关三级课程研究多以理论思辨为主的倾向，采用实证研究方法，大量运用数据，做到理论与实践相结合。

本书由王标和孙自强合作完成。其中第一章、第二章（第一、二、四部分）、第三章、第四章、第七章、第九章、第十章主要由王标完成；第二章（第三部分）、第五章、第六章、第八章主要由孙自强完成。由于笔者自身的学识、资料收集的有限性，以及研究方法本身的局限性等，书中难免存在不足之处，敬请各位同行批评指正。

王　标　孙自强
2016 年 11 月

目　录

导言

第一章　绪论 …………………………………………………………… 1

一、农村基础教育课程改革的机遇与挑战 ……………………………… 1

（一）农村教育是基础教育发展的重点和薄弱环节 …………………… 3

（二）三级课程实施是基础教育新课程改革的亮点和难点 …………… 4

（三）农村基础教育三级课程实施多年来关注不够 …………………… 5

二、农村基础教育三级课程实施值得关注的问题与研究价值 ………… 5

（一）值得关注的问题 …………………………………………………… 6

（二）三级课程实施研究的重要意义 …………………………………… 6

第二章　国内外三级课程研究动态 …………………………………… 8

一、国内外的农村义务教育 ……………………………………………… 8

（一）农村义务教育的管理体制研究动态 ……………………………… 9

（二）农村义务教育的均衡发展研究动态 ……………………………… 12

（三）农村义务教育的师资队伍建设研究动态 ………………………… 16

二、农村义务教育新课程改革实施研究动态 …………………………… 21

（一）义务教育新课程改革的认同研究现状 …………………………… 21

（二）义务教育新课程改革实施现状与问题研究动态 ………………… 25

（三）促进农村义务教育新课程改革有效实施的对策研究现状 ……… 30

三、农村高中新课程改革实施相关研究动态 …………………………… 31

（一）高中新课程改革的认同程度有关研究现状 ……………………… 32

（二）高中新课程改革的焦点问题研究现状 …………………………… 33

（三）高中新课程改革实施的问题与建议研究现状 …………………… 37

四、国内外有关三级课程及其实施的研究现状动态 …………………… 38

（一）有关国家课程及其实施的研究动态 ……………………………… 39

（二）有关地方课程及其实施的研究动态 ……………………………… 40

（三）有关校本课程及其实施的研究动态 ……………………………… 43

（四）有关三级课程整体及其实施的研究动态 ………………………… 45

第三章　三级课程实施研究的理论基础、核心概念及方法设计 ················· 48

　一、理论基础 ··· 48

　　（一）三级课程实施的相关政策 ··· 48

　　（二）课程实施理论 ··· 50

　　（三）课程政策理论 ··· 52

　二、核心概念界定——三级课程 ··· 54

　　（一）作为课程政策的三级课程 ··· 54

　　（二）作为课程管理体制的三级课程 ··· 55

　　（三）作为课程体系的三级课程 ··· 55

　三、关注对象及采用的研究方法 ··· 56

　　（一）关注的对象 ··· 56

　　（二）采用的研究方法 ··· 57

　四、本书基本框架与调查设计 ·· 58

　　（一）本书基本框架 ··· 58

　　（二）调查设计 ··· 59

　五、三级课程实施研究信度、效度与伦理 ·· 61

　　（一）信度 ·· 61

　　（二）效度 ·· 62

　　（三）伦理 ·· 62

第四章　农村义务教育三级课程实施情况与主要问题 ····························· 63

　一、调查概况 ··· 63

　　（一）调研时间进度 ··· 63

　　（二）调研样本容量 ··· 63

　　（三）接受调研教师基本信息 ··· 64

　二、义务教育三级课程实施现状 ··· 65

　　（一）半数以上教师对新课程改革理念等的理解与认同程度较高 ··········· 66

　　（二）各省三级课程体系基本建立 ··· 74

　　（三）国家课程基本开齐开足 ··· 79

　　（四）多数省份重视地方课程，开发了类型多样的地方课程 ················· 88

　　（五）教师对校本课程价值认识充分，部分学校开发了较为多样的校本
　　　　　课程 ·· 93

　三、义务教育三级课程有效实施面临的主要问题 ····································· 99

　　（一）多数省份三级课程结构比例不达标，轻地方课程、校本课程实施 ···· 99

　　（二）课程管理问题较多，教材选用多样化参差不齐 ························· 101

（三）课程资源匮乏，尤其是教师资源不足 ……………………… 105

（四）多数教与学的方式未得到根本转变 ………………………… 108

（五）评价成为农村义务教育三级课程实施的瓶颈 ……………… 110

第五章　农村高中三级课程实施情况与主要问题 ………………………… 114

一、调查概况 ……………………………………………………………… 114

（一）调研时间进度 ……………………………………………… 114

（二）调研样本容量 ……………………………………………… 114

（三）接受调研教师基本信息 …………………………………… 115

二、高中三级课程实施基本情况 ……………………………………… 116

（一）教师对新课程改革理念等了解与认可程度均较高 ……… 116

（二）教师认为三级课程符合教育发展需求，但有效实施仍需努力 123

（三）国家课程虽全面落实，但通用技术、综合实践活动实施不好 … 126

（四）地方课程大多未开设，校本课程稳步推进 ……………… 126

三、高中三级课程实施存在的主要问题 …………………………… 128

（一）存在重国家课程，轻地方课程和校本课程的倾向，地方课程大多

没有开设 ………………………………………………… 128

（二）课程科目和内容多，任务难完成，有的高考科目课时超 200% … 128

（三）通用技术、综合实践活动的学习缺乏相应的师资和设施 … 128

（四）高考方案迟迟未出台导致教师不知所措 ………………… 129

（五）数学等教材存在初高中不衔接及学科之间不衔接等问题 … 129

第六章　农村基础教育三级课程实施硬件与软件资源保障情况 ………… 130

一、基本办学条件状况：各地差异大，有的地方仍有危房存在 … 130

（一）高中办学条件 ……………………………………………… 131

（二）农村初中办学条件 ………………………………………… 132

（三）农村小学办学条件 ………………………………………… 133

（四）小结 ………………………………………………………… 134

二、经费投入状况：虽逐年增长，但仍较缺乏 …………………… 134

（一）高中教育经费收支情况 …………………………………… 135

（二）农村初中教育经费收支情况 ……………………………… 137

（三）农村小学教育经费收支情况 ……………………………… 140

（四）小结 ………………………………………………………… 142

三、教师队伍现状：总体情况较好，但存在异样状况 …………… 143

（一）教师队伍年龄结构偏大，不少地方有老化趋势 ………… 143

　　（二）教师队伍学历基本达标…………………………………… 147
　　（三）教师队伍学科结构不合理………………………………… 149
　　（四）教师培训全面铺开但力度尚需加强……………………… 152

第七章　农村基础教育三级课程有效实施影响因素分析………… 156
　一、影响基础教育三级课程实施的制度因素……………………… 156
　　（一）教育法规制度……………………………………………… 156
　　（二）教育组织制度……………………………………………… 159
　　（三）教育运行机制……………………………………………… 161
　　（四）保障机制…………………………………………………… 164
　二、影响基础教育三级课程实施的非制度因素…………………… 166
　　（一）教育信念…………………………………………………… 166
　　（二）非权力影响力……………………………………………… 168
　　（三）人际关系…………………………………………………… 169
　三、小结…………………………………………………………… 170

第八章　农村基础教育三级课程实施典型案例与经验…………… 173
　一、典型案例………………………………………………………… 173
　　（一）重庆市綦江县"区域整体推进农村课程改革"………… 173
　　（二）云南省依托"三生教育"全面推动地方课程实施……… 177
　　（三）广西柳江县"三三式"校本教研推动课程改革………… 184
　　（四）四川省中和中学以校本课程开发和实施促进学校发展… 189
　　（五）贵州省六堡畲族女子学校将民族民间文化引入学校…… 192
　二、农村基础教育三级课程实施的基本经验……………………… 194
　　（一）各地政府重视课程改革，积极推动课程改革实施……… 194
　　（二）改善办学条件改善，整合教育资源……………………… 196
　　（三）加强教师培训，提升教师素质…………………………… 197
　　（四）注重地方特色和民族特色，丰富地方课程和校本课程资源… 199
　　（五）积极倡导教学方式转变，提高课堂教学质量…………… 200
　　（六）通过教育科研，深化课程改革…………………………… 201

第九章　农村基础教育三级课程有效实施的策略………………… 203
　一、加强课程管理，保证三级课程有效运行……………………… 203
　　（一）建立健全三级课程实施组织，加强监管………………… 203
　　（二）树立三级课程实施校长第一责任人意识………………… 205
　　（三）切实有效地推行课程教材多样化………………………… 206

二、精简国家课程科目，有效整合三级课程 ……………………………… 207

（一）精简国家课程科目 ……………………………………………… 207

（二）三级课程有效统整，走向学校课程 …………………………… 208

三、努力开发和建设配套的课程资源 ……………………………………… 210

（一）加强农村地区本身的课程资源开发与利用 …………………… 210

（二）加快农村地区教育信息化进程，开发利用网络信息课程资源 …… 212

四、加强师资队伍及其支撑体系建设 ……………………………………… 213

（一）转变教师课程观念，有针对性提升教师业务水平 …………… 213

（二）多渠道解决农村教师数量不足质量不高的问题 ……………… 216

五、探索和改革与新课程改革标准匹配的评价体系 …………………… 217

（一）摒弃唯分数论的应试教育观念 ………………………………… 217

（二）切实建立和完善发展性评价体系 ……………………………… 218

第十章　余论 ……………………………………………………………… 220

参考文献 …………………………………………………………………… 222

附录1　基础教育三级课程实施现状调查问卷（教师）………………… 226

附录2　基础教育三级课程实施影响因素调查问卷（教师）…………… 230

附录3　基础教育三级课程实施状况访谈提纲（教师）………………… 232

附录4　部分访谈纪要 …………………………………………………… 234

附录5　农村中小学办学条件基本情况调查表 ………………………… 238

附录6　县级学生情况统计表 …………………………………………… 240

附录7　县级基础教育经费收支情况统计表 …………………………… 241

附录8　县级教师队伍基本信息表 ……………………………………… 243

后记 ………………………………………………………………………… 245

第一章 绪 论

2001 年秋季，第八次基础教育课程改革（以下简称新课程改革）正式进入实验阶段，时至今日，这场改革已经经历了 10 余年时间的锤炼，改革之初的许多新思想、新理念、新方法似乎都已经深入人心，课程改革似乎进入了纵深发展的阶段。2011 年末，教育部颁布了义务教育阶段各门学科新修订的课程标准，删除了各学科课程标准后面的"实验"二字，这似乎预示着"实验"已经告一段落。高中阶段课程标准修订工作也一直在紧锣密鼓地进行之中，但至今还未颁布修订稿。回顾 10 余年的基础课程改革实验，给人印象最深的是：课程目标的重新定位——全人发展；学习方式的转变，倡导自主、合作、探究的学习方式；课程管理的新模式——实施三级课程（国家课程、地方课程和学校课程），此外还有诸如评价制度的改革等。这些新的变化实施效果如何，尤其是三级课程的实施，目前还没有比较完整和全面的研究，在课程改革走向纵深发展的阶段，有必要对三级课程的实施现状进行审视，以发现并解决问题，促进课程的有效实施，为学生素养的全面提升、全人发展服务。

一、农村基础教育课程改革的机遇与挑战

首先，我们来看一段访谈资料。这是与贵州省一所农村学校校长的对话实录节选：

与校长的对话（节选）①

......

研究者（以下简称 B）：请问贵校在落实新课程改革方案中的国家课程时，是否遇到了一些困难？

校长（以下简称 C）：总的来说，学校严格按照上级教育管理部门的要求，基本落实了国家新课程方案所设置的一些课程，做到开齐课程，开足课时，落实新课程改革的基本要求。但是在落实过程中总会存在这样或那样的问题。

B：您能具体说说存在哪些问题吗？

---

① 内容根据 2011 年 12 月 16 日上午采访贵州省遵义县××学校校长的录音整理，这是一所农村九年一贯制学校。

C：问题首先表现在农村的师资力量不足。新增设的一些课程，如综合实践活动课、科学课程都没有专门的教师，只能由其他教师兼任；传统的音乐课、美术课基本上也没有专业教师；体育教师的数量也很少，不能满足教学需要。第二个问题我觉得是新课程改革的有些内容不符合农村学生的生活实际，如品德与社会中的一些案例，涉及柏油马路、红绿灯等一些城市生活的内容，学生从来没有接触过，教师教学时学生更多的是一种茫然。而且由于这种城乡内容的脱节或对比容易对农村孩子造成心理影响：向往城市，逃离农村，存在离农教育倾向。第三个问题我觉得是当前学校安全责任负担太重，当然我不是想推卸学校的责任。安全稳定压倒一切这是对的，但是过分强调就会影响正常的教育教学，比如，我们很多的活动课程由于考虑安全因素而取消，体育课有些存在安全问题的项目不开设。教师们似乎已经形成一种心理定势：为了避免安全事故，那么就尽量减少出现安全事故的可能性。曾经我们有一门课程是劳技课，安排学生到校园里锄草，结果一个学生不小心把锄头扔到了另一个同学的额头上，上级领导和学生家长知道以后都非常生气，说学校对安全教育不重视。从这以后我们的劳动课程就很少安排实践活动。我想这很容易导致我们的学生将来四体不勤、五谷不分。

B：您刚才指出了三个方面的问题，我都记下了。

C：我说的不一定科学，这只是我个人的一些想法。

B：谢谢！我还想问您一下，按照国家新课程改革方案的要求，学校还应开设一定比例的地方课程和学校课程，咱们学校开设了哪些地方课程和学校课程呢？

C：是的，新课程改革要求学校开设地方课程和学校课程。我们学校按照省教育厅的要求，开设了《农村实用技术》地方课程；学校课程学校主要开设了《兰花种植》。

B：为什么会考虑开设《兰花种植》呢？

C：这主要是我们的一位语文教师对于兰花种植也有研究，所以他就开了这样一门课程，他过两年就退休了，我们还在思考以后这门课怎么办？是不是会被取消呢！（笑）其实我们还可以开设其他课程，我们这里少数民族众多，各民族的文化等都很有特色，可以考虑利用这些资源开发学校课程。

B：是这样一个情况啊。从总体上来看，您觉得学校在实施地方课程和校本课程方面存在哪些问题呢？

C：我觉得问题还是蛮多的。首先就是教师的问题，没有专门的教师来承担课程，地方课程和校本课程都是如此。其次像地方课程《农村实用技术》本身是需要实践的，但是我们只能在教室里"纸上谈兵"。（笑）还有就是由于这些课程都不需要考试，教师和学生都不是很重视，甚至有人认为学这些是浪费时间。这些使得学校在开设地方课程、校本课程时很难落实到位。

B：针对这些问题，您有没有好的建议呢？

C：好的建议啊？我暂时也没想好，我总觉得这个评价制度改革很重要。还有我觉得新课程改革说是三级课程，国家、地方和学校课程各占一定的比例，但实际上国家课程和上级部门要求开设的课程已经占满了课表，甚至排不开，学校自己想开设一些课程都没法进课表。有时候我们的教务主任开玩笑说，要是上级领导能把我们的课表排好发给我们该多好啊！

……

上述谈话持续了 2 个多小时，由于事先没有特意的安排，也没有把访谈提纲提供给他，很多信息都是现场的即兴组织，这可以从中看出一位农村校长对当前基础教育新课程改革的一些真实想法，有些或许能够给予读者深刻的启示。校长的话语中展示了学校三级课程实施的基本样貌，也透露了他的一些担忧，提出了一些问题，这应该是每一个教育研究者应该关注的问题。

我国是一个农业大国，第六次全国人口普查显示，我国目前居住在乡村的人口数量为 674 149 546 人，占总人口的 50.32%，"根据第二次全国农业普查资料，乡村人口中 95.1%为农业户籍"①。从这个比例来看，我国目前的农村人口相对数量依然庞大，因此他们的教育问题依然是重中之重。同时，我国是一个多民族的国家，少数民族的教育问题一直也是重点。2009 年 9 月国务院发布的《中国的民族政策与各民族共同繁荣发展》政府白皮书中指出西南和西北是少数民族分布最集中的两个区域，西部 12 个省（自治区、直辖市）居住着全国近 70%的少数民族人口。因此，关注基础教育发展也是研究少数民族教育发展的需要。总之，选择农村基础教育三级课程实施作为研究主题，并以西南地区为样本，原因有以下三点。

（一）农村教育是基础教育发展的重点和薄弱环节

前面已经谈到农村教育依然是我国教育关注的重点，因为我国大量的人口依然居住在农村，国家"农村教育在全面建设小康社会中具有基础性、先导性、全局性的重要作用。发展农村教育，办好农村学校，是直接关系 8 亿多农民切身利益，满足广大农村人口学习需求的一件大事；是提高劳动者素质，促进传统农业

---

① 王志理，王如松，周传斌. 当前中国农业人口问题、原因及对策思考[J]. 中国农垦，2011，(12)：43-45.

向现代农业转变，从根本上解决农业、农村和农民问题的关键所在；是转移农村富余劳动力，推进工业化和城镇化，将人口压力转化为人力资源优势的重要途径；是加强农村精神文明建设，提高农民思想道德水平，促进农村经济社会协调发展的重大举措"①。农村教育的重要性不言而喻，但由于农村幅员辽阔，适龄学生人数较多，农村教育面临的问题依然很多。国家义务教育法实施情况检查组 2007 年的报告显示，农村教育依然薄弱，突出问题表现在"大班上课、宿舍简陋、贫困生补贴低，农村学校等待经费保障""农村教师工资低、编制少、年龄偏大"和"农村'留守儿童'、进城务工人员随迁子女教育待重视"②。其实问题不止这些，从近年来研究者的关注重点来看，农村学校布局与调整、农村教育管理体制、农村教育经费投入机制、农村教育师资队伍建设都是农村教育亟待解决的问题，随着新课程改革的推进，农村学校教育内容也成为大家讨论的焦点问题。由于我国农村教育的基础薄弱，这些问题到目前为止都没有得到妥善的解决，农村教育依然是我国基础教育发展的重点和薄弱环节。

（二）三级课程实施是基础教育新课程改革的亮点和难点

新课程改革似乎给农村带来了许多生机，尤其是新课程改革提出的三级课程，给予地方和学校一定的自主权，以实施地方课程和学校课程。这是教育多元化、民主化发展的体现，是我国教育逐步走向现代化的标志。在新课程改革实施之初，许多研究者谈到新课程改革的亮点时，都会以三级课程的实施为例，这无疑是一个亮点，因为这是新中国成立以来的历次课程改革中首次提到且付诸实施。在一片欢呼中，三级课程蹒跚学步，踟蹰前行，因为这是一项崭新的事业，没有可供直接借鉴的模式。从各地实施的情况来看，有些地方在三级课程实施方面取得了一些显著的成效，并形成了一定的影响。例如，云南省教育主管部门就狠抓地方课程建设，建立了较为完善的地方课程体系，其"生命 生存 生活"课程（简称"三生教育"）在全省范围内作为必修课和限定选修课开设，并且在全国范围内产生了重要影响。贵州省开设了"民族文化进课堂"和"农村实用技术"等地方课程，受到了学生的喜爱，获得了较好的反响。四川省泸县一所学校全体教师都在探索如何很好地整合三级课程，使学校课程变得更有效……这样积极实施三级课程的案例非常多，各地、各学校课程实施的特色层出不穷。与此同时，三级课程实施也暴露了一些问题，比如，有研究者认为"国家层面对教材编写把关不严；地方层面出现教材'编写热'；学校层面的课程管理没有明显改观"③，导致国家课程的教材编写质量参差不齐，地方课程开发与实施沦落为编写教材，学校课程

---

① 李林兵. 农村教育不应成为课改的盲点[N]. 中国教师报, 2003-12-24.
② 宋伟, 毛磊. 农村教育薄弱凸显[N]. 中国教育报, 2007-06-29(11).
③ 余进利. 我国基础教育三级课程管理体制实施述评[J]. 当代教育科学, 2004, (4): 22-25.

紧紧围绕考试科目等不良现象。这就违背了三级课程实施本身的价值追求，失去了原有的意义。三级课程在新课程改革实施之始作为亮点出现，而今它也成了新课程改革实施向纵深发展的难点问题。

（三）农村基础教育三级课程实施多年来关注不够

本书的调查主要以西南地区为样本，书中所指的西南地区包括云南、贵州、四川、重庆、广西5个省（自治区、直辖市）（以下简称云、贵、川、渝、桂），未包括一般意义上的西南地区中的西藏。这5个省（自治区、直辖市）的面积约占全国的12.9%，人口约占全国人口的17.6%（据第六次人口普查数据），占地面积和人口数量均占全国较大比例，对国家整体发展来说具有重要影响，在教育均衡发展的今天，是不容忽视的。同时在这一地区居住人口民族众多，如苗族、白族、傣族、水族、土家族、彝族等，是我国少数民族集中区域之一，多民族共同生活，文化差异较为显著，其他各方面发展水平也参差不齐，教育发展呈现多样形态，民族地区的新课程改革实施更是举步维艰。有研究成果认为，民族地区的新课程改革实施存在 "对综合课程的误解或不了解；课程资源不足；教科书不能满足不同学校的需要"①等问题。这些固然是问题，换个角度却是优势，新课程改革实施三级课程，学校具有一定的课程自主权，多民族共同生活与发展的西南地区学校由于自身与生俱来的特点和文化独特性，更能通过课程特色来展现学校的办学特色和育人特色，可谓是机遇与挑战并存。西南地区经济发展水平等落后于其他地区，虽然在国家"西部大开发"的强势支持下有许多进步，但与其他地区相比还有显著差距，教育发展水平的迅速提升还需要一个过程。基于地域广、人口多、民族多、经济发展水平相对落后等特点与问题，要改变这一现状，教育具有不可推卸的责任。因此，关注这一区域的新课程改革之三级课程的实施状况更显必要，以此区域为样本也更具代表性。

二、农村基础教育三级课程实施值得关注的
问题与研究价值

确定农村基础教育三级课程实施作为研究的主题，其关注和切入的视角还非常之多，比如，从宏观角度来看，可以从课程的适切性角度来研究，也可以从课程实施的层次和水平入手；从微观角度来看，可以选择地方课程的开发与实施、学校课程的开发与实施，或者以个案的方式研究一所学校如何进行课程实施，做质的研究……这些都未尝不可。考虑研究者自身掌握的研究资料及研究兴趣，三

---

① 梁秀梅，于潜. 民族地区实施新课程的制约因素和对策[J]. 中国民族教育，2006，(1)：32-34.

级课程实施值得关注的问题及重要意义如下。

（一）值得关注的问题

本书从宏观视角关注基础教育三级课程的实施问题。根据国家的《基础教育课程改革纲要》精神，新课程改革实施国家、地方和学校三级课程，是一个创新，但是其落实情况如何，不得而知，这必须通过广泛的调查来获取详情，以发现问题、找出原因、提出解决或改进的对策。具体来说，关注的问题有以下三个方面。

（1）农村基础教育三级课程实施现状如何，存在哪些主要问题？

（2）影响农村基础教育三级课程实施主要因素作用情况如何？

（3）促进农村基础教育三级课程有效实施的对策建议有哪些？

（二）三级课程实施研究的重要意义

关注农村基础教育三级课程的实施，能为国家推进农村教育改革，积极贯彻落实国家中长期教育发展规划，深入推进新课程改革提供有效信息，具有重要的理论与实践意义。

第一，有助于真实反映农村基础教育三级课程实施情况，为农村推进新课程改革纵深发展提供参考。本书选择了西南地区 5 个省（自治区、直辖市）的 16 个县 90 余所中小学作为调研对象，历时 1 年半的时间，比较真实和全面地反映了农村基础教育学校三级课程实施的情况，鲜活的数据和事实材料使研究结论更有说服力，更具有参考价值。

第二，有助于发现农村基础教育三级课程实施问题，挖掘典型经验，为农村推进新课程改革提出政策建议。教育有自身的发展规律，但受多方面因素的制约，政治、经济、文化等都严重影响和制约教育的发展。近年来，教育政策研究逐渐成为研究的热点，本书中部分案例和观点可以为国家基础教育相关政策的制定提供参考，事实上本书的部分成果也受到国家教育部有关部门的关注，为他们的决策提供了大量的事实与理论依据。

第三，能够丰富有关三级课程实施的理论研究。三级课程的提出引起了研究者的关注，但是其研究成果并不丰富，此前研究者多从管理体制来探讨三级课程实施问题，多以权力作为切入的视角，缺乏对新课程改革背景下三级课程实施的现实关照。本书立足三级课程实施的现实，科学设计问卷，考察三级课程实施现状及影响因素，做到理论与实践紧密结合。

第四，有助于促进教育均衡和公平发展。教育的均衡与公平是当前教育发展的首要问题，这是因为在普及九年义务教育基本实现的基础上，人们对教育质量提出更高的要求。虽然不同研究者对均衡与公平含义和定义有差别，但基本上都认同城乡均衡是应有之义，是教育公平发展的基本要求，因此关注农村地区的基础教育发展，能够发现农村教育的问题和差距，增强课程改革在农村地区的"适应性"，实现城乡均衡发展。

第二章　国内外三级课程研究动态

2001年5月29日《国务院关于基础教育改革与发展的决定》（国发〔2001〕21号）中首次提到"实行国家、地方、学校三级课程管理"。之后的《基础教育课程改革纲要（试行）》中再次强调"为保障和促进课程对不同地区、学校、学生的要求，实行国家、地方和学校三级课程管理"，国家课程、地方课程最终都要通过学校课程来实现，为了更突出学校自主开发或选用的课程，本书用校本课程代替学校课程这一概念。由此，三级课程的概念逐渐为大家所熟知，并于当年秋季在新课程改革实验区付诸实施。本书基于新课程改革的背景选取三级课程作为研究焦点，同时本书选择的研究对象属于西南农村地区，因此也理应是农村基础教育关注的范畴。本书的几个重要关键词逐渐明晰：农村义务教育、义务教育新课程改革、农村高中教育及新课程改革和三级课程。为更好地聚焦研究的问题，进行研究设计，研制调查问卷，有必要对这4个关键词进行相关的研究成果述评，为后续研究奠定基础。本部分综述的研究成果如无特殊说明，其时间跨度一般为2001年1月～2012年10月。

一、国内外的农村义务教育

农村义务教育是一个复合概念，即农村和义务教育的叠加。关于农村的操作性定义本书在前面已有说明，而什么是义务教育？根据《教育大辞典》中的定义："亦称'普及义务教育''强迫教育'。根据国家法律规定对适龄儿童实施一定年限的普及的、强迫的、免费的学校教育。这种教育要求社会、学校和家庭予以保证，对儿童既是应享受的权利，又是应尽的义务。"①《世界教育辞典》中定义为："所谓义务教育，是国家作为一种义务使国民受到一定的教育……义务教育一如英语 compulsory education 所示，往往带有某种强制性（compulsion）。"②这两种定义内涵上基本是一致的，即依据法律规定，儿童必须接受的国民教育，通常具有普及性、强制性、免费性等特征。这也是世界各国的共识，即基本认为义务教育首先是一种公共教育、义务教育，其次它又是一种强迫教育，父母或监护

---

① 顾明远. 教育大辞典（增订合卷本）[Z]. 上海：上海教育出版社，1998：1896.
② 平塚益德. 世界教育辞典[Z]. 黄德诚，等译. 长沙：湖南教育出版社，1989：559.

人必须使适龄儿童进入学校接受教育。义务教育最早产生于 16 世纪欧洲的宗教改革运动之中，当时政府要求 6～12 岁儿童必须入学，这被视作义务教育的开端。19 世纪 70 年代世界各国才开始重视义务教育，我国义务教育的普及时间更晚，直到 1985 年《中共中央关于教育体制改革的决定》中才首次提出实行义务教育，并于 1986 年 7 月 1 日正式实施《中华人民共和国义务教育法》（以下简称《义务教育法》），按照该法的规定我国实施九年义务教育。《义务教育法》于 2006 年进行了修订，并于当年 9 月 1 日开始实施。

虽然我国自 1986 年开始实施义务教育，但是义务教育的真正普及却来之不易，经过了一个不断发展的过程。最初义务教育只是免除学费，杂费除外，在新修订的《义务教育法》中，则明确规定免除学杂费。由于我国地域广阔，各地教育发展差异悬殊，各地义务教育普及程度不一。为尽快实现义务教育的普及，教育部等部门出台了《国家西部地区"两基"攻坚计划（2004-2007 年）》，计划中明确用 4 年时间帮助西部地区尚未实现"两基"的 372 个县（市、区）及新疆生产建设兵团的 38 个团场达到国家"两基"验收标准。但由于各种因素的影响，2011 年 12 月中旬四川省才接受国家"两基"攻坚计划检查组的验收，达到合格。至此，我国才基本实现全国范围内的真正意义上的义务教育。从这些时间和数据来看，西南农村义务教育的普及最晚，个中原因值得我们关注和思考。从中国知网的资料检索来看（2001 年 1 月～2012 年 10 月），题目中直接含"农村义务教育"的学术论文 2203 篇，硕士学位论文 215 篇，博士学位论文 6 篇，可见农村义务教育的研究和关注者较多，从中国知网的学术关注度检索中发现，随着新课程改革的实施，农村义务教育受关注的程度逐渐增高，以 2006～2007 年为界，大致呈正态分布，其中 2006 年为新《义务教育法》实施之年，农村义务教育的研究也处于关注的最热点。笔者发现近年来国内外有关农村义务教育的研究主要议题有如下三个方面。

（一）农村义务教育的管理体制研究动态

1986 年义务教育实施之初，我国农村义务教育管理主要采用"以乡为主"的管理模式，实行地方负责，分级管理的办法，并且规定乡财政主要用于教育；2002 年国务院颁布的《关于完善农村义务教育管理体制的通知》，"以乡为主"变成了"以县为主"，这是为适应农村税费改革做出的调整；2005 年，伴随国务院《关于深化农村义务教育经费保障机制改革的通知》的颁布，农村义务教育真正实现免费，所需经费逐步纳入国家公共财政范畴。三次转变反映了时代发展变化对教育提出的新要求。其实，农村义务教育的管理体制主要包括两个方面，一是办学体制，二是经费投入体制。这两者之间有着紧密的联系，因为办学主体地位与经费的投入直接相关，"谁提供经费，谁就能起控制作用"①正好说明这一点。

1. 我国有关农村义务教育管理体制的研究现状

新中国成立以后，由于政府财力有限，农村很长一段时间都是农民集体办学。"中央政府在1962年明确提出了'国家办学与厂矿、企业、农业合作社办学并举''免费教育与不免费教育并举，全党全民办教育'的'两条腿走路'的方针……民办学校在各个地方得到了极大发展。这些民办学校虽然可能获得国家的资助，但经费主要由所在的集体供给。这成为新中国成立后很长时间内农村民办小学的最普遍模式。"②"这种办学体制在当时历史条件下曾经发挥过积极作用，尤其是在奠定我国教育的基础和扶助贫困地区发展教育方面作用显著。"③总体上是以政府（乡、村）办学为主体，社会办学为辅。但这种办学体制存在一些弊端，"因为经费问题，始终没有脱离乡村社会的控制，小学教育尤其如此，在传统社会中，主要是被宗族、乡村社会的士绅所控制。而从新中国成立后到税费改革之前的较长时期内，基本上是由乡村政府所控制。乡村官员对学校的影响非常大，他们可以安排自己的亲戚到学校工作，挤占学校的经费，甚至是把学校变成实现收费的工具。这些都大大地影响了学校的独立性与正常运行。"④由于教师素质低等原因，农村学校的教育质量给人留下落后的印象，是后进的代表，这与农村义务教育的管理体制不无关系。农村税费制度改革以后，农村教育经费严重不足，2002～2003年国家开始施行"以县为主"的教育管理模式，由从前的农民集体办学开始转为政府出资办学。围绕"以县为主"的管理模式，国家采取了许多相关措施，比如，调整学校布局，撤并乡村学校整合教育资源，农村寄宿制学校建设工程，以及实行"一费制"改革，等等。"以县为主"在改革之初解决了乡村教育经费不足的问题，但同时也带来了一系列的问题。比如，"有的地方工作中存在简单化和'一刀切'情况，脱离当地实际撤销了一些交通不便地区的小学和教学点，造成新的上学难；有的地方盲目追求调整的速度，造成一些学校大班额现象严重，教学质量和师生安全难以保证；有的地方寄宿制学校建设滞后，学生食宿条件差，生活费用超出当地群众的承受能力，增加了农民负担；有的地方对布局调整后的学校处置不当，造成原有教育资源的浪费和流失等"⑤。此外，由于各县经济发展水平悬殊较大，"以县为主""拉大了投入的地区差距和城乡差距，造成了对管理认识上的混乱和行为失控，影响了办学条件的改善和师资水平的提高等"⑥。还

① 曾天山. 当代国外私立学校的主要发展趋势[J]. 教育研究与实验, 1997, (4): 38-42.
② 郭建如. 基础教育财政体制变革与农村义务教育发展研究: 制度分析的视角[J]. 社会科学战线, 2003, (5): 157-163.
③ 曾天山. 义务教育体制改革的回顾与思考[J]. 教育研究, 1998, (2): 22-27.
④ 郭建如. 基础教育财政体制变革与农村义务教育发展研究. 制度分析的视角[J]. 社会科学战线, 2003, (5): 157-163.
⑤ 教育部关于实事求是地做好农村中小学布局调整工作的通知[J]. 云南教育视界, 2006, (6): 17.
⑥ 方铭琳. 深化义务教育管理体制改革的思考与建议[J]. 教育理论与实践, 2000, (6): 20-22.

存在教育经费挪用等情况，"中央转移支付的资金，一是数量少，二是不透明，三是不规范，四是许多地方不到位，这笔钱确实到了省里，但是有多少用在教育上？很难说清楚"①。"以县为主"并没有成为灵丹妙药，随之带来了农村教育发展失衡、教育乱收费等大问题。为了解决这些问题，国家适时启动了修订《义务教育法》，在实施新《义务教育法》的背景下，投入以省为主，经济较为困难的省份由中央补贴，管理依然以县为主，形成了中央、省和地方（主要是县级政府）共同分担经费的模式。这也是世界各国教育管理模式的共同趋势。但有研究者认为"发展农村义务教育应该采取'中央统筹、分级管理、以国为主'的管理模式，'以县为主'难以奏效"②。

2. 国外有关农村义务教育管理体制的研究现状

国外义务教育管理与经费投入模式与中国有一些差别。美国"农村义务教育经费是由联邦、州和学区三级政府共同分担的，而且随着上级政府对学区教育越来越多的干预，州政府逐渐成为了第一投资主体"③。当然这也经过了一段时间的演变，在20世纪初美国的义务教育经费主要还是学区承担，直到20世纪中叶以后州级政府的干预逐渐增多，经费投入也逐步提高，权力逐渐向州级政府集中。英国实行11年免费义务教育，近年来也加强了国家对义务教育的统一管理，这表现在经费的控制上，"英国学校的经费主要来自国家政府的财政拨款，地方财政税收也会提供一些支持"④，而且保证专款专用，"2003至2004年度，英国政府实施教育经费划拨办法改革，规定拨给地方教育经费的88%用于学校教育支出，12%用于地方教育局的办公及非学校教育支出"⑤。日本的免费义务教育期限为9年，其教育经费的保障有严格的法律保障，根据其法律体系，"中央负担国立学校所需全部经费和全部教科书经费；负担地方公立学校教职员工工资、福利保障费的一半，校舍新扩建费的一半，校舍危房改造费的1/3，受灾校舍建设费的2/3，偏僻地区公立学校公用经费的一半，家庭经济困难学生补助费的一半。都道府县负担公立学校教职员工工资、福利保障费的一半，校舍危房改造费的1/3。市町村负担公立学校校舍新建扩建费的一半，校舍危房改造费的1/3，家庭经济困难学生补助费的一半，学校的公用经费"⑥。瑞典是世界著名的高福利国家，是世界最早实施义务教育国家之一。"义务教育具有两大特点：一是平等性。瑞典政府顺应民众强烈的'平等和民主'呼声，在全国范围内发起了统一学校运动，打破学校

① 柳斌. 义务教育，这29年为何这么难？[J]. 教书育人，2007，(16)：5-9.
② 张德元. "以民为主"、"以县为主"与"以国为主"——论我国农村义务教育体制的变迁与现实选择[J]. 重庆工商大学学报(西部经济论坛)，2003，(8)：66-69.
③ 高如峰. 农村义务教育财政体制比较：美国模式与日本模式[J]. 教育研究，2003，(5)：64-70.
④ 刘春. 聚焦国外义务教育经费保障机制[N]. 中国教育报，2006-03-10(3).
⑤ 同④.
⑥ 同④.

的社会等级界限，让来自不同阶级和阶层的子女在同一学校接受完全一样的教育……二是高福利性。凡瑞典公民在年满 16 岁以前，其父母都可以获得生活补贴；学生在九年义务教育期间学费全免，还能得到免费教科书和免费交通。"①

从以上资料来看，第一，现阶段各国义务教育的管理与经费投入体制都呈现了一个多元主体共存的现象，只是不同主体所占比例不一。多元主体共存共管的现象是教育逐步趋向民主化的一个体现，防止过去某一级政府单一管理存在大包大揽现象的弊端，这既有利于实现国家的统一管理，又注重发挥地方自身的特色，因此成为各国的大势所趋。对比我国的政府层级关系来理解，基本都是实行三级投入与管理体制。第二，各国都基本实现免费的义务教育。在高福利国家义务教育受益的不仅是学生，甚至是整个家庭，在这方面我国还有一段很长的路需要走，我国现在基本实现免费的义务教育，但还存在许多亟待解决的衍生问题。第三，各国义务教育经费投入与管理不分城市和农村，实行一元体制，而我国由于长期存在城乡二元结构，义务教育也呈城乡二元格局，这很不利于农村义务教育的发展，因此，要想实现农村义务教育三级课程的良好实施，这种管理体制有待改进。同时在均衡发展的大背景下，城乡均衡成为一个热门话题，农村义务教育常常成为弱势群体，甚至成为落后群体，以下将对农村义务教育均衡发展的相关研究成果进行综述。

（二）农村义务教育的均衡发展研究动态

均衡发展是近年来引起广泛关注的一个话题，也是教育民主、公平发展的必然追求。义务教育本身具有普及性、公益性、强迫性，因此在本质上要求是均衡的，但由于各种因素的制约，我国农村义务教育发展的实然状态是失衡的。什么是均衡发展？最早引起研究者注意的是教育的区域协调发展问题，并且研究者最关心的是教育经费的投入问题，在 20 世纪 90 年代初，当时的研究者如傅维利、谈松华等都有专门的文章论述。直至 21 世纪初，均衡发展被明确提出，研究者以《教育研究》和《人民教育》为主要阵地，展开了激烈的讨论。与之相关的概念还有教育公平、教育均等等，本书对这些概念不做深究。

1. 我国有关农村义务教育均衡发展的研究现状

我国有关农村义务教育的均衡发展的研究主要集中在义务教育均衡发展的内涵、问题、均衡指标与测算、对策等方面。关于义务教育均衡发展的内容，研究者提出了不同的看法。有研究者认为，教育均衡发展是一种理念，"是指通过法律法规确保给公民或未来以同等的受教育的权利和义务，通过政策制定与调整及资源调配而提供均等的教育机会和条件，以客观公正的态度和科学有效的方法实

① 苏济. 试析美英等国农村义务教育措施及其对我国的启示[J]. 商丘师范学院学报，2010，(2)：120-123.

现教育效果和成功机会的相对均衡"①。也有的研究者认为，义务教育均衡发展"主
要包括三个层面：一是区域之间的均衡发展，省域之间、市域之间、县域之间及
城乡之间，都要统筹规划，实现均衡发展；二是区域内部学校之间的均衡发展；
三是群里之间的均衡发展，特别应当关注弱势群体的教育问题。义务教育均衡发
展的最终目标，就是要合理配置教育资源，办好每一所学校，教好每一个学生"②。
还有的研究者认为，"教育均衡发展主要表现为三个层面：在物质层面上追求优
质教育资源的相对均衡配置，从而为受教育者提供相对平等的教育机会与条件，
在就学过程中得到同等的对待与支持；在制度层面上保障受教育权利平等的实现，
获得平等的入学机会和就学机会；在意识层面关注每个儿童潜能的最大程度的发
展，并为之提供最适宜的发展环境及条件"③。各种不同的定义还有很多，归结起
来，研究者主要从两个层面理解义务教育的均衡发展，一是把义务教育均衡发展
当作一个动态的过程，关注其起点、过程和终点的均衡；二是把义务教育均衡发
展看作静态的空间分布，关注区域、学校和群体之间的均衡。关于义务教育均衡
发展存在的主要问题，研究者主要从经费、办学条件、师资队伍等方面展开论述。
我国固有的城乡二元结构，导致城乡教育经费差距悬殊，农村义务教育发展经费
短缺严重，城乡失衡。"中国统计年鉴有关数据表明：2001 年城市人均教育投入
是农村的 4 倍，2002 年是 4.3 倍，2003 年是 4 倍，城市家庭人均教育投入远远高
于农村。"④在生均预算内经费上城乡也有显著差异。办学条件方面城乡也有显著
差异，"2002 年全国普通中小学危房面积 5309.3 万平方米，其中农村中小学危房
面积 3723.28 万平方米，占全国中小学危房面积的 76.9%"⑤。农村的师资状况也
令人担忧,"2005 年全国小学具有专科以上学历的教师,城市 78.01%,县镇 67.17%,
农村 47.49%，农村比城市低 31 个百分点；全国初中具有本科以上学历的教师，
城市 62.44%，县镇 34.5%，农村 24.34%，农村比城市低约 38 个百分点"⑥。除了
学历差异以外，城乡教师的数量、职称、收入等也不均衡，农村骨干教师流向城
市现象严重。总之，差异悬殊的数字展现了城乡教育发展失衡的鲜活现实，虽然
近年来国家在农村教育经费投入、危房改造、教师学历提升等方面采取了一些行
之有效的措施，但并没有得到显著改善。诚然许多农村学校的校舍在安全、环境
方面得到了改善，但是经费和师资令人担忧，国家是按照固定的师生比来配备经
费和师资，农村的许多学校学生人数很少，这就严重制约了经费投入和师资配备，
出现了许多学校经费不能维持日常运转，有教材无教师上课等怪现象。在现代信

① 于建福. 教育均衡发展：一种有待普遍确立的教育理念[J]. 教育研究，2002，(2)：10-13.
② 汪明. 义务教育均衡发展与若干保障机制——部分地区的政策及实践分析[J]. 教育发展研究，2005，(10)：40-44.
③ 申仁洪. 基础教育均衡发展的问题和对策——第 32 期广东教育沙龙综述[J]. 教育导刊，2002，(12)：4-6.
④ 陈文美，王德清. 农村义务教育均衡化过程中急需解决的问题研究[J]. 现代中小学教育，2009，(3)：3-5.
⑤ 同④.
⑥ 同④.

息技术、网络等配置上，城乡差距更是显著，农村小学建有校园网的不到 2%。正是因为这些问题的存在，研究者开始思考如何制定均衡发展的标准和测算方法。王善迈提出应从"受教育权和入学机会公平、公共教育资源配置公平、教育质量公平、群体间教育公平"①4 个方面设计评价指标；褚宏启和高莉对王善迈的指标体系进行了改进，提出了分层次分阶段的指标体系构建设想②；于发友等从"环境均衡度、城乡均衡度和结果均衡度"③三个维度构建指标；翟博和孙百才提出了教育均衡发展的两套指标体系，"体系一包括'教育机会均衡、教育资源配置均衡、教育质量均衡、教育成就均衡四个维度'，体系二从教育均衡发展的核心要素资源配置出发，包括'区域教育均衡、城乡教育均衡、学校教育均衡、群体教育均衡四个维度'"④。教育部颁布的《县域义务教育均衡发展督导评估暂行办法》（教督〔2012〕3 号）中提出从"生均教学及辅助用房面积、生均体育运动场馆面积、生均教学仪器设备值、每百名学生拥有计算机台数、生均图书册数、师生比、生均高于规定学历教师数、生均中级及以上专业技术职务教师数"8 项指标来衡量县域教育均衡发展。这些指标看似纷繁复杂，其实是根据均衡发展的内涵，从时间和空间两个维度确定：一是从时间序列的起点至终点来制定，二是依据空间序列内的资源配置来制定。有关农村义务教育均衡发展的对策问题，从搜集的资料来看，主要包括：加大对农村教育经费的投入，改变"以县为主"的模式；加大对农村办学条件的改善，拓宽农村学生学习空间，建设标准化学校；改进现有教师制度，提高农村师资素质等方面，在此不再赘述。

2. 国外有关农村义务教育均衡发展的研究现状

国外有关农村义务教育均衡发展的资料较少，因为国外不同于我国的城乡二元结构模式，从已有的资料来看，国外研究与均衡发展较为类似的是教育公平研究。事实上教育公平是一个更为上位的问题，是一种价值追求。国外主要从伦理学、法学、经济学角度来研究教育公平问题，更多的是关注弱势群体的教育问题，如少数民族教育、女性教育等，以及关注教育的区域协调发展问题。国外在教育公平方面的研究非常重视理论基础（或依据）的探讨：有从社会学角度来考量，如以亚历山大（Alexander）为代表的新功能主义强调一切都是和谐稳定的，只要进行局部调整即可获得永久平等。而"科尔曼报告"则认为"校际间差距对不同种族的学生有不同的影响，造成儿童学习水平低的原因，主要不是学校的物质条件，而是学校内的社会因素，包括学生家庭的社会经济背景、同学的社会经济背景，以及不同社会经济背景的同学之间的相互影响"。"与要求政府平等地提供

① 王善迈. 教育公平的分析框架和评价指标[J]. 北京师范大学学报（社会科学版），2008，(3)：93-97.
② 褚宏启，高莉. 义务教育均衡发展评估指标与标准的制定[J]. 教育发展研究，2010，(6)：25-29.
③ 于发友，赵慧玲，赵承福. 县域义务教育均衡发展的指标体系和标准建构[J]. 教育研究，2011，(4)：50-54.
④ 翟博，孙百才. 中国基础教育均衡发展实证研究报告[J]. 教育研究，2012，(5)：22-30.

财政资源相比较，确保学生的经济地位的融合更具有挑战性。"①也有从哲学或政治学的角度来思考，如约翰·罗尔斯在《正义论》中明确提出了正义原则，包括平等自由、机会公平等方面。还有的从经济学角度来探究，如"穷人的经济学"的提出者舒尔茨就指出"在改善穷人福利上的关键因素不是空间、能源和耕地，而是提高人口质量，提高知识水平"。其中教育是一个重要途径。②除了理论研究，国外在通过教育经费投入促进教育公平方面的研究成果也较多。如美国采取"分级纵向转移"的财政转移支付政策，通过联邦政府转移支付解决州级教育差距，并通过项目落实财政资助款。法国、德国、日本和英国则主要通过"要素分担"的方式来进行财政资助。法国中央财政只资助特定教育要素，如教师工资。德国州政府也只是资助特定教育要素，如公用经费的3/4。日本则是中央政府按不同比例资助多种教育要素。英国则是直接资助学校的转移支付模式③。各种不同模式的目的只有一个，即有效促进教育公平。此外，国外在促进教育公平的测度标准研究方面成果也较为丰富。例如，"托马斯·黑利和大卫·埃斯腾斯从成年人口的社会与经济背景、财政教学资源、教育与培训机会、学校与学习环境、毕业率、学生学习产出结果与成人识字率、劳动力市场产出结果等维度"④提出了教育公平测量框架；"丹尼斯·缪瑞特从影响教育公平的社会与文化背景、政治背景、教育过程、教育的内部影响（结果）、教育的外部影响（结果）四个维度"⑤构建了教育公平的测量指标体系。此外还有其他多种类型的测量标准，但基本都会关注教育的背景输入、教育目标、教育过程、教育产出等方面。

　　从以上资料来看，无论是国外的教育公平发展，还是我国的教育均衡发展，其关注的重点有共同之处，如经费投入的公平问题，国外在这方面走在我国的前面，而且制定了详细的公平发展测量标准。我国的教育均衡发展研究也进行得如火如荼，农村教育的均衡发展更是备受政府和研究者关注，虽然研制了相关的均衡发展评测指标体系，但其具体可操作性，还有待进一步验证。同时我国东、中、西三个区域的教育发展本身存在很大差别，有研究者提出，我国东部地区教育非均衡发展的突出表现是"多种发展水平在区域内共存，先进与落后、富裕与贫穷、国际化与本土化之间既冲突又融合，区域'内差异'凸显，这种内差异对教育发展而言，既是障碍又是资源"⑥。而中部地区"以农业文明为主导，属中等发达地区，但改革开放以来经济发展呈塌陷之势，教育的基础条件薄弱，教育投入的区域分配不均衡，'普及九年义务教育'欠贷严重，应试教育的强势导向更加大了

① 马晓强. "科尔曼报告"述评——兼论对我国解决"上学难、上学贵"问题的启示[J]. 教育研究, 2006, (6): 29-33.
② 范国睿. 教育政策观察(第1辑)[M]. 上海：华东师范大学出版社, 2009：10-25.
③ 范国睿. 教育政策观察(第1辑)[M]. 上海：华东师范大学出版社, 2009：57-62.
④ 沈有禄. 西方教育公平测度研究简述[J]. 全球教育展望, 2007, (12)：36-42.
⑤ 同④.
⑥ 叶澜. 基础教育改革与中国教育学理论重建研究[M]. 北京：经济科学出版社, 2009：63.

这种不平衡。"①西部地区则"经济总体上欠发达，多民族文化交融与冲突，高密度的国际援助在促进教育发展的同时，也使理想与现实、观念与行动之间的落差加大"②。要改变这一局面，东部地区要"关注高端均衡、注重内涵式发展"，中部地区要"提升教师素质、探索管理变革"，西部地区则要"借'外援'激发内需、促进本土能力建设"③。这些研究成果具有重要的现实意义，对农村义务教育的发展有极大的推动作用，但是这些研究关注更多的是外在的财力、物力建设，当然也关注了人力——师资队伍的建设，主要关注师资的数量、待遇等方面的均衡、公平问题。教育均衡发展的重要制约因素是教师的素质和学生的学习内容，这些方面研究者关注还不够。

（三）农村义务教育的师资队伍建设研究动态

教育大计，教师为本。"教育有如一座大厦，合格的教师队伍是教育大厦的支柱，缺乏合格的教师队伍，教育大厦就会倒塌。"④因此，有关教师队伍的建设研究一直是教育研究的重点与热点，相关的文献非常之多，重复研究也较常见，因此较有创见的研究成果也比较少见。师资队伍建设的含义可从两个维度来理解，一个方面是从管理角度，师资队伍建设即教师队伍的培养与管理；另一个方面从专业发展角度理解，师资队伍建设即教师专业化发展问题。从已有的文献来看，针对农村义务教育师资队伍建设的文献更多地倾向于第一个方面的研究，并且宏观的现状、问题与对策研究较多，而针对农村义务教育教师专业发展的研究较少，换句话说，应用研究偏多，而相关的理论研究较为缺乏。

1. 我国农村义务教育师资队伍建设的研究现状

我国针对农村教育师资队伍建设的研究起步较早，20世纪初的"乡村教育"代表，如陶行知、梁漱溟等已经就乡村教师的选用、培养等进行了较为深入的讨论，而更多的研究则主要集中在20世纪80年代以后。这些研究成果主要集中在三个方面：一是尝试建构专门的农村师资建设理论，纳入到农村教育学中。20世纪80年代中期，南京师范大学编写了国内第一部教材《农村教育学》，其中有专门章节论述农村师资队伍建设问题，后来的张传燧主编《中国农村教育学》、于永德主编《农村教育论》等也存在类似的目标追求，但实际成效并不明显。二是有关农村义务教育教师队伍的管理研究。这方面研究成果较为丰富，涉及教师编制管理、薪酬福利、聘任管理等多方面。编制管理主要有法律和制度两个方面的研究成果，如庞丽娟认为："教师的身份和法律地位是教师队伍建设的根本性问

① 叶澜. 基础教育改革与中国教育学理论重建研究[M]. 北京：经济科学出版社，2009：70.
② 叶澜. 基础教育改革与中国教育学理论重建研究[M]. 北京：经济科学出版社，2009：78.
③ 叶澜. 基础教育改革与中国教育学理论重建研究[M]. 北京：经济科学出版社，2009：86-94.
④ 顾明远. 我国教师教育改革的反思[J]. 教师教育研究，2006，(6)：3-6.

题，直接影响教师队伍素质和教育质量……建立义务教育教师的教育公务员制度，以明确其权利、义务和责任，保障教师的地位和待遇，增强教师职业吸引力和队伍的稳定性，提高教师队伍的整体素质。"①何建军也认为应修订《中华人民共和国教师法》明确教师的公务员身份，有利于保障农村教师的权利和义务，以增强农村教师职业的吸引力。②人大代表周洪宇也多次向全国人民代表大会提议应建立教育公务员制度，吸引人才当教师。在编制制度管理方面，有研究者认为当前的农村教师编制存在忽略农村实际，城乡标准倒置；多头管理，效率低下；标准僵化，十余年不变等多种问题。因此建议教师编制应由教育部门独立管理，并提高管理层级，由省级教育主管部门负责，县级教育主管部门只负责实施。③也有研究者认为我国当前的教师编制管理是"超编与缺编共存"④，"城市、城镇、平川地区教师超编，农村贫困地区、边远地区和山区教师严重短缺"⑤。因此应加快农村教师人事制度改革，研究把关教师准入制度，切实实行教师资格制度，同时实施城乡统筹的教师管理制度。在薪酬福利方面的研究成果主要包括工资待遇和福利待遇两个方面。在工资待遇方面，一方面是偏低，教师生活窘迫。"中西部的广大农村，中小学教师的待遇仍然普遍偏低，工资增长缓慢，各项福利、待遇和津贴难以落实，月全部收入一般在 600 元到 1000 元。"⑥"据对湖北、湖南、江西三省的调查，一般同一县域内的农村教师平均每月的收入要比城镇教师少 200～800 元。"⑦另一方面教师工资被拖欠现象严重，一项调查表明，全国 34 个省（自治区、直辖市）中"34 个欠发达地区中有 14 个不能足额发放工资；新疆、西藏、甘肃等 16 个贫困地区中有 7 个不能足额发放。另外，有些地区还存在历史拖欠的问题，即至今尚未落实过去拖欠教师的工资"⑧。教师的福利待遇也存在较多问题，较差是一个不争的共识，农村教师在医疗、保险、住房等方面都缺乏应有的保障制度，即使有也不能有效落实，导致农村教师不能安心在农村从教，农村教师流失严重。因此，研究者建议建立统一的城乡教师工资制度，"要逐步提高农村教师收入，吸引大批合格人才积极投身农村教育事业。建议国家财政负担，按照越是边远、贫困的地区，津贴越高的原则，设置农村教师津贴，以吸引和鼓励合格的教师人才往农村合理流动"⑨。同时，还应该积极减轻教师的工作负担，

① 庞丽娟，韩小雨. 我国农村义务教育教师队伍建设：问题及其破解[J]. 教育研究，2006，(9)：47-53.
② 何建军. 当前农村中小学教师队伍建设存在的问题与解决对策[J]. 教育探索，2008，(2)：95-96.
③ 周昆. 我国村小教师队伍现存问题与对策研究——以四川省富县为例[D]. 重庆：西南大学，2008：60.
④ 于伟，张力跃，李伯玲. 我国欠发达地区农村教师队伍建设中的结构性困境与破解[J]. 教育研究，2007，(3)：30-36.
⑤ 田慧生. 关于农村教师队伍建设问题的思考[J]. 教育研究，2006，(9)：47-53.
⑥ 庞丽娟，韩小雨. 我国农村义务教育教师队伍建设：问题及其破解[J]. 教育研究，2006，(9)：47-53.
⑦ 邬跃，程恒. 农村教师队伍建设面临的困境及其破解[J]. 教育探索，2009，(8)：84-86.
⑧ 国家教育行政学院课题组. 关于农村中小学教师队伍现状的调研报告——来自 64 个地市教育局长的信息及分析[J]. 上海教育科研，2004，(3)：4-8.
⑨ 余冠仕，翟帆，赵秀红，等. 代表委员破解农村师资三难题[N]. 中国教育报，2007-03-11(2).

给教师以更多自我专业发展空间。聘任管理研究主要包括教师聘任制度、城乡教师流动、代课教师问题、农村教师队伍补偿问题 4 个方面。在教师聘任制度方面，研究者主要强调应建立和推行教师聘任制，实行评聘分开，实行能者上、庸者下，同时对未聘教师采取一定的保障措施。在聘用权方面，建议教师聘用自主权归学校所有，而不是像现在只有少数学校享有人事自主权，更多的学校教师由县级教育行政部门委派。这导致有些学校教师人数过多，学非所教，人浮于事；有些学校则多年未见一个新教师进入，望眼欲穿。城乡教师流动方面，2003 年国务院在加强农村教育工作的决定中规定城镇中小学教师应到乡村任教服务，县域内城乡教师要定期交流，后来教育部的相关文件也多次强调城镇教师要支援农村教育。但这一制度并未取得有效效果，因为"我国的教师交流制度仍未能真正摆脱'支教'的传统观念，更多地强调教师交流对于农村教育的扶助作用，而并未能重视交流对教师素质提高的作用；而且教师交流的范围也局限于部分骨干或优秀教师，其他城镇教师和农村教师并未能参与到教师交流之中"[1]。同时，这种城乡教师交流也发生了变异，成为了城镇教师谋取个人私利，如职称晋升、荣誉的手段。[2]这些都是城乡教师交流制度带来的一些问题，因此研究者建议完善这一制度，建立完善的交流评价制度和考核制度，使交流发生实效，而不是流于形式或者带来副作用。在代课教师研究方面，这是一个中国特色的问题。我国代课教师队伍数量庞大，其存在有其历史原因，归根结蒂是教师短缺造成的。2006 年教育部宣布"在很短时间内将把 44.8 万代课人员全部清退"[3]，这时开始大量清退代课教师，带来一系列社会问题，研究者认为代课教师队伍数量庞大，无法短时间全部清退，而且清退并不能解决问题，又得重新临聘教师，带来新的代课教师问题。最后，部分被清退的教师获得的补偿偏低，易引发矛盾。因此建议对代课教师问题不能一刀切，应建立区别对待制度和方案，建立公平的补偿制度，以及在人口浮动较大地区实行"教育雇员制度"等[4]。也有研究者认为要承认代课教师为我国农村义务教育发展所作出的历史贡献，将其纳入师资管理范围，要积极研究制定代课教师招考转正政策、补偿政策、经费保障政策等，并要建立相关的监督问责机制和激励机制[5]。单纯的清退不能解决根本问题。由于清退了部分教师，教师队伍严重不足，研究者又开始思考农村教师队伍有效补偿问题。朱永新建议启动"农村教师培养国家行动计划"，具体包括建立"国家教师培养奖学金"，实施"师范毕业生支持农村教育志愿者行动计划"；在重点师范大学成立农村教师培训机构，

① 贾建国. 城乡教师交流制度的问题及其改进[J]. 教育发展研究，2008，(20)：11-15.
② 陈华兵. 别拿文教边远山区惩罚教师[J]. 中国教工，2004，(1)，27.
③ 教育部. 关于中小学代课人员清退有关情况[Z]. 教育部 2006 年第 6 次新闻发布会，2006-03-27.
④ 朱永新. 解决农村代课教师问题的对策建议[J]. 教育研究，2007，(9)：62-64.
⑤ 庞丽娟，夏婧.进一步妥善解决代课教师问题的政策建议[J]. 教育科学，2010，(1)：71-74.

开展农村在职教师培训工作；实施"城乡、东西部帮扶工程"①。其他的研究者也提出了类似的补偿办法。自 2006 年起，国家许多部门也提出了多种农村教师补偿计划和行动：①农村教师"特岗"计划；②农村学校教育硕士师资培养计划；③城镇教师支援农村教育工作；④"三支一扶"计划；⑤免费师范生政策②。这些政策的实施有效促进了农村师资队伍质量的提高，但要从根本上改变农村教师队伍现状还有更长的路要走。三是有关农村义务教育教师专业发展的研究，这主要是针对农村义务教育教师的素质而言，研究成果涉及教师的学历、知识素养、培训进修等多个方面。总体上，研究者认为农村义务教育阶段教师素质偏低，令人担忧，虽然近年来教师学历合格率明显上升，但教师实际素质并没有得到显著提升，因为教师学历提升的渠道多为"五大"（电大、函授、自学考试、卫星电视、党校）③，其实际效果令人怀疑。更有研究者认为农村教师群体素质不容乐观，个体素质不尽如人意，表现在教师人员结构不合理；专业水平层次低；跟不上素质教育的需要；身体状况令人担忧；个别教师师德缺失、师风缺损、师心不稳、师能不佳等多方面。④还有研究者认为，农村教师队伍当前存在的主要问题是年龄结构失衡，中青年骨干教师偏少；职称结构失衡，高级职称教师比例偏低，相当比例教师直至退休仍是初级职称；学科结构失衡，语文、数学科目教师偏多，其他科目教师奇缺；知识结构失衡，教育科学知识不够，通识知识欠缺，实践性知识不完备，信息技术知识匮乏，等等。⑤此外，在农村教师培训中也很多问题，表现在经费不足，教师参与培训的积极性不高，培训效率不高，工学矛盾严重，缺乏有效评估机制等多方面。⑥针对这些问题，研究者也提出了相应的解决对策，比如，有针对性地培训农村教师，改善高等师范院校课程结构，为农村输送新型教师，为解决工学矛盾，采取送教下乡，开拓"周末流动师资培训学院"⑦平台，等等。这些都为提高农村教师的专业发展起到了促进作用。

2. 国外农村义务教育师资队伍建设的研究现状

国外在农村师资队伍建设研究方面的成果能够搜集到的较少，从已有的资料来看，关注更多的是美国。不过各国在农村师资队伍建设方面遇到的问题与我国相似，如柬埔寨的师资问题主要表现在：①小学教师工资水平低，经济堪

---

① 朱永新. 农村教育和农村教师队伍建设[J]. 教育研究，2006，(5)：3-5.
② 邵泽斌. 新世纪国家对农村教师队伍建设的特别性支持政策:成效、问题与建议[J]. 南京师大学报(社会科学版)，2010，(5)：74-79.
③ 于伟，张力跃，李伯玲. 我国欠发达地区农村教师队伍建设中的结构性困境与破解[J]. 教育研究，2007，(3)：30-36.
④ 肖第郁，王佑萌. 优化教师队伍是提高农村教育质量的当务之急——关于当前农村教师队伍状况的调查思考[J]. 当代教育科学，2004，(8)：43-45.
⑤ 肖正德. 农村教师队伍结构的失衡问题与优化策略[J]. 课程·教材·教法，2012，(4)：104-108.
⑥ 张文平. 农村师资培训中存在的主要问题及对策[J]. 山西师大学报(社会科学版)，2011，(3)：138-140.
⑦ "周末流动师资培训学院"为海南师范大学针对农村师资培训"经费不足""工学矛盾""本地培训力量不足"等问题开发的师资培训平台。

忧；②合格教师严重缺乏；③教学资源缺乏；④行政管理体系不健全。蒙古国的也大同小异：①合格教师匮乏；②性别结构失调；③工作环境恶劣；④教师培训缺乏。菲律宾的也相似：①农村小学教师工作积极性不高；②教师缺乏先进理念；③教师老龄化严重；④教师自主权缺失。[1]令人没有想到的是美国也遇到同样的问题：①合格教师数量不足；②高质量教师缺乏；③教师压力大、任务重；④教师教育机制不健全；⑤农村教师流失严重。[2]看来，重视农村师资队伍建设是各国面临和必须解决的难题。当然，各国针对自身的实际，也探索了较为有效的问题解决方式，如美国在农村教师产生阶段运用确立指标和"自我生长"战略，同时注重增加农村教师福利，采取"新任教师支持计划"，根据"不让一个孩子掉队"教育改革方案确立教师入职标准，必须拥有学士学位、教师资格证和通过一项专门的测试以证明能够胜任教师职业，此外还紧密与高校合作，建立"合作伙伴"关系提升教师素质。[3]澳大利亚实施边远地区激励计划，通过增加福利待遇吸引教师到边远地区任教。瑞典废除过去的教师等级工资制度，实施个别化教师工资系统。日本、韩国实行教育公务员制度，城乡教师定期流动。[4]这些方式对解决我国农村师资队伍建设有重要启示。

　　从以上分析来看，农村师资队伍建设是各国提高农村教育质量亟须解决的难题，众多研究者已提出了解决问题的路径，但有研究者认为这些路径更多的是强调政府、社会、学校等外部力量的作用，忽略了教师自身的"造血"功能。此外，还应注意少数民族地区农村义务教育师资队伍建设的研究，教师个体行动能力的研究，以及研究方法和视角上的创新等。[5]这些意见是中肯的。农村师资队伍建设的研究还需要进一步的努力，教师自身的"造血"能力研究更为重要。我国地域辽阔，各地差异悬殊，师资队伍现状也呈现多样形态，因此研究某一地域师资队伍现状显得尤为必要。当前，东部、中部、西北地区师资队伍建设研究成果较多，而西南地区的成果则较为少见，西南地区地形复杂，文化多样，少数民族众多，更有研究的价值。在新课程改革实施的宏观背景下，农村义务教育教师的课程实施能力尤其重要，而这跟教师队伍本身的素质关系密切，因此对农村教师队伍建设的研究应从宏观、外部转向微观、内部，实现"输血"到"造血"的转变。

① 张乐天. 贫困农村地区小学教师队伍建设的问题分析——基于柬埔寨、中国、蒙古、菲律宾四国的比较研究[J]. 全球教育展望，2004，(9)：9-13.
② 付建军. 美国农村教师队伍建设的现状、路径和启示[J]. 当代教育科学，2011，(11)：35-37.
③ 同②.
④ 范国睿. 教育政策观察(第1辑)[M]. 上海：华东师范大学出版社，2009：73-76.
⑤ 李潇晓，邹海瑞，杜学元. 我国农村义务教育教师队伍建设的对策研究述评[J]. 教育学术月刊，2011，(8)：86-88.

二、农村义务教育新课程改革实施研究动态

新课程改革于 2001 年秋季正式进入实验区开始实施，至今已经过了 10 余年的检验，有研究者把 10 余年的新课程改革概括为 5 个阶段：①①实施的准备与过渡阶段（2000~2001 年 9 月）；②国家级实验区的启动与推进阶段（2001~2002年）；③省级实验区的启动与运行阶段（2002~2003 年）；④大面积快速推进阶段（2004~2005 年）；⑤逐步调适并实现常态化阶段（2005 年至今）。这 5 个阶段基本反映了第八次基础教育课程改革推进进程，展现了"自上而下"的改革模式，新课程改革成为 21 世纪第一个 10 年教育领域的重点话题、热门话题。10 余年有关新课程改革的研究成果较为丰富，同时作为新课程改革的重点和薄弱环节，农村义务教育新课程改革同样受到研究者的关注，具体说来，研究成果主要集中在三个方面，一是教师等对新课程改革的认同研究；二是农村义务教育新课程改革实施现状与问题研究；三是促进农村义务教育新课程改革有效实施对策研究。

（一）义务教育新课程改革的认同研究现状

第八次基础教育课程改革被誉为是最彻底的一次课程改革，与以往的课程改革比较，有着显著的区别，表现在②：①课程目标上，改变过于注重知识传授的倾向，强调学习态度的转变，注重基础知识与基本技能获得的同时，强调学会学习和形成正确价值观；②课程结构上，改变过于强调学科本位现象，九年一贯设置课程，并设置综合课程，体现课程的均衡性、综合性和选择性；③课程内容上，改变课程"难、繁、偏、旧"，注重书本知识的现状，注重课程与学生生活、现代社会和科技发展的联系；④学习方式上，改变传统过于强调接受学习、机械训练的现状，积极倡导学生自主、合作、探究的学习方式，培养学生搜集信息与处理信息的能力；⑤课程评价上，改变传统过分强调甄别与选拔，倡导发展性评价方式；⑥课程管理上，改变传统过于集中的状况，实行国家、地方、学校三级管理，增强课程的地方适应性。这些新的变化使新的课程改革展现了新的生机与活力，但是作为一项新生事物，它有一个被理解、接受与践行的过程，因此研究者非常关注新的课程改革在农村的认同与接受过程，当然这首先需要对课程的内涵有清晰的认识。

1. 课程本质的认识

对新课程改革的认同程度，首先建立在对课程本质的深刻认识上。课程的本

---

① 马云鹏. 基础教育课程改革：实施进程、特征分析与推进策略[J]. 课程·教材·教法，2009，(4)：3-9.
② 朱慕菊. 走进新课程——与课程实施者对话[M]. 北京：北京师范大学出版社，2002：13-15.

质是一个旧话题，但在新课程改革背景下，有必要对其进行重新认识。研究者对课程的定义上百种，《简明国际教育百科全书·课程》列举了 9 种有代表性的定义："（1）在学校教育中，为了使儿童和青年掌握一系列思维和行为的方式，而将潜在的经验按照一定的顺序组织起来，这种经验组织就叫作课程；（2）学生在学校指导下获得经验的全部历程；（3）学校应为学生提供的一整套教学内容和实施计划；（4）课程是旨在探讨能够体现教师、学生、学科、环境影响的学科内容的各种方式；（5）课程是学校的生活和计划，是一项指导生活的计划；（6）课程是一种学习计划；（7）课程是通过对知识和经验的系统再现，有计划的说明人类学习经验和预期的学习成果，使学生在学校的指导下，能够有意识的不断发展个人——社会能力；（8）课程基本上是由五大方面的学科构成：母语、数学、自然科学、历史、外语；（9）课程是被认为关于人类经验的可行的思维模式，其范围广泛且不断扩大——不是指结论，而是指从中导出结论的模式，以及在这些结论中那些所谓有经验的经过检验的真理。"[①]这 9 种定义有些是重复的，因此有研究者把它概括为课程即学科内容或教材、目标、经验和计划。[②]施良方把课程概括为 6 种[③]：课程即教学科目、有计划的教学活动、预期的学习结果、学习经验、社会文化的再生产和社会改造。这些定义都是大同小异，还有学者从课程的英语 curriculum 词源意义上来理解课程，即分别从动词和名词的角度来认识课程，作为动词即学习的进程，而作为名词则主要指学习的内容或经验。这些定义对我们认识课程的本质都有帮助，还有学者从动态观和静态观的角度来认识课程，见表 2-1。

表 2-1　课程概念分析表[④]

主要维度	主要观点
课程动态观	Zais：课程区分为文件课程和事实课程
	古德拉德：5 种不同水平的课程，即理想课程、文件课程、理解课程、实施课程、经验课程
	McNeil：存在不同水平的课程，可分为三个水平：预期课程、实施课程和达成课程
	小威廉 E.多尔：课程是通过参与者的行为和相互作用而形成的；是一个建构性、非线性和非序列性的过程
	黄甫全：课程在本质上是一种进程
课程静态观	H.Taba 和 Oliver 等：课程是一种计划
	Lawton：课程是一种文化的选择
	H.Caswell 和 Campell，D.Foshay，B.O.等：课程是儿童学习的经验
	Johnson Jr：课程是一种预期学习结果的结构化序列
	陈侠：课程是教学科目及其目的、内容、范围、分量和进程的总和
	廖哲勋：课程是用以指导学校育人的规划和引导学生认识世界、了解自己、提高自己的媒体

① 江山野. 简明国际教育百科全书·课程[M]. 北京：教育科学出版社，1999：64-69.
② 黄政杰. 课程设计[M]. 台北：台湾东华书局股份有限公司出版，1991：36-37.
③ 施良方. 课程理论：课程的基础、原理与问题[M]. 北京：教育科学出版社，1996：3-7.
④ 谢翌，马云鹏. 关于课程实施几个问题的思考[J]. 全球教育展望，2004，(4)：32-36.

　　表 2-1 展示了理解课程的另一扇窗口，对我国当前课程研究影响较大的还是动态课程观念，尤其是古德拉德（Goodlad）提出的 5 种课程在我国影响深远，使研究者能够从不同的主体、不同的层面去关注课程和研究课程。当前，在实践中教师所持有的课程观念主要有三种样态：课程即知识、课程即经验、课程即活动。

　　课程即知识这是最为古老的观点，我国长期以来实施的学科课程就是坚持这种课程观念的典型表现。它强调学习知识的完整性和系统性，在追求学校高效率的背景下这种观念备受推崇。课程即经验是杜威教育理论的主要观点，强调学习主体的主动性、亲历性、参与性，以学习者为中心。课程即活动是在批判课程即知识和经验的基础上形成的，强调课程即学习者的自主活动，强调学习者的兴趣，活动的完整性，以及课程的综合性和整体性。这三种观念在实践中教师兼而有之，不过总体上教师的课程本质观是从课程即知识转向课程即经验。在新课程改革背景下，研究者也大体认同课程即经验，认为从"知识"到"经验"是课程理论与实践的进步，扩展了课程的内涵，关注了学生个体的学习体验，改变了学习者与课程之间的关系，大而言之，课程即经验有助于反思我国传统基础教育课程体系的得失，有助于我国课程建设的现代化①。因此，第八次基础教育课程改革实施以来，课程即经验成为主流课程本质观念，并为大多数教师理解与认同。

2. 教师对新课程改革的认同感研究现状

　　理解课程的本质有助于更好地认识新的基础教育课程改革，但是新课程改革作为一项新生事物，有一个逐渐被接受的过程，在这个过程中，人们会表现出"是否满意、有无价值、是否明智、是否务实、是否有效、是否必要等价值表态"②，这就是认同与否的表现，而当人们做出"正面的态度和行为意向"③时则被认为是认同感。第八次基础教育课程改革进行实验之始，就有众多研究者开始关注教师对新课程改革的认同感问题，这些研究主要包括两个方面，一是对认同感评价指标或影响要素的研究；二是对教师认同感现状的测查。

　　有关认同感评价指标或影响因素的研究，也可以称为有关认同感的理论研究。在这方面，主要研究成果均来自国外和我国的香港特别行政区，内地研究成果较少。较早研究教师课程改革认同感的是北美学者，庞奇（K. F. Punch）和麦卡蒂（W. A. Mcatee）认为影响认同感的三个主要因素是教师对变革的知识、参与变革，以及对教育的一般态度。20 世纪 80 年代有关认同感的研究成果主要集中在澳洲，有代表性的是沃（R. Waugh）与庞奇 1987 年在实验的基础上提出的认为教师对课程改革的态度主要受个体、组织环境、改革本身特征，以及施行策略的影响，并对其具体影响因素进行了分析，包括改革的实用性、改革的期望、成本

---

① 从立新. 知识、经验、活动与课程本质[J]. 北京师范大学学报（社会科学版），1998，(4)：25-30.
② 颜明仁，李子建. 教师对资讯科技教育的改革认同感与学校文化[J]. 优质学校教育学报，2002，(2)：1-16.
③ 李子建. 香港小学教师对课程改革的认同感：目标为本课程与常识科的比较[J]. 课程论坛，1998，(2)：71-83.

效益评价、对教师的支持、缓解担忧与不确定性机制、教育信念、新旧制度比较等。后来的研究者在此基础上制定了量化的评价指标体系①。我国香港学者李子建和内地学者尹弘飚对教师认同感进行了系统研究。李子建把国外有关认同感的研究引入我国的课程实施研究当中，并对香港小学教师在目标为本课程和常识课课程的认同感方面进行了比较（1998 年），后来还研究了香港小学教师对实施环境教育的认同感（2000 年）。在这些研究中，李子建把认同感区分为态度和行为意向两个层面，含实用性、成本效益、关注事项、学校支持和校外支持 5 个因素，后来还补充了变革日程安排、工作负担分配等因素。尹弘飚主要是把李子建拟定的量表在重庆两所中小学进行了验证，证明了测量工具较好的信度和效度②。此外，国内还有其他研究者也对认同感展开了研究，如王连照从教师对新课程改革的可行性与实用性、内在关注、外在支持等方面制定认同感测查框架③；钱红从教师对新课程改革的态度、行为意向、课程的实用性、成本效益、校内外支持等维度制定评价指标④。这些研究中认同感框架或影响因素基本都类似于李子建的研究成果，理论创新成分不多。

　　在认同感现状测查方面成果比理论研究成果稍多。我国内地学者广泛运用国外、香港有关认同感研究的理论成果，对校长、教师，以及针对不同学段和学科进行了认同感测查。如胡小萍等对农村中学校长的新课程改革认同感进行了调查，发现校长对新课程改革的认同度不高，其原因在于农村学校课程资源缺乏、课程方案趋于城市化、政策配套不到位、社会评价压力大等多个方面。针对这些问题提出应对农村校长进行专门培训，搞好政策配套，营造良好课改社会氛围⑤。在教师的新课程改革认同感调查方面，得出了不尽相同的结果，有调查反映"13 个国家级课改实验区的教师 90%以上的教师表示适应新课程改革和新教材"⑥，有的反映"大部分教师对课改持一般和比较消极的态度"⑦。这是由于研究者选取的样本不同所导致的，前者的样本均为国家级实验区，后者是西南农村地区。同时较多研究生也选取了认同感作为学位论文研究的主题，不同区域的调查研究得出了不同的研究结论：有研究者以西北农村小学教师作为调查对象，询问教师对新课程改革内容、实施、目标与设计的看法，得到的结果"略赞同""赞同"和"极为赞同"的比例之和分别为：22.3%、11.9%、39.2%、16.1%，而"略反对""反对"和"极为反对"比例之和分别为：53.9%、70.8%、37.2%、64.7%，其余为中

---

① 郑建芸. 广东省中学教师对新课程改革认同感现状调查研究[D]. 广州：华南师范大学，2007：12.
② 李子建，尹弘飚. 教师对课程变革的认同感和关注：课程实施研究的探讨[J]. 教育研究与发展期刊，2005，(6)：107-128.
③ 王连照. 西北农村小学教师新课程认同情况研究[D]. 兰州：西北师范大学，2005.
④ 钱红. 浙江省中小学教师对新课程改革认同感的研究[D]. 杭州：杭州师范大学，2006.
⑤ 胡小萍，冷先福. 实施新课程，亟需增强农村中学校长的认同感[J]. 江西教育科研，2004，(12)：21-38.
⑥ 教育部 "新课程实施与实施过程评价" 课题组. 基础教育改革的成就、问题与对策[J]. 中国教育学刊，2003，(12)：35-39.
⑦ 苑青松. 浅析西南地区语文教师在新课改中的认同感[J]. 当代教育论坛，2008，(5)：59-60.

立态度,很显然,西部农村小学教师对新课程改革的认同感较低;①有研究者以浙江省中小学教师为研究对象,测查发现总体上教师对新课程改革认同感较积极,小学教师认同感高于初中教师,农村教师低于城市教师;②还有研究者以广东省中学教师为对象进行测查,发现总体上广东中学教师对新课程改革认同感一般,不同年级教师对课程本身和教师关注存在显著差异。③还有研究者针对不同学科教师进行了调查,其采用的工具和调查结论也大同小异,在此不再列举。

从以上资料来看,研究者对课程本质的认识由于视角的不同持有不同的理解,长期以来影响我国基础教育的课程观念是课程即知识,新的课程改革以后,课程即经验的观念逐渐深入人心,但是课程即经验强调的是学生学习的主动性,把学生活动纳入课程范畴,这种理解具有很重要的现实意义,但同时也存在一定的局限性,因为目前我国实行的是班级教学,甚至是大班教学,充分考虑每个学生的经验只能是理想而不可能成为现实,因此,对课程的理解与研究还可以尝试多个视角与角度。古德拉德的5个水平的课程为我们打开了研究课程的另一扇窗口,5个水平的课程其实是5个主体所分别针对的课程,其中实施课程和经验课程分别针对的是教师和学生,这两者对课程实施至关重要。教师对课程的认同感是实施课程的重要组成部分,教师对新课程改革的态度与行为意向影响与制约新课程改革的有效实施。从已有的调查来看,城乡教师对新课程改革的认同感有显著差异,农村教师对新课程改革的认同感较低,研究者也对其中的原因进行了分析,这对进一步研究新课程改革三级课程实施具有重要的借鉴意义。

(二)义务教育新课程改革实施现状与问题研究动态

课程本质与新课程改革认同更多的属于理念与信仰层面的问题,是研究者在课程实施之初关注最多的,随着课程改革的深入推进,课程实施的现状更为引人注目。近年来有关新课程改革实施的研究主要集中在三个方面:一是课程实施本质的认识;二是课程实施程度的研究;三是课程实施现状与问题的考察。

1. 课程实施本质的认识

20世纪六七十年代经历过几次课程改革失败以后,课程实施逐渐成为研究者关注的重点。从已有资料来看,研究者对课程实施本质的认识主要包括两个方面:即课程实施内涵和课程实施取向。

课程实施内涵的理解根据研究者的立场不一,存在多种认识:有研究者认为"课程实施是指把新的课程计划付诸实践的过程。课程实施的研究所关注的焦点

---

① 王连照. 西北农村小学教师新课程认同情况研究[D]. 兰州:西北师范大学,2005:19.
② 钱红. 浙江省中小学教师对新课程改革认同感的研究[D]. 杭州:杭州师范大学,2006:30-32.
③ 郑建芸. 广东省中学教师对新课程改革认同感现状调查研究[D]. 广州:华南师范大学,2007:42.

是课程计划在实际上所发生的情况，以及影响课程实施的种种因素"①。这其实是对课程论学者富兰（M. Fullan）的观点的高度概括。也有的认为"课程实施是把课程计划付诸实践的过程，是达到预期目标的基本途径"②。还有的认为"课程实施实际上也就是教学"③。不同的观点侧重点不一，但都强调课程实施是一个具体的过程，是一个动态发展的过程。

　　课程实施取向的问题，研究者普遍认同有三种不同的取向：即忠实取向、相互调适取向、缔造（创生）取向。这三种取向有不同的理论假设和研究问题，研究者已经对其进行了总结，见表 2-2。

表 2-2　课程实施的三种取向④

核心概念	忠实取向	相互调适取向	缔造（创生）取向
	实施	调适	缔造
对课程的定义	课程是指计划的课程，包括学习的教程、教科书、指引、教师计划或变革计划等。课程是具体的、实在的东西、是教师可以实施并且可以接受评估以确定目标是否达成的东西	强调个人的意义。课程是由学生和教师共同创造的，是由学生或教师共同或个体体验的	
		还包括那些可以塑造课程的学校或小区中的脉络因素	
课程知识	由外在的专家创造并提供，参与者的知识可能在课程发展的过程中被专家采用，但不会用在课程实施的过程中	主要由外在的专家提供，但也包括参与者的知识	课程知识不是产品或事件，而是一个教师和学生正在经历的过程。外来的课程设计可能被视为一种资源
课程变革	变革是一个理性的、系统的、直线性的过程	变革是一个不可预测的、迂回的、非直线性的过程	变革是教师和学生在思想与实践方面成长的过程
教师角色	教师是按照指示执行课程、将课程传递给学生的消费者	为满足当地情境的需求中，教师在塑造课程的过程扮演更积极、更主动的角色	教师的角色与过程融为一体。没有师生在课堂中赋予其形式，就没有课程
研究问题	①测量教师实施课程的程度；②探究促进或阻碍课程实施的因素	①借用社会科学的新方法论和理论探索哪些深刻的、描述性的数据将会产生不同的教育问题；②探索促进或阻碍课程实施的因素，尤其是组织上的变量	①被缔造的经验是什么？学生和教师是如何创造这些经验的？②外在的因素（教材、教学策略、政策、家长的期望、学生与教师的特点等）对于缔造的课程有什么影响？③实际缔造的课程对于学生有什么影响

　　这三种取向在实践中并不是完全独立存在的，而是一直动态的连续体，只是在某个阶段以某种取向为主而已。

---

① 施良方. 课程理论：课程的基础、原理与问题[M]. 北京：教育科学出版社, 1996：128.
② 李子建, 黄显华. 课程、范式、取向和设计[M]. 香港：香港中文大学出版社, 1994：311.
③ 大甫全. 大课程论初探——兼论课程（论）与教学（论）的关系[J]. 课程·教材·教法, 2000, (5)：1-7.
④ 陈晓波. 影响课程实施的因素：基于实施取向的探讨[A]//霍秉坤, 于泽元, 徐慧璇, 等. 课程与教学：研究与实践的旅程[C]. 重庆：重庆大学出版社, 2008：101-109.

2. 课程实施程度的研究现状

课程实施程度近年来逐渐成为研究的热点，是课程实施研究中的一个新的增长点。课程实施程度研究关注的是课程实施品质和水平，关心在何种程度上达成或者超越了预定的课程目标。前面总结课程实施的取向有三种，即忠实取向、相互调适取向和缔造（创生）取向，因为缔造（创生）取向的观念认为"课程是在教师和学生的经验互动中创生的，是不可预期和检测的，故而并不存在创生取向的课程实施程度研究"[①]。因此，在实践中主要有忠实取向和相互调适取向的课程实施程度研究，并且在这方面国外的研究成果颇多，我国还处在借鉴与学习国外的研究成果阶段。

国外课程实施程度研究的主要成果在于研制了丰富多样的检测工具。在 20世纪七八十年代以前主要是采用教师自我报告和行为观察的方式，以观察法为主要研究方法，还缺乏比较系统的理论基础。之后研究者不断探索，研制了用于测量的课程实施程度工具，具有代表性的工具有三种，即霍尔等的关注为本采纳模式（CBAM）量表、利斯伍德的使用者形貌（UP）工具和波特等的实施课程的调查（SEC）[②]。这三项成果中影响和使用范围最广的是霍尔等的关注为本采纳模式。

关注为本采纳模式是霍尔等于 20 世纪七八十年代在大量的实验研究基础之上提出的，包括三个工具，分别是关心发展阶段（SoCQ）、课程实施水平（Level of Ves，LoU）和革新构造（IC），它的核心思想是"测量、描述和解释教师在实施新课程改革中所做的一些教学行为与方式的改变，以及在干预过程中的一些关键事件"[③]。关心发展阶段研制了标准的问卷，从实施者对一项变革的情感变化过程来审视变革实施的程度，这个过程被分为 7 个阶段：意识、信息、个人化、操作、结果、合作和再聚焦[④]。这 7 个阶段是一个由低到高的发展过程，但实施者并不是一定处在某一个阶段，而是可能同时处在某几个阶段，只是每个阶段的强度不同而已。与关心发展阶段量表配套使用的就是课程实施水平工具，课程实施水平被分为不实施、定向、准备、机械实施、例行化、精致化、统整、更新 8 个层次，每个层次又分为知识、获取信息、分享、评估、计划、观点陈述、执行情况 7 种类别[⑤]，指标体系非常详尽和具体，并且每个层级均有决策点供研究者判断实施者达到怎样的程度，见表 2-3。

① 张善培. 课程实施程度的测量[J]. 教育学报，1998，(26)：149-170.
② 夏雪梅. 四十年来西方教师课程课程实施程度研究的回顾与评论[J]. 全球教育展望，2010，(1)：21-26.
③ Anderson S E. Understanding teacher change：Revisiting the concerns based adoption model[J]. Curriculum Inguiry，1997，(3)：331-367.
④ 姜荣华. 关注为本采纳模式：课程实施程度评价的一种工具[J]. 教育发展研究，2008，(5-6)：115-118.
⑤ 吉纳 E 霍尔，吴晓玲. 实施变革：模式、原则与困境[M]. 杭州：浙江教育出版社，2004：101.

表2-3　实施者使用水平层级表[①]

使用水平	使用的范围
1.不实施	对课程改革缺乏了解或了解甚少，未参与课程改革工作，也未准备参与
2.定向	已经获取或正在获取课程改革的资料，并且已经探讨或正在探讨课程改革的价值取向及对实施者的要求
3.准备	正着手准备实施新的课程
4.机械实施	致力于革新的短期或日常使用，但并不进行反思。实施中的调整旨在符合使用者的需求，而非学生的需求；试图完成新课程改革所要求的任务，结果常是肤浅且不连贯
5.例行化	实施已经成为习惯，仅是少数有改变。但实施者很少考虑修订实施，很少考虑实施效果
6.精致化	依据短期或长期的结果，修订革新的方案
7.统整	结合自己和同事的努力，在共同影响的范围内，给予学生集体的影响
8.更新	重新评价实施的质量，寻找目前改革的变通方案，以增进其对学生的影响，检视领域内的新发展，探索自己及整个学校系统的新目标

　　表2-3中展示了8个水平的决策点，很显然它很难通过问卷的方式进行测量，因此使用水平的测量主要通过特殊性的访谈来完成，研究者在访谈时及访谈完成后需要对实施者的话语进行反复揣摩，以判断实施者的实施程度。这是一个比较通用的框架，但在具体实施过程中，由于存在个体差异，霍尔等又提出了第三个工具，即革新构造。革新构造主要通过绘制革新构造图来完成，主要采用观察法进行研究。总体上，关注为本采纳模式是运用最为广泛的一种课程实施程度研究工具，其他两种工具由于使用范围不广在此不再赘述。

　　我国对课程实施程度的研究是20世纪90年代末期的事情，最早是我国台湾学者谢文华在1996年提出在中国文化背景下也可以采用关注为本采纳模式进行课程实施程度研究，后来我国香港学者张善培在1998年曾论述测量课程实施的方法，提到了关注为本采纳模式是运用最为广泛的，但同时又提到了它的不足，效度难以保证，还需要不断改良，因此后来又撰文进一步研究，指出教师忧虑与课程实施的关系，把霍尔等的7个阶段模式修订成了5类忧虑模式[②]。我国学者对关注为本采纳的关注是新课程改革实施以后的事情，最早是靳玉乐和尹弘飚运用CBAM工具对新课程改革中的教师认同程度进行调查研究[③]，后来有姜荣华和马云鹏等对CBAM进行了进一步研究，姜荣华对CBAM的关心发展阶段问卷进行了本土化改进，并进行了测试，同时为使用水平阶段编写了问卷。[④]上海市教育科学研究院夏雪梅对西方的现有评估架构进行了批判，提出了基于学生学习的评判标准，综合考察教师的课程认知、课程行为、课程反省和课程情意的课程实施程度评价框架（L-CREB）[⑤]，后来又对这一框架进行了修订和检测，提出了课程认

① 夏雪梅. 四十年来西方教师课程课程实施程度研究的回顾与评论[J]. 全球教育展望，2010，(1)：21-26.
② 张善培. 再论课程实施程度的测量[J]. 新课程，2007，(2)：8-10.
③ 靳玉乐，尹弘飚. 教师与新课程实施：基于CBAM的个案分析[J]. 课程·教材·教法，2003，(11)：51-58.
④ 姜荣华. 课程实施程度的评价工具研究[D]. 长春：东北师范大学，2008.
⑤ 夏雪梅. 教师课程实施程度的评估：一种整合架构[J]. 教育发展研究，2009，(22)：19-24.

知、课程行为、课程反省和学生学习水平的 L-CRB 架构和实施的 6 个水平①。除此之外，还有许多研究者参考已有研究成果，自编研究工具，通过调查、访谈、观察等方式对新课程改革实施程度进行考察，但这些研究略显零散，科学性、系统性不足，因此不一一列举。

3. 新课程改革实施主要问题的研究现状

有关新课程改革实施现状的研究成果较为丰富。"新课程改革实施与实施过程评价"课题组曾先后三次在全国范围内对实验区进行了跟踪评估（时间分别为 2001 年 12 月、2003 年 3 月和 2004 年 12 月），第一次以国家级实验区为主，第二次以省级实验区为主，第三次以农村实验区为主②，每次评估都形成了专门的调研报告对新课程改革实施状况进行诊断，并提出建设性意见。除了这种半官方性质的调研评估，还有许多研究者自发关注新课程改革实施的现状与问题，尤其是农村新课程改革的现状与问题，如杨艳玲和于京天③、李洪祥④、赵蒙成⑤、陈家斌⑥等，总结他们的观点，当前农村义务教育新课程改革存在的主要问题有如下 5 个方面。

第一，课程资源匮乏。"在全国部分实验区的调查评估中 93% 的教师选择 '缺乏课程资源'。在对部分农村地区的调查中有 95% 的农村学校反映现有的条件下课程资源难以满足新课程改革的要求，尤其是缺少实验室、语音室、计算机教室、多媒体教室等现代教学设施；许多学校现有的微机和电教设备数量少、档次低，大都面临淘汰。"⑦

第二，教师的素质与水平不容乐观。这首先表现在农村学校尤其是小学教师的学历水平总体不高，以专科为主；同时教师的文化知识缺乏，一项调查显示："80% 的教师认为自己没有广博的普通文化知识……40% 的教师缺乏音、体、美文化知识；30% 的教师缺乏工具性学科知识；20% 的教师缺乏文学性知识；10% 的教师缺乏自然科学知识。"⑧这样的调查结果是触目惊心的。此外，一个教师兼教多门课程的现象屡见不鲜，负担繁重。

第三，课程改革的城市化倾向。"90% 来自贫困地区的学员认为，农村中小学现有条件与实施新课程改革所需条件有一定差距或差距很大。多数局长认为，

① 夏雪梅，沈学珺. 中小学教师课程实施的程度检测与干预[J]. 教育发展研究，2012，(8)：37-41.
② "新课程实施与实施过程评价"课题组.课程改革实验区追踪评估的最新报告[J]. 教育发展研究，2005，(5)：18-23.
③ 杨艳玲，于京天. 农村新课程：问题与对策——农村基础教育课程改革专题调研[J]. 教育发展研究，2004，(11)：19-21.
④ 李洪祥. 新课程在农村中小学试验中存在的问题与对策[J]. 基础教育研究，2004，(11)：15-18.
⑤ 赵蒙成. 农村基础教育课程改革：问题与对策[J]. 教育发展研究，2004，(12)：23-25.
⑥ 陈家斌. 我国农村课程资源的现状及思考[J]. 教学与管理，2004，(12)：37-39.
⑦ 张释元. 农村新课程实施的影响因素及策略——J 中学的个案研究[D]. 长春：东北师范大学，2006：4.
⑧ 黄辰华. 新课程实施在农村中学存在的问题及其原因与对策的个案研究[D]. 长沙：湖南师范大学，2008：24.

新课程改革的前期调研工作大多在较为发达的城市或重点中学进行……只能代表城市地区的情况……新课程改革对西部、农村等经济欠发达地区关注不够，在一定程度上存在'城市取向'。"①由于我国幅员辽阔，地区差异显著，完全统一的标准很难照顾城乡差异和不同地区。

第四，评价制度等改革不配套。理念变了，课程内容变了，学习方式变了，但是评价制度与方式并没有随之得以改变。虽然倡导以发展性评价为主，但事实并没有一套系统的、切实可行的评价体系，实践中对学生的评价还是以考试成绩为主，对教师的评价还是以班级学生的总体学习成绩为主，依然呈现"分！分！分！学生的命根；考！考！考！教师的法宝！"的景象。评价制度改革的步伐过于缓慢，被誉为新课程改革的瓶颈。

第五，支持系统薄弱。支持系统薄弱表现在多个方面，一方面专业支持力量薄弱，比如，教研员队伍力量极其缺乏，在农村县级教育部门一般只有主要学科配有1～2名教研员，学校层面基本没有专职教研员，非常不利于教研活动的开展，校本教研基本流于形式。同时教育专家、高等师范院校等对农村教育的支持力量也不足，辐射作用难以覆盖。另一方面社会支持力量薄弱，表现为家长、社会人士对新课程改革关注度不高，甚至漠不关心，认为教育活动只是学校教育的事情，如有问题是学校教育的责任，这很不利于新课程改革的有效实施。

从以上资料来看，研究者在新课程改革实施以后，对课程实施的研究倾入了较多的关注，尤其是借鉴了国外较为系统和科学的研究工具，为我国新课程改革实施的研究注入了更多的活力，同时大家密切关注新课程改革实施的薄弱环节——农村义务教育新课程改革，指出了其中存在的一些问题，这为进一步全面认识农村义务教育新课程改革奠定了基础。

（三）促进农村义务教育新课程改革有效实施的对策研究现状

针对农村义务教育新课程改革实施存在的诸多问题，研究者也提出了许多相应的对策建议，以促进新课程改革在农村的有效实施。归结起来，研究者所提出的对策有以下方面。

第一，加大农村教育投入，充分挖掘和利用农村现有课程资源。教育经费缺乏是我国教育发展面临的难题，对农村教育来说更是这样，虽然国家近年加大了教育投入，但就新课程改革来说，国家和各级教育行政部门并没有设立专门的经费来支持课改。对农村地区来说，想满足新课改需要的条件还需要大量的经费投入，因此有研究者提出应设立专门的课改经费②，给农村学校以专门的经费支持③。

---

① 杨艳玲，于京天. 农村新课程：问题与对策——农村基础教育课程改革专题调研[J]. 教育发展研究，2004，(11)：19-21.
② 同①.
③ 马云鹏，唐丽芳. 对新课程改革实验状况的调查与思考[J]. 中小学管理，2004，(1)：11-15.

同时，应充分利用农村优势的自然资源、民俗资源和文化资源等，开设有特色的农村教育系列课程，实施绿色证书教育，让教育密切联系农村学生的生活。

第二，开展有针对性的培训，切实提高教师素质。针对新课程改革的培训层出不穷，但是专门针对农村教师的培训很少见，并且目前已有的培训中理论说教多，实践操作少，指导意义不强。而且研究者在实践调查中发现，农村学校教师参加培训的机会甚少，只是少数骨干教师接受培训的机会很多，甚至成为了"受训专业户"。这不利于教师队伍整体素质的提高。因此研究者均提出应开展多种形式、行之有效的教师培训方式，切实促进农村教师的专业成长。

第三，加快评价制度改革的步伐。评价制度是制约新课程改革的重要因素，也是学生、教师和家长最为关注的方面，但这方面的改革总是"雷声大、雨点小"。因此研究者都大力呼吁应加大考试制度的改革，切实建立和完善农村教师的教学评价和奖励机制，以激发农村教师参与课程改革的积极性[1]，提高课程改革效益。

第四，营造良好的新课程改革氛围。课程改革是一项系统工程，并不是教育部门、学校一己之事，需要全社会齐心协力，共同努力；只有全社会共同参与，课程改革才可能取得满意的效果。因此研究者均建议应加大对新课程改革的宣传动员工作，尤其是对家长、社会的宣传，营造理解、参与、支持课程改革的良好的社会氛围[2]，只有家庭教育、学校教育、社会教育"三教合一"，人才培养质量的提高才不会成为空话，课程改革才能取得成功。

其他各方面的建议还有很多，概而言之有加大经费投入、师资队伍素质提高、重视农村课程资源开发与利用、加快评价制度改革、增强农村课程改革支撑体系建设等方面。这些建议很好，但均为宏观指导性意见，还缺乏深入细致的研究，同时我国各地农村差异显著，每个地区遇到的问题也不一致，因此还需加强更有针对性、更具操作性的对策研究。

三、农村高中新课程改革实施相关研究动态

前文对农村义务教育和农村义务教育新课程改革实施相关研究进行了综述，接下来着重对农村高中新课程改革实施相关情况进行分析。第八次基础教育课程改革的高中新课程改革自 2004 年秋季开始实施，其中以山东、广东、海南、宁夏为首批实验区进行试点，由此开启了高中课程改革的序幕。截至 2012 年 10 月，全国尚有部分省份未开始高中课程改革。以"高中新课程改革"作为题名在中国知网中进行检索发现自 2004 年 1 月至 2012 年 10 月，共计有 4 万余篇学术论文，

---

① 王玉兵. 农村中小学新课程改革的障碍与对策[J]. 教育导刊, 2004, (6): 10-12.
② 李洪祥. 新课程在农村中小学试验中存在的问题与对策[J]. 基础教育研究, 2004, (11): 15-18.

800 余篇学位论文，可见，学术界和社会对高中课程改革关注度较高。同时进行学术关注度检索发现，自 2004 年开始，高中新课程改革关注度逐渐提高，2008 年和 2011 年关注度最高，中间 2010 年出现了低谷，这与高中新课程改革实施出现了诸多问题有关，尤其是农村地区高中新课程改革举步维艰。在众多的文献中，直接关注农村课程改革的文献不多，这与大部分高中不在农村有关，但在本书中，所关注的高中主要是强调以农业为主的县的高中教育。以下分别从高中新课程改革的认同程度、高中新课程改革关注的焦点问题、高中新课程改革实施的问题与建议三个方面进行综述。

（一）高中新课程改革的认同程度有关研究现状

和义务教育新课程改革一样，高中新课程改革在课程目标、课程内容、课程结构、课程评价等方面也做了重要改革，作为新鲜事物，教师同样有一个理解、接受和认同的过程。在高中新课程改革实施之初，许多研究者都进行了课程改革的认同研究，更多的研究者是针对各学科的教师展开调查，了解教师对具体学科的课程改革认同情况。具体来说，已有的研究主要集中在教师对新课程改革理念的认同、教师与新课程改革的适切性两方面。

1. 有关教师对高中新课程改革理念认同的研究动态

课程理念指导课程改革行动，因此，研究者首先是关注课程改革的理念，如有研究者对湖北高中教师进行调查后发现，高中教师对新课程改革认同感较高，认为课程改革给教师专业成长提供了更好的发展机遇和机会①。还有的研究发现，大部分教师对新的高中课程改革持支持态度，对新的教材亦持支持态度②。但也有的研究成果却截然相反，如有研究者对内蒙古、吉林等地的教师调查发现，高中教师对新课程改革认同程度一般，认为课程改革内容的实用性有待加强。课程评价严重制约教师对课程改革的认同感，此外通过差异性检验表明不同性别、教龄、职称、学校类型的高中教师对课程改革的认同感基本不存在显著性差异③。从已有研究来看，课程改革的认同程度地区差异明显，各地教师接受和认同程度不一致。但为了更好地推动高中课程改革，首先必须形成良好的认同感，正如有研究者认为，"最重要的是要形成一个认同高中新课程改革的氛围"。具体来说，营造良好的认同氛围，需要做到：在舆论上，要形成从积极的方面去理解和从发展的角度去认识新课程改革的氛围；在政策上，要形成有利于新课程改革实施和激励教师积极投入到新课程改革的氛围；在管理上，要形成与新课程改革相适应的管理

---

① 王丽. 高中教师课程改革认同感研究——以荆州市所属高中为例[D]. 重庆：西南大学，2013.
② 马晓路. 高中教师新课程改革的态度与行为调查研究——以甘肃省天水市所属高中为例[D]. 兰州：西北师范大学，2012.
③ 李敏. 高中教师对新课程改革认同感的研究[D]. 长春：东北师范大学，2011.

与教研氛围①。这些举措均是从行政管理机构的层面提出，还缺乏具体的教师层面的策略。

2. 有关高中教师与新课程改革适切性的研究动态

教师是课程改革的直接推动者，因此在关注课程改革的推进中，教师是最重要的关注对象。对于高中教师与新课程改革适切性的问题，研究结论同样存在较为显著的差异。如有的研究者通过调查甘肃的教师发现，高中课程改革实施以后，教师的教学行为与对新课程改革的要求在认识上能够保持高度的一致，但在具体的教学实践中，由于教师课业负担的加重，师生沟通、交流较少，讲授式的课堂教学方式仍占据重要的地位，这意味着教师认识和实践出现了不平衡②。而有的研究成果则发现教师在认识上与课程改革的要求就存在显著差异，如有研究者在对喀什地区的高中教师新课程改革适应性进行调查研究后发现，喀什地区高中教师的角色定位模糊，教师的整体教育观念与新课改的要求存在很大差距，师生之间的交往仍停留在浅层面的单项交流层面③。这说明，教师素质与高中新课程改革的要求还存在不匹配、不适切的现象，与课程改革相匹配的教师素质要求是值得关注的问题。

除了相关的认同研究以外，此外还有的研究成果表明，部分教师存在对课程改革误解的情况，研究表明误区主要表现在：认为新课程改革强调的就是学生多活动，教师的作用不重要；认为传统的教学方式存在很大弊端，新课程改革教学就要改变或抛弃所有传统的教学方式；认为新课程改革就是表面上新，实质上并没有变化；认为新课程改革是一场全新的教学改革，实施新课程改革可以解决教育上所有问题④。这些误解如果不予以纠偏，容易导致课程改革进入误区。

（二）高中新课程改革的焦点问题研究现状

高中新课程改革与义务教育新课程改革比较而言，其改革的意味更为强烈。虽然同样是在课程目标、课程结构、课程内容、课程评价、课程实施、课程管理6个方面进行创新，但高中课程改革的推进并不如义务教育顺利，引发了一些值得关注的焦点问题。如模块课程、选修课程、文理分科、学分制管理等，在全国范围内引起了讨论和争鸣，以下分别进行阐述。

1. 模块课程的有关研究动态

《普通高中新课程改革方案（试行）》中把模块解释为：模块是基于明确的

① 梅首文. 要形成一个认同高中新课程的氛围[N]. 黄冈日报，2009-8-23(4).
② 马晓路. 高中教师新课程改革的态度与行为调查研究——以甘肃省天水市所高中为例[D]. 兰州：西北师范大学，2012.
③ 赵凌宙. 喀什地区高中教师新课程适应性研究[D]. 喀什：喀什师范学院，2010.
④ 胡振友，刘宝团. "高中新课程改革"认识上的误区分析[J]. 现代中小学教育，2012，(1)：12-14.

教育目标，围绕某一特定内容整合学术经验和相关内容，构成相对完整、独立的学习单元。模块课程是高中新课程改革的核心思想，正在全国推行的高中新课程改革由 31 个必修模块和 115 个选修模块组成（不含选修二的模块），原有的学科课程已被一系列模块所代替。这一改变涉及课程内容、课程设计、课程管理、课程实施等方面，因此其出现引起了研究者和实施者的高度关注。研究者认为模块课程既有优点，也有不少弱点，应冷静对待。模块课程优点表现在：内容上的相对独立性、综合性和开放性，课程结构上的多层次，使模块课程表现出综合、开放、灵活的特点，可以涵盖更为广泛的主题，打破学科的界限壁垒，灵活地进行组合，既为学生提供更多的选择，又可以及时进行更新，更好地适应工业技术迅猛发展的要求。但也表现出显著的不足：一是有些模块课程削弱了高中生对知识性较强学科基础知识的系统学习。人民教育出版社数学室 2005 年对广东、山东、海南、宁夏的 846 位高中教师就模块式课程设置的效果进行了问卷调查，结果有62.42%的教师认为，模块式课程的设置对教学带来了一些不利的影响。二是模块课程加重了学生的课业负担。人民教育出版社的调查反映学校在实施课程的时候人为地增加了课时，否则难以完成课程内容。三是模块课程的多层化设计，有碍学生自主选修。尤其是选修模块，过于繁琐[1]。从这一判断来看，研究者基本是对选修模块持质疑态度。

那么模块课程实际实施究竟如何呢？有研究者对高中教师进行了访谈，总结归纳了系列问题，诸如模块教学的学时问题、模块课程内容的难易度及教学深度和进度控制问题、模块之间的关系及衔接问题、模块教学的"新瓶装旧酒"问题，以及模块课程的评价问题等[2]。可见模块课程设计理念很好，但实际遭遇却值得深思。因此有研究者建议模块课程应包含"体""势""态"三大要素，"体"倾向于具有系统性、典范性取向；"势"主要指人类的心智逻辑及其势能；"态"主要指基于课程开发的情境规划[3]。这些观点事实上还处在理论探讨之中，缺乏实践的佐证。当然，为了更好实施模块课程，研究者在实践中也提出了可资借鉴的思考：认为首先要加强教师对课程实施的高效化参与。其次，教师和学校课程管理层要从整体上对模块教学进行设计。最后，教育行政部门和学校管理层要做好模块课程的评价方案和工具的制定工作[4]。

2. 高中选修课程实施有关研究动态

选修课程本质上是基于模块课程的设置，这是高中新课程改革的另一个亮点。至于为什么增设选修课程，许多研究者进行了阐发，但归根到底是由高中教育的

---

① 廖哲勋. 实事求是地评价普通高中新课程改革[J]. 课程·教材·教法, 2010, (9): 14-21.
② 潘春晖. 普通高中模块课程实施的研究[D]. 西安: 陕西师范大学, 2009.
③ 杨九诠. 普通高中模块课程的价值赋予[J]. 教育研究, 2011, (5): 75-78.
④ 同①。

性质、人的差异性需求、社会对人才的多样化需求等决定的。当然也有研究者认为目前的高中选修课程设计，属于科目内容的单元式选修制，很难对学生的发展产生积极有力的导向作用①。

高中选修课程实施以来，暴露了诸多问题。一方面是学生方面的问题。大多数学生能基本领会选课的精神，但选课时带有一定的片面性、盲目性和功利性。具体表现为：选课没有学业上的整体规划，只为拼凑学分；不是着眼于未来发展，只凭一时的兴趣；不考虑基础学科的重要性，只考虑如何避难就易；不顾自身的基础和潜力，只是跟着别人选课；不考虑全面发展，只知道"唯高考是瞻"，考什么选什么，其他课程则另眼相待；不是依据课程进行选择，而是依据授课教师选课，对要求严格的教师"畏"而远之。另一方面是学校的问题，表现在：一是在教学管理上，管理者不能与时俱进，课程管理工作滞后、方法陈旧，选修课制度不健全，选课指导不到位。二是教学资源问题，就教材来说，与必修课教材相比，选修课教材不成熟、质量低，而且种类较少，数量有限，缺乏选择性，不能满足师生的需要。三是师资问题，有些学校选修课教师素质不高，教学方法没有针对性，教学质量难以保证。四是教学评价方面，选修课的评价缺乏科学的标准与依据，没有系统的原则与方法，并且灵活性不够，随意性突出②。可见，选修课程暴露的问题较多。

对于选修课程暴露的问题，研究者也提出了诸多建议，概括起来主要表现在两个方面：一是加强学校的选修课程管理，设立选课指导委员会，加强对学生的选课指导。比如，编写《选课指导手册》，介绍学校选修课程内容、授课教师、课程实施与安排等；使学生对于选课有清晰的认识，以便学生自行选课。二是实施导师制，加强对学生的个性化有效指导。由于选修课的推行，临时教学班和走班制应运而生，学生管理方面会出现与传统班级授课制全然不同的一些问题。给学生配备指导教师，有利于因人而异对学生分别给予学业和学习上的指导，减少学生在学习过程中错误的自我评价和学习定位、盲目选读课程等失误。

3. 高中文理分科的相关研究动态

伴随着高中新课程改革，国家出台了《国家中长期教育改革和发展规划纲要》（以下简称《纲要》），在《纲要》面向社会征求意见时，高中文理分科问题成为社会、学界和媒体关注的特点话题，其根本涉及高考评价制度的改革和社会对人才培养规格的需求。高中文理分科问题其实由来已久，随着社会和时代的发展，又经常被拿出来进行讨论。有研究者归纳，对高中文理分科问题主要有三种观点，见表2-4。

---

① 廖哲勋. 实事求是地评价普通高中新课程改革[J]. 课程·教材·教法, 2010, (9): 14-21.
② 闫志军. 高中选修课程实施中的问题及应对措施探析[J]. 教育实践与研究, 2010, (5): 13-28.

表 2-4   关于高中文科分科的三种代表性观点[①]

观点	理由	代表人群
赞成	1.适应了时代需求、利于社会分工； 2.有利于减轻学生学习负担； 3.有利于兼顾学生兴趣，展示和发挥学生的个性特长； 4.有利于高校人才选拔和高考招生制度	高中生及其家长、高中学校教师等
反对	1.导致学生的知识结构不合理，不利于创新人才培养； 2.降低了民族整体素质，不符合素质教育的应有之义； 3.强化了应试教育，体现了一种制度上的不合理； 4.阻碍了高校创新人才培养，不适应高校改革趋势	高校学者、教育学家或各行各业成功人士
谨慎	1.作为一项国家教育政策的决定需要慎重抉择； 2.文理分科与否，都不是现阶段高中教育的根本问题所在； 3.欲取消高中文理分科，必先改革教育体制	教育专家、课程设计者等

表 2-4 中的三种观点事实上反映了当前对文理分科的基本态度，可见各界对文理分科意见不一。但总体上认为从社会发展需求来说，应注重文理兼容，因此应改进和完善现有的文理分科模式。具体的改革和发展的路径和策略应是：兼顾知识、能力与个性培养，注重学生科学与人文素养的整合，多维立体地改革高考制度。可见高考评价制度成为制约高中新课程改革的瓶颈。

4. 学分制管理的相关研究动态

随着高中课程改革的推进，学分制成为大家关注的话题，通过对现有文献的梳理发现，有关普通高中学分制的研究主要有两个方面，即学分制实施现状的研究和学分制管理的研究。

关于学分制实施现状的研究，有相关的博士学位论文进行系统的研究。研究者通过文献梳理和比较分析，对我国普通高中实施学分制过程中的存在的问题进行了剖析，认为现有的课程结构框架和配套制度不完善，学分制只是作为学生鉴定性评价的一种手段。此外还分析了问题产生的原因，并提出构建多样化课程结构、建立学分互认制度、赋予学校合理而充分的课程自主权、加强学生的选课与指导、优化学生外部评价、实施弹性学制等推进学分制的实施[②]。

关于学分制管理的研究，研究者指出，可以通过以下 4 种方法来实施学分制管理：①开设多样化选修课程；②建立必要的选课指导制度；③规范科学的学分认定制度；④构建良好的信息管理系统[③]。此外还有其他的研究者提出可行的办法，但基本大同小异。

普通高中新课程改革的实施关注的焦点问题还有很多，比如，各门学科的课

---

① 高岑. 高中文理分科问题的研究[D]. 重庆：西南大学，2010：4.
② 沈兰. 普通高中学分制研究[D]. 上海：华东师范大学，2004.
③ 魏山金，有宝华. 基于新课程的普通高中学分制管理的思考[J]. 教育科学研究，2004，(11)：20-22.

程实施问题，尤其是新增设的通用技术课程的实施，引起了广泛的关注。限于篇幅和研究主题集中的需要，这里不展开论述。

（三）高中新课程改革实施的问题与建议研究现状

随着普通高中新课程改革的推进，有关高中新课程改革实施的问题的相关研究成果逐渐增多。但大都是结合具体学科谈新课程改革实施遇到的问题，宏观研究相对较少。

1. 高中新课程改革面对的主要问题

从搜集整理的文献来看，高中新课程改革实施存在的问题主要集中在以下几个方面，一是教材的多样化问题；二是课时严重不足问题；三是综合实践活动（通用技术）课程的实施问题；四是课程资源匮乏问题；五是学生课业负担增加问题；六是高考评价制度不匹配问题。这些问题的存在，严重制约了高中新课程改革的顺利推进。

有研究者对高中课程改革实施的现状进行了较为全面的调查，具体包括：配套政策、组织管理、课程制度、经费保障、师资配置、专业支持等方面的保障与落实情况，普通高中在课程制度建设、课程规划与课程设置、学生成长记录与综合素质评价、综合实践活动课程、学分管理等方面的实施情况，通用技术课程开设准备情况，模块教学设计与课堂教学现状、实效及问题，等等。调查结果发现的问题有教师对高中新课程标准关注不够，课程资源匮乏，课程实施不够规范，课程评价滞后，师生不适应，等等。①

2. 高中新课程改革实施的阻碍因素

研究者在分析高中新课程改革实施面对的问题时，进一步分析阻碍实施的因素，搜集资料发现，大家分析的主要阻碍因素表现在两个方面：一方面是教育内部环境的影响因素，包括教育政策、学校评价体系、教师的课程理念、学生的价值观和学习目的等；另一方面是教育外部环境的影响因素包括社会文化和家长的教育观念等。分析结果表明要从社会舆论、家长的教育观念等外部因素入手解决问题，更要从教育行政部门、高考选拔依据、教学评价、教师培训等教育内部因素着手，从根本上解决问题②。当然课程实施的阻碍因素随着课程改革的推进，不断涌现出新的原因。有研究者归纳阻碍因素分析主要基于三个方面：一是站在决策的高度，设想课程改革可能会遇到的问题，并借鉴国外推行改革遇到的阻碍，将新课程改革可能遇到的阻碍因素整理为文化因素、社会因素、组织因素、心理因素，

---

① 李金云，王嘉毅. 普通高中新课程实验中的问题及对策——甘肃省课程改革样本学校跟踪调查之一[J]. 甘肃联合大学学报(社会科学版)，2013, (4): 102-107.
② 杨青. 贵阳市高中课程改革存在的问题及解决策略研究[D]. 长春：东北师范大学，2007.

以期防患于未然。二是为了课程改革推行策略的修订和实施，针对特定的课程改革推行环境（如农村与城市、小学、初中与高中）进行研究，站在学校的视角，将新课程改革可能遇到的阻碍因素分为外部因素和内部因素，外部因素主要靠政府和社会来消解，内部因素则是学校自身新课程改革成败的关键。三是在大的课程改革背景下，针对学校新课程改革中的人、事、物等实施环节中的要素，重点分析人的阻碍和资源的阻碍因素，从微观的角度研究分析阻碍因素并提出建议。①

3. 推进高中新课程改革建议的有关研究动态

针对高中新课程改革实施面临的问题及阻碍的原因，研究者也提出了许多具有参考价值的建议。

有的研究者提出，就各级教育行政部门来说，应加强高中课程改革保障机制建设。加强统筹规划，健全服务体系，建立激励机制，强化条件保障，加强行政监管；就各学校来说，应创建有利于新课程改革实施的教师协作共同体。调动教师课程改革的积极性，消除顾虑和不安全感，给予教师充裕的研习时间，创建协作的教师文化等。就个体教师来说，应不断提升课程实施的专业水平。在实践中优化教材的使用，能有效开发和利用课程资源，丰富教学模式等。就教研部门来说，则要充分发挥专业支持力量②。

类似的建议还有很多，但归纳起来，大致有以下几个方面：一是要树立正确的课程改革观，加强对课程改革的认识；二是要充分发挥课程改革专家的引领作用；三是要调整有关管理制度，切实推行学分制管理；四是强化小本培训，增强教师课程实施能力；五是积极开发和利用课程资源，促进教育均衡；六是深化评价制度改革，淡化高考制度的制约。

总之，有关高中新课程改革的实施，已有的相关成果较为丰富，尤其是结合具体学科谈课程改革的文献更为多样，涉及课程改革的各个方面。但一个有趣的问题是，在高中课程改革方面，三级课程这一概念较少被提及，不像义务教育阶段那样引人瞩目。这是因为高中课程改革关系学生的发展，尤其与升学直接相关。许多研究成果及社会和媒体更多的是关注高考的研究，而对国家规定的三级课程却有所忽视，因此，这为我们探索课程实施的研究提供了契机。

四、国内外有关三级课程及其实施的研究现状动态

三级课程的概念在新课程改革实施以后逐渐为大家所熟悉，国外由于教育传

① 严彬. 高中新课程改革的阻碍因素与对策研究——以攀枝花七中为例[D]. 成都：四川师范大学，2012.
② 李金云，王嘉毅. 普通高中新课程实验中的问题及对策——甘肃省课程改革样本学校跟踪调查之一[J]. 甘肃联合大学学报(社会科学版)，2013，(4)：102-107.

统不一致，很少有三级课程的说法。我国三级课程的提出也是在新课程改革之初，《基础教育课程改革纲要（试行）》中明确提出三级课程包括国家课程、地方课程和校本课程，实施三级课程管理。

（一）有关国家课程及其实施的研究动态

国家课程是一个发展中的概念，近年来逐渐受到关注。分权制国家以前根本不存在所谓的国家课程，国家教育部门无权为每一所学校设置或规定统一的课程，20世纪末至21世纪初这一现象逐渐得以改变，分权制国家逐渐加强统一，国家课程受到重视。有关国家课程的研究主要集中在三个方面，一是有关国家课程的本质或内涵，二是国家课程的主要内容或科目，三是国家课程的实施。

关于国家课程的本质或内涵主要有三种解释：第一种认为国家课程就是教育政策，宏观指导国家的教育发展。国家课程就是由教育部主管，"负责制定国家课程政策，决策重大课程改革；制定指导性课程计划；制定必修科目国家课程标准（包括教学标准、评价标准）；审查并向全国推荐学科教材；指导、检查地方课程管理工作；审批地方重大课程改革试验；制定升学考试制度，指导升学考试的实施；确定某些课程管理权限的下放"[1]。第二种认为国家课程是一种教育策略。"国家课程是政府旨在提高教育质量的核心教育策略。它赋予所有学生清楚、全面、法定的学习权利，规定教学的内容和目标，明确学业成就的评价方式。"[2]第三种认为国家课程就是为培养公民共同素质而开发的课程。"国家课程是国家规定的课程，它集中体现一个国家的意志，专门为培养未来的公民而设计，是依据未来公民受教育之后所达到的共同素质而开发的课程。"[3]这三种解释从不同角度对国家课程进行了规定，也有学者从广义和狭义的角度对国家课程进行了界定[4]，前两种界定归为广义，后一种界定归为狭义。

有关国家课程的主要内容或科目，由于历史传统、文化的差异，各国差异较大。我国新课程改革中的国家科目，依据《基础教育课程改革纲要（试行）》中的规定，义务教育有语文、数学、外语、科学（小学科学，中学物理、化学、生物）、体育（体育与健康）、艺术（或音乐、美术）、综合实践活动等课程，总计十几门之多。英国的国家课程科目包括英语、数学、科学、设计和技术、信息和交流技术、历史、地理、现代外语、艺术和设计、音乐、体育和公民等12门。澳大利亚在21世纪的头10年也确立了国家课程，并计划于2013年实施，内容包

---

① 王而治. 课程体系三级管理的意义、功能及其运作规范[J]. 课程·教材·教法，2000，(5)：15-16.
② 汪霞. 国家课程和学校课程——英国中小学基础学科解析（之一）[J]. 外国教育资料，2000，(6)：13-17.
③ 崔永. 重建我国基础教育课程管理的框架[A]//钟启泉等. 为了中华民族的复兴为了每位学生的发展——基础教育课程改革纲要解读[C]. 上海：华东师范大学出版社，2001：355.
④ 许洁英. 国家课程、地方课程和校本课程的含义、目的及地位[J]. 教育研究，2005，(8)：32-37.

括英语、数学、科学和历史 4 门学科①。韩国新修订的国家课程标准中规定小学开设韩语、社会学习/道德教育、数学、科学/技术、家政、体育、艺术（音乐/美术）、英语、创新体验活动等国家课程②。各国国家课程科目数量存在显著差异，但有一个共同特点就是重视基础学科的学习，诸如母语、数学、外语、历史等课程，重视基础学力的培养。

国家课程的实施的研究主要集中在实施模式与途径两个方面。在实施模式上，各国国家课程实施主要是加强中央集权，建立全国性的教育管理、研究或执行机构，负责编写国家课程标准、规定教育目的，编写相应的教科书，更多的是采取"自上而下"的实施模式。在课程实施途径上，国家课程最终要通过学校课程来实现，因此国家课程的有效实施途径主要是校本化。这与前面提到的课程实施取向联系起来，学校在实施国家课程中存在忠实、调适、缔造等三种取向，不过研究者都在努力追求独具特色的国家课程校本化实施③。

从以上资料来看，21 世纪以来，国家课程逐渐受到各国的重视，这与国家课程的性质和特点密切相关，因为国家课程的主要目的是培养未来公民共同素质，体现国家意志，但对国家课程究竟应该在整个课程体系中占多大比例，目前各国并没有科学的研究，这还是一个值得探索的领域。

（二）有关地方课程及其实施的研究动态

地方课程不是一个新鲜事物，在国外很早就已经存在，在我国新课程改革中，地方课程作为国家课程和校本课程的重要联结纽带，是三级课程中的重要一级。国内外对地方课程关注和研究成果颇多，主要集中在地方课程内涵与作用、地方课程发展历史、地方课程开发设计模式、地方课程实施状况、地方课程实施有效对策等方面，以下先从地方课程内涵和作用的认识入手，接着分别从国内和国外两个层面对近期有关地方课程的研究成果进行述评。

有关地方课程内涵与作用的研究是最为基础和根本的，因为其他方面的研究都与内涵的理解密切相关。学界对地方课程的定义很多，有研究者认为地方课程就是"根据国家有关规定和本省（自治区、直辖市）实际，确定本省执行的课程计划和必修科目课程标准；确定本省课程改革方案，报国家教育部批准；审批县以上教育行政部门组织编写的选修教材、乡土教材；审查省编教材（包括经批准编写的、在相应行政辖区内使用的教材）；指导市（地）、县教委选用教材；指导、检查各地课程管理工作，确定中考实施办法，指导考试工作；确定某些课程

---

① 李茂. 澳大利亚国家课程初定[N]. 中国教师报, 2010-03-03(4).
② 綦春霞, 洪厚柞, 王瑞霖. 韩国新修订的国家课程及其启示[J]. 外国中小学教育, 2012, (4): 1-7.
③ 主要成果有: 熊梅, 脱中菲, 王廷波.国家课程校本化实施的实践模式[J]. 江苏教育研究, 2008(6): 19-21; 姜野军, 官孟琼. 国家课程实施与学校特色课程建设相结合[J]. 基础教育参考, 2011, (8): 20-21; 陆莉玲. 课程领导视野下的国家课程校本化实施[J]. 江苏教育研究, 2011, (12): 53-55.

管理权限下发"①。也有的研究者认为"地方课程，又叫地方本位课程，或地方取向课程。它是地方教育主管部门以国家课程标准为基础，在一定的教育思想和课程观念的指导下，根据地方社会发展及其对学生发展的特殊需要，充分利用地方课程资源所设计的课程，地方课程是宏观课程结构中的重要组成部分"②。还有的研究者认为"地方课程就是地方本位课程，具体讲，就是指各个地方根据本地区政治、经济和文化发展的需求，设计开发出的适应本地区学生发展并有利于促进社会发展的课程体系。乡土课程和校本课程是地方课程的重要组成部分"③。此外，还有从广义和狭义的角度来理解地方课程，广义包括国家课程在地方的实施，狭义仅指地方自主开发并在本地实施的课程④。其实这些定义归结起来主要是从两个层面来理解地方课程，一种是从课程管理的角度，另一种是从课程目的和内容的角度，通常的理解，地方课程即地方自主开发并在本地区实施的课程，不包括国家课程、校本课程的实施。有关地方课程作用认识的成果也很多，主要集中在两个方面：一方面，地方课程的提出，进一步完善了课程的管理体系。"地方课程处于国家课程与学校课程中间，具有承上启下的作用，能弥补国家课程和学校课程上的不足，又要独立搞好自身的建设和管理，起着完善新课程管理体系的功能。"⑤其实这是从管理功能理解地方课程的作用。另一方面，地方课程的提出，有利于促进地方经济和社会发展，培养学生的地方情怀。"'面向地方，立足地方，服务地方'是地方课程开发的指导思想，它必须贯穿于地方课程开发的各个环节、各种活动和各项内容之中。"⑥"地方课程实质上是关于地方文化的课程，通过开发地方文化资源，梳理地方文化现象，关注地方文化价值，形成地方课程的文化特色，从而培养学生的地方文化情怀，进而培养学生热爱家乡的情感。"⑦

国内有关地方课程研究的成果颇多，尤其是一大批研究生选择了地方课程作为学位论文的选题，使得地方课程研究更是方兴未艾。目前，国内有关地方课程的研究主要集中在如下一些方面：一是有关地方课程的本质、作用和价值等的认识，成尚荣在《中国教育报》刊发了一系列文章谈对地方课程的认识，诸如《地方课程开发应注意的几个问题》《怎样认识地方课程的内容和形态》《地方课程建设准确定位很重要》等。二是有关地方课程开发的理论研究。这是在新课程改革实施的初期，研究者主要借鉴和探讨有关地方课程开发与实施的理论，如张传珍的《中小学地方课程开发的理论探讨》、孟凡丽的《多元文化背景中地方课程开发研究》、宝日乐的《内蒙古地方课程开发与实施的理论探讨》等。三是有关

① 王而治. 课程体系三级管理的意义、功能及其运作规范[J]. 课程·教材·教法，2000，(5)：15-16.
② 郭元祥. 关于地方课程开发的几点思考[J]. 课程·教材·教法，2000，(1)：6-8.
③ 徐辉，辛治洋. 略论美国地方课程的开发与管理[J]. 教育研究，2002，(3)：84-88.
④ 许洁英. 国家课程、地方课程和校本课程的含义、目的及地位[J]. 教育研究，2005，(8)：32-37.
⑤ 谭娟晖. 我国地方课程开发的困境与对策[D]. 桂林：广西师范大学，2005：8.
⑥ 隋鹏梅. 农村地方课程研究——以 ZZ 中学为个案[D]. 长春：东北师范大学，2008：7.
⑦ 成尚荣. 地方课程培养具有本土情怀的学生[N]. 中国教育报，2008-03-28(5).

地方课程的实施过程和样态的研究。成果主要有姚文峰的《地方课程实施中教师教学适应性分析——来自沈阳市课改实验区部分中小学的调查》、谭娟晖的《我国地方课程开发的困境与对策》、马欣的《新疆地方课程实施的现状研究》等。四是有关地方课程实施的资源开发与相关政策研究，如林晓的《温州本土文化——地方课程开发与实施研究》、邹旭明的《开发课程课程资源——弘扬潮汕文化》、王宝玺的《地方课程政策研究》等。

　　国外地方课程的研究主要集中在两个方面，一是有关地方课程开发的模式研究。孟凡丽总结了国外地方课程开发的4种模式：共创模式（地方政府享有高度的自主权，以国家课程目标为导向，完全自主开发、实施、管理本地区所有课程，以美国为典型代表）、整合模式（各级地方相互合作，结合地方实际和学生需求对课程进行二次开发，以加拿大为典型代表）、补充模式（地方政府结合地方实际开发一些课程作为国家课程的补充，以俄罗斯为典型代表）和桥梁模式（地方政府主要承担国家课程在地方的协调、指导、评估和监督的职责，以日本为典型代表）①。二是有关国家地方课程开发与实施的经验研究。由于国外教育的发展大多以地方自主发展为主，因此积累了丰富的经验，如美国教育一直主要由地方学区负责本地区课程的开发、实施、管理与评价等。概括起来，国外地方课程开发与实施的经验主要有两点：一是开发主体的多样性，其中教师是中坚力量。"在美国，教师、学生、行政人员和管理者、各级教育委员会（特别是下设的课程委员会）、政府官员、联邦和州立法机关、教育设备和资料的提供者、出版社、考试机构、教师组织、基金会、家长和教研专家等都是地方课程开发与管理的重要力量。"②"教师是美国地方课程开发的中坚力量。教师在美国地方课程开发中的突出作用是由其课程改革模式——'问题解决'模式决定的。"③二是地方课程实施过程的实践性与探究性。地方课程通常都带有综合性的特点，而不是传统的分科课程，如日本的"综合学习时间"课程就是典型的地方课程，其无固定的学习内容，只要求结合地方实际情况予以开设，这样地方就紧密结合自有文化传统和特色，结合学生的兴趣和爱好，采取观察、实验、调查等方式，培养学生的动手实践能力和探究能力，同时提高学生的自我创造能力。④

　　从以上资料来看，由于教育发展的传统不同，地方课程在国内外发展处于不平衡状态，国外地方课程的发展和研究走在我国前列，开发、实施、管理等都较为成熟，经验较为丰富。我国地方课程的开发、实施与管理等还处在不断地探索与实验阶段，虽然研究者借鉴和引进了相关的地方课程开发与实施理论，部分省

① 孟凡丽. 国外地方课程开发机制的几类模式及其启示[J]. 外国教育研究，2003，(11)：17-22.
② Yong J H. Participation in curriculum development: An inquiry into the response of teachers [J]. Curriculum Inquiry, 1985，(4)：387-414.
③ 张人杰. 中外教师比较史纲（现代卷）[M]. 济南：山东教育出版社，1997：627-633.
④ 张传燧，王双兰.国外地方课程开发透视[J]. 当代教育论坛，2003，(1)：81-83.

（自治区、直辖市）也开发并实施了一些地方课程，但总体质量不高，存在诸多问题，如有的省份地方课程开发走入了地方教材编写的怪圈。地方课程的开发与实施研究还需要进一步深入。

（三）有关校本课程及其实施的研究动态

校本课程跟地方课程一样，在国外很早就已经发展成熟，并取得较为丰硕的研究成果。20 世纪 60 年代校本课程在国外兴起，70～80 年代逐渐兴盛，我国在 20 世纪末才正式提出校本课程，2001 年新课程改革实施以后，校本课程的开发与实施才成为关注的焦点。概括起来，有关校本课程的研究成果主要有以下几个方面。

第一，有关校本课程开发内涵的理解。校本课程开发内涵的界定不下几十种，崔允漷等在相关的著作中进行了归纳，这里列举几种代表性观点：菲吕马克认为"校本课程开发意指参与学校教育工作的有关成员，如教师、行政人员、家长与学生，为改善学校的教育品质所计划、指导的各种活动"①。经济合作与发展组织认为"校本课程开发是学校自发的课程开发过程，过程中需要中央与地方教育当局的权力、责任重新分配"②。黄政杰认为"校本课程开发是以学校为中心，以社会为背景，通过中央、地方与学校三者权力责任的再分配，赋予学校教育人员权责。有学校教育人员结合校内外资源与人力，主动进行学校课程的计划、实施与评价"③。还有的研究者认为"广义的校本课程指的是学校所实施的全部课程，既包括学校所实施的国家课程，地方课程，也包括学校自己开发的课程"④。不过大多数人的共识是："校本课程是在国家课程和地方课程的基础上，以学校为基地、以学生发展为目的、由校长领导、教师作主力、课程专家作指导、包括家长和社区人士共同参与开发的课程。"⑤简单地说，校本课程就是为了学校、基于学校、在学校中开发的课程。

第二，有关校本课程开发理论基础和主要价值的研究。校本课程开发的理论基础，从已有的研究来看，主要有施瓦布的"实践模式"和斯腾豪斯的"过程模式"。施瓦布在总结美国"新课程运动"失败教训的基础上，提出了"实践模式"，强调课程的终极目的是"实践兴趣"，"把教师和学生看作课程的主题和创造者；强调课程开发的过程和结果、目标与手段的连续统一；强调通过集体审议来解决课程问题"⑥。倡导"自下而上"的课程决策模式，蕴含着校本课程开发的思想。斯腾豪斯的"过程模式"建立在其提出的"教师即研究者"的基础上，认为教师

---

① 崔允漷. 校本课程开发：理论与实践[M]. 北京：教育科学出版社，2000：47.
② 同①.
③ 彭建飞. 小学校本课程开发[M]. 长沙：湖南人民出版社，2003：3.
④ 许洁英. 国家课程、地方课程和校本课程的含义、目的及地位[J]. 教育研究，2005，(8)：32-37.
⑤ 季苹. 论课程结构(一)——国家课程、地方课程和校本课程[J]. 中小学管理，2001，(2)：2-4.
⑥ 吴刚平. 校本课程开发[M]. 成都：四川教育出版社，2002：54-56.

即研究者，那么学校就是课程研究和发展的中心，课程的行动研究是教师不断反省的过程，因为每所学校的情况各不相同，教师必须从事课程的研究和编制工作，这样才能解决学校的课程问题①。因此，过程模式也蕴含丰富的校本课程开发思想。有关校本课程开发的主要价值，大家的认识较为一致，均认为校本课程开发有利于照顾学校差异，彰显学校特色，有利于培养学生的特长和兴趣，等等。

　　第三，有关校本课程开发过程和模式的研究。校本课程开发基本过程的观点很多，影响较大的有三种：第一种是斯基尔贝克的"五步骤说"，即学校首先分析情境，然后根据情境拟定适切的目标，接着根据目标编制方案，对方案进行解释和实施，最后进行追踪和对方案进行重建②。第二种是托马斯的"四步骤说"，即首先成立课程开发委员会或相关工作小组，其次确定参与成员及程序，接着拟定课程发展方向、目标和计划，最后开发课程：活动、课程纲要或教材③。第三种是我国学者吴刚平教授提出的"六步骤说"：建立组织、现状分析、拟定目标、编制方案、解释与实施、评价与修订。④此外，还有"八步骤说""九步骤说"等，实际差别并不是很大，只是某些步骤进行了细分而已。校本课程开发的主要模式有三种，即需求主导模式、条件主导模式和目标主导模式⑤。需求主导模式强调以学生发展需求为宗旨，条件主导模式强调以学校已有条件和资源为基础，目标主导强调优先考虑学校的办学目标。

　　第四，有关校本课程开发的实践研究。在校本课程开发理论方面，我国主要借鉴国外的理论，而在实践探索方面的成就则较为卓著。如东北师范大学附属小学熊梅带领研究团队开发了系统的、独具特色的国际理解教育校本课程系列，确立了六大中心概念（相互依存性、文化多元性、社会公正性、纠纷性、变化性、稀少性）、五大学习领域（民族文化理解、异文化理解、人权教育、和平教育、环境教育）⑥；崔允漷等以江苏锡山高级中学为蓝本，分析了该校校本课程开发过程，总结了课程方案和目标的一些经验⑦；汪发介绍了宁夏一所中学的校本课程类别：学科知识延伸类、技艺特长类、生活记忆类、基础培养类和使用技术类⑧。类似的探索与实践还有很多，校本课程的开发呈现百花争艳的局面，但是农村义务教育学校的校本课程开发实践并不乐观。

① 施良方. 课程理论——课程的基础、原理与问题[M]. 北京：教育科学出版社，1996：188.
② Skilbeck M. School-based curriculum development[M]//Walton J, Welton J. Rational Curriculum Planning: Four Case Studies，1976，(3)：161.
③ Thomas I D. A decision framework for school-based decision making[J]. The Australian Science Teachers Journal，1978，24 (2)：63-68.
④ 吴刚平. 校本课程开发[M]. 成都：四川教育出版社，2002：120.
⑤ 吴刚平. 校本课程开发[M]. 成都：四川教育出版社，2002：125-126.
⑥ 熊梅，李水霞. 国际理解教育校本课程开发与设计[J]. 教育研究，2010，(1)：50-55.
⑦ 崔允漷. 从"选修课和活动课"走向"校本课程"——"江苏省锡山高级中学校本课程"个案研究[J]. 教育发展研究，2000，(2)：22-26.
⑧ 汪发. 校本课程开发的中学实践——以宁夏灵武东塔中学为例[J]. 全球教育展望，2002，(5)：22-25.

从以上资料来看，相对国家课程和地方课程的研究来说，校本课程的研究更为深入和具体。校本课程开发的理论基础更为明晰，校本课程开发的实践更为活跃，校本课程的开发更彰显了学校的办学特色。但从研究资料也可以看出，校本课程的开发与实施研究，其成果创作的主体更多的是高校教师，其反映的情况更多的是城市中小学，而一线教师和与农村中小学相关的成果则不多，因此，校本课程研究的重心在新课程改革纵深发展阶段似乎应该向农村倾斜，调动一线教师的积极性和创造性。

（四）有关三级课程整体及其实施的研究动态

前面的研究，均是就国家课程、地方课程和校本课程进行单一的叙说，实践中，这三类课程应该是一个整体，因此，总体上关注和研究三级课程显得尤为必要。从已有的资料来看，总体上关注三级课程主要是从课程管理和课程政策的视角出发，尤以课程管理视角研究成果较为丰富。

"三级课程"是一个独具中国特色的概念。最早由学术界关注，后来国家政府开始重视。研究者指出："20 世纪 90 年代之前所有国家的课程管理体制（其中英国指的是 1988 年以前的课程管理体制）粗分为两种：集权制和分权制，其中集权制的典型代表为法国、前苏联、日本、中国，分权制的典型代表国为美国、英国、德国。"①单一的集权制或分权制都不能解决课程发展中的问题，因此，各国的课程发展都发生一些变换，出现集权与分权的融合倾向。由于我国历史、政治传统、文化等的影响，我国逐渐走向课程的三级管理，即国家、地方和学校管理，这是一个具有中国特色的概念。我国最早提出三级课程管理的是吕达，1989年吕达在《独木桥？阳关道——未来中小学课程面面观》中提出："对我国普通中小学实行三级课程、三级管理，这种做法将是可行的。"后来陈桂生、白月桥分别也提出了三级课程的概念，并对其进行了界定。这些都是学术界对三级课程的最早关注。20 世纪 90 年代末期我国政府开始重点关注教育，把教育放在优先发展的地位，在 1999 年的《中共中央国务院关于深化教育改革全面推进素质教育的决定》中首次正式提出三级课程的概念，认为需要建立新的基础教育课程体系，即试行国家课程、地方课程和学校课程。在 2001 年的《基础教育课程改革纲要（试行）》中再次明确提出实行国家、地方和学校三级课程管理。由此，三级课程从学术界关注、政府推动，走向教育实践现实，这是符合世界教育课程改革发展趋势的。

国内有关三级课程的研究主要集中在两个方面，一是有关三级课程的理论研究，二是有关三级课程实施现状的研究，以理论研究居多。在三级课程实施初期，研究者将更多精力花在对三级课程内涵的理解和对三级课程实施的价值认识上。

---

① 雷顺利. 集权与分权的平衡——透视我国的三级课程管理体制[D]. 长沙：湖南师范大学，2003：1.

三级课程的内涵更多地被认为是一种管理体制，研究者从不同的视角对其进行了解释，"从课程决策和开发的行政主体来看，国家本位课程走向国家课程、地方课程和校本课程并举"；"从各学校课程管理的权责分配来看，国家、地方和学校三级行政权力主体各司其职"；"从参与课程决策与开发的角色来看，学科专家主宰走向各种有关人士分权"①。更多的研究者认为，三级课程管理体制主要是明晰国家、地方和学校的权责，各级主体分工协作，三级课程才能落到实处。有关三级主体的权责问题，研究者所指基本与《基础教育课程改革纲要（试行）》中所提到的相似。有关三级课程提出的价值的认识，研究者普遍认为三级课程的提出是教育民主化、科学化原则的具体体现，有利于促进课程的发展，有利于课程资源的开发，有利于增强课程的地方适切性、促进教育的均衡发展、深化教育改革、全面推进素质教育，等等。三级课程实施现状的研究，更多的是理论演绎或局部观察研究和调查研究，缺乏系统的实证。有研究者指出，当前三级课程管理体制的实施，存在"国家层面对教材编写审查把关不严""地方层面出现'教材编写热'""学校层面的课程管理没有明显改观"②等问题。也有研究者以某个省份为例，考察三级课程的实施现状，但没明确指出存在的问题，并且似乎三级课程没有切实实施③。此外还有研究者以某个学科为例，通过问卷、访谈的方式研究三级课程管理体制下体育课程的管理现状及问题④。这些都是有益的探索，总体上对三级课程的研究还有待深入。

　　国外没有专门研究三级课程的资料，主要是由我国研究者以我国的课程管理体制为参照，对国外目前的课程管理体制进行了介绍。总体上，各的课程管理体制逐渐趋向三级整合。李敏以世界各国课程管理模式的变革为对象，选取了以分权制管理模式著称的美国、英国和以中央集权制著称的俄罗斯、瑞士作为代表，发现世界各的课程管理模式正由三级分立走向三级整合：以地方和学校分权为主的国家，国家或者中央的监控权重正在增加比重；以中央集权为主的国家，正在逐渐增加地方和学校的自主权力，实现权力的让渡与分享⑤。2005 年，《全球教育展望》第 10 期共发表三篇文章，集中介绍国外的课程管理状况：美国正在逐步由地方自主走向三级权力分享，据相关资料显示，美国"学校 90%以上的课程是由州教育委员会和学区教育委员会确定的，具体而言州政府占 49%，学区占 44%，而联邦政府仅占 6%，学校的学科教师和学科领导也享有一定程度上的课程管理权力"⑥。总体上，美国联邦政府正在逐渐加强宏观调控，但实际上还是以地

① 余进利. 我国基础教育三级课程管理体制刍议[J]. 当代教育科学，2003，(10)：23-27.
② 余进利. 我国基础教育三级课程管理体制实施述评[J]. 当代教育科学，2004，(4)：22-25.
③ 于影丽. 西北少数民族地区三级课程实施再思考——以新疆地区为例分析[C]. 中国少数民族教育学会第一次学术研讨会会议论文集，2008：619-624.
④ 刘秀丽. 三级课程管理体制下山东省基础教育体育课程管理现状与对策研究[D]. 济南：山东师范大学，2011.
⑤ 李敏. 从三级对立走向三级整合的世界课程管理模式[J]. 全球教育展望，2004，(6)：28-30.
⑥ 赵中建，李敏. 美国三级课程管理模式研究[J]. 全球教育展望，2005，(10)：61-66.

方管理为主的三级课程管理模式。英国的课程管理模式也是由"国家体系、地方管理、教师自主"的模式逐渐走向三级融合①；澳大利亚也存在类似的现象，20世纪90年代以来致力于课程重构，重视联邦政府的作用，架构全国统一的课程标准和课程框架，为培养学生共同的基本素质服务②。

从以上资料来看，总体上研究三级课程的视角比较单一，主要是从管理体制的角度进行分析，而且主要是我国学者在不断探索，一个共同的趋势是世界各国的课程管理都趋向集权与分权的融合，但是各级政府的权力如何分配并没有一个科学的框架可以借鉴，我国三级课程的研究还需要更多的研究者加入。

综上，以农村义务教育、农村义务教育新课程改革实施、农村高中新课程改革实施和三级课程实施为关键词对相关文献进行梳理，得出以下结论。

第一，农村基础教育是各国教育发展重点关注的对象，在农村基础教育管理体制、均衡发展、师资队伍建设等方面，各国都倾入了大量的人力、物力和财力，进行了大量的实践探索，这是教育民主进步的表现，但同时也暴露了一些问题。农村基础教育的研究主要注重宏观政策的研究，缺乏具体的研究，尤其是农村课程的相关研究较为缺乏，虽然有研究者提出目前的基础教育课程带有城市化倾向，但农村课程究竟该如何设置和处理并没有找到合理的解释。

第二，各国都非常重视基础教育的课程实施，尤其是课程实施的质量和水平，并提出了相关的大量理论，研制了评测的工具和量表，为课程实施研究奠定了坚实的基础。但这些理论如何科学地应用到实践中还需要大量的实验验证，尤其需要本土化的实践检验。我国农村基础教育课程实施研究一直备受忽视，西南地区由于民族众多，地处边远，这一地区的农村基础教育课程实施更是少有人关注。

第三，在教育多元化、民主化发展的今天，三级课程成为各国共同的追求。过去以分权为特征的国家逐渐重视国家课程，而以集权为特征的国家开始让渡权力给地方和学校，实现权力分享。大家都开始认识到三级课程的理论价值，但目前还缺乏全面、系统的科学实证，其价值是否真的得以实现，还只是处在美好的理想预设中。

第四，从国内外文献来看，总体上专门对农村基础教育三级课程实施进行研究的成果鲜见，缺乏整体的、区域性的研究考量，这为研究西南农村基础教育三级课程实施增加了难度。

基于此，农村基础教育、三级课程、课程实施这三个关键词逐渐浮现，同时，西南农村基础教育三级课程实施的实证研究也凸显其价值。

① 崔允漷，张雨强. 督教分离，教考合———英国三级课程管理的经验及启示[J]. 全球教育展望，2005，(10)：56-66.
② 许苏，张树德. 澳大利亚三级课程领导理智述评[J]. 全球教育展望，2005，(10)：67-71.

第三章 三级课程实施研究的理论基础、核心概念及方法设计

本书旨在对农村基础教育阶段三级课程的实施现状进行描述，剖析其存在的主要问题，探讨影响三级课程实施的主要因素，从而有针对性地提出三级课程有效实施的对策和建议。为了更为真实、深刻地反映三级课程实施存在的问题和影响因素，笔者深入西南地区农村现场，进行问卷调查、访谈和观察等。本章将从研究的理论基础、核心概念界定、调查设计、信度、效度与伦理等几个方面进行描述。

一、理 论 基 础

任何研究都离不开一定的理论指导。我们常说理论是灰色的，但对科学研究来说，"理论之树常青"！科学研究离不开理论指导，它可以为我们打开一扇窗口，指明前进的方向。基础教育三级课程实施虽是一个崭新的课题，但并不是凭空产生的，首先，它是教育改革相关政策的产物，具有一定的政策理论基础；其次，三级课程的实施受课程实施理论的指导；最后，三级课程本身也是一项新的课程政策，受相关政策执行理论的约束。因此，本书是建立在相关政策、课程实施理论和政策执行理论等基础之上的。

（一）三级课程实施的相关政策

实施新课程改革，党和国家先后出台了许多相关的课程政策，对新课程改革的顺利实施提供了有力的政策保障。其实在这之前已经做了很多铺垫，改革开放之后，国家一直在探索和尝试增加地方和学校的权力，增强课程的地方适应性。1992 年，原国家教委颁布的《九年义务教育全日制小学、初级中学课程计划（试行）》中就提出了设置地方课程，打破了过去国家课程一统天下的局面；1996 年，原国家教委颁布的《全日制普通高中课程计划（实验）》中明确提出普通高中课程由中央、地方和学校三级管理，学校课程的概念进入国家的政策文件之中。这些探索为新世纪的基础教育课程改革正式施行"三级课程"奠定了良好的基础，三级课程及其有关要求在新课程改革的相关政策文件都有明确要求。

1999年6月，中共中央、国务院发布的《关于深化教育改革全面推进素质教育的决定》（中发〔1999〕9号）中明确指出，要"调整和改革课程体系、结构、内容，建立新的基础教育课程体系，试行国家课程、地方课程和学校课程。改变课程过分强调学科体系、脱离时代发展和社会发展以及学生实际的状况。抓紧建立更新教学内容的机制，加强课程的综合性和实践性，重视实验课教学，培养学生实际操作能力。要增强农村特别是贫困地区义务教育的课程、教材与当地经济社会发展的适应性"①。由此拉开了我国构建三级课程体系的帷幕，同时也进一步明晰了三级课程提出的主要目的在于进一步增强课程的实践性，以及突出课程的适切性。

2001年5月，国务院在《关于基础教育改革与发展的决定》（国发〔2001〕21号）中指出："实行国家、地方、学校三级课程管理。国家制定中小学课程发展总体规划，确定国家课程门类和课时，制定国家课程标准，宏观指导中小学课程实施。在保证实施国家课程的基础上，鼓励地方开发适应本地区的地方课程，学校可开发或选用适合本校特点的课程。"②在此文件中"试行"变成"实行"，标志着三级课程的正式实施，文件中表述也有些变化，之前强调的是三级课程体系，而在这里更多的是强调三级课程管理，并对国家层面的课程管理权限进行了简单的说明。

2001年6月，教育部在颁布的《基础教育课程改革纲要（试行）》（教基〔2001〕17号）中提出③："改变课程管理过于集中的状况，试行国家、地方、学校三级课程管理，增强课程对地方、学校及学生的适应性。""教育部总体规划基础教育课程，制订基础教育课程管理政策，确定国家课程门类和课时。制订国家课程标准，积极试行新的课程评价制度。""省级教育行政部门依据国家课程管理政策和本地区实际情况，制定本省（自治区、直辖市）实施国家课程的计划，规划地方课程，报教育部备案并组织实施。经教育部批准，省级教育行政部门可单独制订本省（自治区、直辖市）范围内使用的课程计划和课程标准。""学校在执行国家课程和地方课程的同时，应视当地社会、经济发展的具体情况，结合本校的传统和优势、学生的兴趣和需要，开发或选用适合本校的课程。"这一政策文件是对国务院《关于基础教育改革与发展的决定》中的有关规定的补充和完善，进一步明确了三级课程的管理意蕴，对三级课程管理主体的权力进行了较为细致的描述。

2001年11月，教育部在颁布的《义务教育课程设置实验方案》（教基〔2001〕28号）中指出，要"均衡设置课程，各门课程比例适当，并可按照地方、学校实

---

① 中共中央国务院关于深化教育改革，全面推进素质教育的决定[Z]. 中发〔1999〕9号，1999-06-13.
② 国务院. 关于基础教育改革与发展的决定（国发〔2001〕21号）[C]. 中华人民共和国国务院公报，2001，(23): 25-32.
③ 教育部. 基础教育课程改革纲要（试行）[Z]. 教基〔2001〕17号，2001-06-07.

际和学生的不同需求进行适度调整，保证学生和谐、全面发展"，"国家通过设置供选择的分科或综合课程，提高各门课程课时的弹性比例和地方、学校自主开发或选用课程的空间，增强课程对地方、学校、学生的适应性"①。并明确规定三级课程的比例，地方与学校课程的课时和综合实践活动的课时共占九年总课时的16%～20%。《义务教育课程设置实验方案》对三级课程的规定是最为具体的，操作性更强。

　　上述 4 个重要政策文件，从宏观和微观对三级课程进行了规定和描述，三级课程的内涵逐渐明晰，三级课程的具体实施变得有章可循。概括起来，上述政策文本主要从两个方面对三级课程进行了规定，一是三级课程的管理意蕴，对三级课程管理主体的权力进行了明晰；二是三级课程的课程体系意蕴，对三级课程各自所占的比例有一个较为明确的规定。

（二）课程实施理论

　　前文研究成果综述部分笔者已经对课程实施的内涵、课程实施的价值取向、课程实施的程度研究，以及课程实施的现状、问题与对策研究进行了有关描述，在此不再重复。此处重点讨论的是有关课程实施的影响因素研究，因为课程具体实施会受到各种因素的制约，直接影响课程的实施现状。国内外有关课程实施影响因素的理论与实践成果较为丰富，研究者也进行了很好的总结，见表 3-1。

表 3-1　课程实施影响因素分析表②

影响因素		具体内容
文件课程的特征 （冯生尧和李子建，2001）		改革的必要性；改革建议的清晰性；创新的规模和复杂性；改革的实用性
政府对于课程改革的整体策略 （Chin 和 Benne，冯生尧，2001）		实践理性策略；权力强制策略；规范再教育策略
教师的知识 （Shulman，1987； Calderhead，1996；Yinger， 1980；马云鹏，1999）	实践知识	学科教学法知识；个人的实践知识；教学常规和习惯；个案知识
	专业知识	学科内容知识；课程知识
	理论知识	教育的结果、目的和价值；一般教学法知识；教育情境的知识
教师的信念 （Kagan，1995；Pajares，1992；Block 和 Hazelip，1994；Calderhead，1996；Lee，1996； Wong，1998；马云鹏，1999）		概念；关于学习者和学习的信念；关于教学的性质和目的的信念；关于学科认识方面的信念；关于如何学习教学的信念；关于自我和教师作用的信念；对学生成败的归因；文化信念
学校文化 （Fetterman，1989；Bell 和 Sigsworth，1987； Hargreavers，1992；McCutcheon，1980；Fullan 1991a；Nias，1992，马云鹏，1999）		概念；学校研究文化；对考试和竞赛的态度；管理文化；同事之间的关系；教学文化；校外的影响
教师发展 （冯生尧，2001）		职前师范教育；在职短期培训和长期培训；校内发展

---

① 教育部. 义务教育课程设置实验方案[Z]. 教基〔2001〕28 号，2001-11-19.
② 谢翌，马云鹏. 关于课程实施几个问题的思考[J]. 全球教育展望，2004，(4)：32-36.

续表

影响因素	具体内容
教学资源 （McCutcheon，1980；NIas，1992；冯生尧，2001）	课程材料；协助理解文化课程的资源；可供教师咨询和学习的机会；教师自己制作的资源；资讯科技和电脑软件；更多的时间用于备课、教学和批改作业；需要较宽敞的课堂空间；希望减少学生人数
学生 （From1999-2002CASR.org.USA.）	能力及文化的：高—低；学习兴趣：高—低；学习背景；学习态度；自信心；自我期望；学生的需要
家长与社会	家长对小孩学习的督促；家庭和社会学习环境的影响；社区文化的建设；社会需要和期望；社会人才观

表 3-1 从 9 个方面对课程实施影响因素进行了概括，其实还可以进一步归纳，比如，有三个方面因素都直接与教师相关，可以整合。

在实践中，较为成熟和有影响的课程实施影响因素框架有 4 种[1]：①富兰（Fullan）与庞弗雷特（Pomfret）提出从变革的特征、实施策略、采用单位的特征、宏观的社会政治特征 4 个维度进行考察；②富兰提出从变革的特征、地方条件、地方策略和外在因素 4 个方面进行考察，对之前的框架进行了调整；③斯奈德（Snyder）等提出从变革的特征、学区层面的因素、学校层面的因素、外部环境 4 个方面进行考察；④霍尔（Hall）、李子建和黄显华提出从创新的特征、干涉和个人、脉络三个方面进行考察。这 4 种分析框架在本质上是大同小异的，总体看来，4 种分析框架都把变革本身的特征放在首位，作为最主要的因素来看待，有关变革的清晰度和复杂性是变革本身特征考察的主要方面。此外，4 种分析框架都考虑了人、物、情境（环境）三个方面的影响因素：人主要包括教师、学生，以及相关的支持人员；物主要包括相关教材、资源等；情境（环境）主要包括学校文化、外部环境等。

新的课程改革以后，我国研究者也展开了对课程实施影响因素的研究，但多数都是对上述研究成果的演绎。比如，有研究者认为影响课程实施的因素可以概括为 6 个方面：课程实施背景（改变传统价值取向要求越强烈，实施难度越大；学校及社区历史文化影响课程实施）、课程实施主体（教师、学生、校长）、课程实施对象（课程方案、课程材料）、课程实施管理（主要是地方教育管理水平）、课程实施资源（社区及学校课程资源）和课程实施的相关理论[2]；也有研究者从新课程本身的特征、宏观社会和学校内部三个层面来分析[3]；还有的从评价与考试制度、落实措施、校长的领导与管理能力、教师的素质与能力等方面来考察[4]。这些都是较为宏观的研究，还有的研究只是从某个方面来探究，例如，仅从教师的角

---

① 陈晓波. 影响课程实施的因素：基于实施取向的探讨[A]//霍秉坤，于泽元，徐慧璇，等. 课程与教学：研究与实践的旅程[C]. 重庆：重庆大学出版社，2008：101-109.
② 李臣之. 浅谈影响课程实施的六大因素[J]. 教育导刊，2001，(23)：20-28.
③ 尹弘飚，李子建. 基础教育新课程实施的影响因素分析——重庆北碚实验区的个案调查[J]. 南京师大学报(社会科学版)，2004，(2)：62-70.
④ 谢利民，杨喜凤. 新课程改革：影响有效实施的因素透析[J]. 河北师范大学学报(教育科学版)，2005，(2)：14-18.

度来思考，认为教师的动机、教师的自主性、教师的投入感、教师的信念、教师的安全感、教师的时间、教师的能力、教师的文化、教师的实践性知识等都是影响课程实施的主要因素[1]。

综观有关课程实施影响因素的理论成果，大家都集中考量课程改革本身、人、物与情境（环境）4 个方面的影响因素，这些分析框架对笔者进行三级课程实施的研究提供了很好的参考。

（三）课程政策理论

课程政策是一个较为新颖的研究概念，随着新的基础教育课程改革的兴起，逐渐为人们所熟悉，并吸引越来越多的研究者投入其中，大量的相关著作、学位论文、学术论文出版或公开发表。比较有代表性的著作有张男星的《权力·理念·文化——俄罗斯现行课程政策研究》、蒋建华的《知识·权力·课程——政策视野中的课程研究》、黄忠敬的《课程政策》等；有代表性的学位论文有胡东芳的《课程政策研究——对"课程共有"的理论探索》、柯政的《地方政府的课程政策执行行为分析》、赵正新的《关于我国课程改革政策执行力的研究》等。这些著作和论文明晰了课程政策的概念及相关的理论。

课程政策是一个复合的概念，即课程和政策的组合，由于人们对课程的理解不一，导致对课程政策的内涵理解也出现百花齐放的局面。有研究者概括了目前国内学界对课程政策内涵理解的代表性观点，见表 3-2。

表 3-2　国内学界对于课程政策的代表性观点[2]

	代表观点	备注
现象形态说	课程政策是国家制定的关于课程的一种公开的文本陈述或行动准则	这种观点源于传统上"将政策理解为静态的文件组合和行动准则"的观点
权力分配说	课程政策的本质就是课程权力及其带来的利益的分配形式	从"政策的本质是权力及其利益配置"引申而来的观点
内容规定说	课程政策就是决定学校应该传授什么的正式内容	基于"课程的本质是由知识、经验、活动构成的教育内容"引申的观点
知识-政治说	课程政策是教育领域中课程知识选择和管理的政治理念和具体措施	将"课程政策的知识属性及知识领域的政治关系"结合起来考虑

上述 4 种观念基本上反映了人们对课程政策的认识由静态的文本理解到动态的政治权力互动的理解。除了以上的归纳，还有研究者从另外的角度进行了归纳，如蒋建华认为现有的对课程政策的理解可以分为决策说、指南说和权力分配说三种：决策说强调课程决策就是决定教学内容；指南说强调课程政策就是有关课程问题的政策指南；权力分配说强调课程政策的本质就是权力的分配、再分配和重

---

① 卢立涛. 课程实施及其影响因素分析——基于教师的视角[J]. 继续教育研究，2008，(8)：148-150.
② 孟卫青. 理解课程政策：一个整合的概念框架[J]. 教育科学研究，2012，(6)：30-44.

新分配①。黄忠敬从内容的角度、计划的角度、权力的角度、过程的角度、过程与结果结合的角度等对课程政策的内涵也进行了归纳②。已有的对课程政策的理解都有其独到之处，但较多的研究者都存在一个共同的问题，即"将课程政策简单地理解为课程管理政策"③，窄化了课程政策的内涵。国内较早专门研究课程政策的学者胡东芳，在其对课程政策的定义中认为课程政策是"国家教育行政主管部门在一定社会秩序和教育范围内，为了调整课程权力的不同需要，调控课程运行的目标和方式而制定的行动纲领和准则"④，其实质也是将课程政策理解为课程管理政策。在本质上课程政策是"教育领域中课程知识选择和管理的政治理念和具体措施"⑤，其核心是权力分配、利益分配，管理是其重要内容，但不是唯一。以此类推，三级课程作为新的基础教育课程政策，其内涵应不仅局限于三级课程管理。

在明确课程政策内涵的基础上，课程政策的实施成为人们关注的重点，由此文本的课程政策变为执行的课程政策。在课程政策执行的研究中主要有三种视角，其实质是借鉴政策执行研究的三重视角。有的学者认为政策执行的概念可以从三个角度加以考察："①政策执行为科层制的控制过程；②政策执行为上下层的互动过程；③政策执行为政策与行动相互演进的过程。"⑥由此归纳了政策执行的三种模式，即由上而下的政策执行模式、由下而上的政策执行模式和整合型政策执行模式。由上而下的政策执行模式也成为第一代政策执行模式，"重视上层决策与下层执行的分工，强调上下级间严密的控制与顺服关系"⑦。由下而上的政策执行模式也被称为第二代政策执行模式，认为"现有政治生活中，所有的政策都是条件式的。作为一个实际的执行模式应该协助基层官员找出执行的缺失，中央政府应当赋予相当的自主权与政策资源，使他们有能力改进缺失，提高政策执行的能力"⑧。整合型政策执行模式也被称为第三代政策执行模式，试图整合前两种模式的优点，避免它们的不足，尝试政策决定者给政策执行者一定的"行政自由裁量权"。整合型政策执行模式是当前政策执行正在努力探索的模式，我国基础教育课程改革提出的三级课程，在本质上也是给地方和学校一定的"自由裁量权"。

除了课程政策执行模式的研究，还有较多的研究者探讨了课程政策执行的影响因素。在已有的研究中，有研究者认为政策本身、执行主体、目标对象和执行

① 蒋建华. 走向政策范式的课程研究[J]. 北大教育评论，2004，(1)：89-94.
② 黄忠敬. 课程政策[M]. 上海：上海教育出版社，2010：6-7.
③ 蒋建华. 知识·权力·课程——政策视野中的课程研究[M]. 北京：教育科学出版社，2010：27.
④ 胡东芳. 论课程政策的定义、本质与载体[J]. 教育理论与实践，2001，(11)：49-53.
⑤ 蒋建华. 知识·权力·课程——政策视野中的课程研究[M]. 北京：教育科学出版社，2010：30.
⑥ 李允杰，丘昌泰. 政策执行与评估[M]. 北京：北京大学出版社，2008：9.
⑦ 周佳. 教育政策执行研究——以进城就业农民工子女义务教育政策执行为例[M]. 北京：教育科学出版社，2007：61.
⑧ 周佳. 教育政策执行研究——以进城就业农民工子女义务教育政策执行为例[M]. 北京：教育科学出版社，2007：63.

环境影响课程政策执行①；也有的认为课程政策本身、执行主体、执行环境和资源、监督机制是重要影响因素②；还有的认为主要是社会因素（包括政治因素、经济因素和文化因素）、课程系统因素（包括结构因素和行动因素）和课程政策自身的因素（包括课程政策的合法性和课程政策的传统）③。总结这些观点，政策本身、执行主体和执行环境是影响课程政策执行的主要因素。

综上，基础教育新课程改革政策、课程实施的有关理论，以及课程政策执行的有关理论为三级课程实施的研究奠定了基础，指明了方向，为后续研究工具的制定提供了参考。

二、核心概念界定——三级课程

本书的核心概念为三级课程，通过对前文的阅读，我们能够非常清晰地认识到，从不同的视角来理解，三级课程具有不同的内涵。为了便于我们更为清晰地理解，我们尝试对三级课程的内涵进行界定。

前文我们提到美国学者古德拉德提出了 5 种水平的课程：理想的课程、正式的课程、领悟的课程、运作的课程和经验的课程，这 5 种水平的课程在本质上是针对不同的对象来说的，理想的课程是从研究机构、学术团体和课程专家角度来说的，正式的课程是从教育行政部门角度来说的，领悟的课程是从教师的角度来说的，运作的课程是从课堂教学的角度来说的，经验的课程是从学生的角度来说④。这种定义的方式可以为我们认识三级课程提供参考：立足课程专家的角度，三级课程应重点关注课程内容如何选择；立足中央、地方和学校三级课程管理主体来说，三级课程应重点关注三级课程管理主体的权限、利益；立足教师和学生的角度，教师和学生感受到的更多的是课程的具体形态——课程内容或学习科目、经验。教师感悟到的三级课程即是国家课程、地方课程和校本课程所构成的课程体系。因此，可从以下三个角度来认识三级课程。

（一）作为课程政策的三级课程

前文已经对课程政策进行了释义，为了更好地理解课程政策层面的三级课程，有必要再对政策的内涵进行明晰，政策也是一个多义语，有静止层面的理解，即政策文本，亦有动态层面的理解，即政策活动过程。因此，大家基本都赞同政策即"以政府和政党为代表的公共权力机构为了解决公共问题，实现一定的政治、经

① 赵正新. 关于我国课程改革政策执行力的研究[D]. 上海：华东师范大学，2005.
② 刘德芝. 我国当前基础教育课程政策执行的研究综述[J]. 常州工学院学报（社科版），2010，(1)：106-109.
③ 杨道宇. 中国课程政策研究的回顾与反思[J]. 河北师范大学学报（教育科学版），2011，(6)：27-33.
④ 施良方. 课程理论：课程的基础、原理与问题[M]. 北京：教育科学出版社，1996：9.

济、文化目标,通过一定的程序制定的行动方针、准则以及相应的行动过程。"[1]这样一来,三级课程可理解为一种课程政策,三级课程即国家、地方和学校在素质教育理念的指导下,为了实现学生全人发展的目标,突破过去课程过于强调统一、缺乏灵活性、选择性、适切性等问题,分工协作,在课程理念、课程目标、课程内容、课程组织与管理、课程评价等方面重新规划并付诸实施的过程,强调国家、地方和学校相互之间的权力与利益分配,以及协作与互动。由此可见,政策层面的三级课程包含课程管理的意蕴,其外延大于管理层面的三级课程。

(二)作为课程管理体制的三级课程

三级课程的提出,更多的研究者是从管理体制的角度来理解,因此,一般都认为三级课程即三级课程管理体制,这主要依据《基础教育课程改革纲要(试行)》中所提出的:实行国家、地方和学校的三级课程管理。管理意蕴的三级课程主要强调国家、地方和学校三级课程管理主体的管理权限和职责,强调三者之间的上下层级关系,我国新课程改革背景下三者的权责内容见表3-3。

表 3-3　国家、地方和学校三级课程管理的权责[2]

国家课程	地方课程	学校课程
制定课程计划和国家课程标准 制定教材编写、审查与选用的政策,并组织审定基于课程标准编写的教材 制定地方和学校的课程管理指南 负责审议地方课程的开发方案 确定基础教育课程的评价制度 监督国家有关课程政策的执行情况,组织全国性水平测验 根据教育改革和发展需要,修订课程文件	制定本地课程计划实施方案 组织审议学校课程实施方案,指导学校具体实施国家/地方课程、选用教材及校本课程开发 开发地方课程 为学校课程实施与开发提供服务,帮助学校解决教育中的问题 对本地课程实施、评价与考试等情况进行监控 整合社会的课程资源,引导各种社会力量参与课程开发 加强教材、教辅用书及其他教学材料的使用管理 组织教师培训	制定学校课程实施方案 选用经审查通过的教材 开发校本课程 对课程计划实施、教学、评价与考试、课程资源开发与利用等方面进行自我监控 建立教师、学生、家长及社区代表参与学校课程管理的机制 组织校本培训 为教师教学、学生学习等提供服务

从表3-3中可以清晰地看出三级课程管理主体所负有的权责及其隶属关系。

(三)作为课程体系的三级课程

前文在提及基础教育新课程改革政策时曾谈到,最初三级课程的提出是指建立新的基础教育课程体系,试行国家课程、地方课程和学校课程。在本质上,国家课程、地方课程最终都要通过学校课程来实现。三级课程体系即由国家课程、地方课程和校本课程构成的课程体系,为方便研究,我们对国家课程、地方课程

① 黄忠敬. 课程政策[M]. 上海:上海教育出版社,2010:5.
② 余进利. 我国基础教育三级课程管理体制实施述评[J]. 当代教育科学,2004,(4):22-25.

和校本课程进行操作性定义。

国家课程即由国家统一开发、实施与管理的课程，在新课程改革中，具体指各省（自治区、直辖市）统一规定开设的课程，如语文、数学、科学、外语、综合实践活动等课程。

地方课程即由各省（自治区、直辖市）或地级市、县教育主管部门开发、实施与管理的课程，地方课程一般在开发主体所在的行政区域实施，因此具有很强的地域性特征，主要是为地方的经济和社会发展服务。

校本课程是学校自主开发和设置的课程，一般依据学校自身的传统、文化和特色，或者根据学生的兴趣、爱好和特长来开设。校本课程具有很强的独特性，主要为学生的个性成长与发展服务。

以上是从三个层面对三级课程进行理解，由于大家更多的是从管理体制角度研究三级课程，本书尝试从课程政策和课程体系的角度研究三级课程，现实中由于教师最先感触到的是各门具体科目，因此从把握三级课程（体系）实施现状入手，进而过渡到探究影响三级课程（政策）实施的因素。

三、关注对象及采用的研究方法

（一）关注的对象

本书选择云、贵、川、渝、桂5省（自治区、直辖市）农村①地区16个县（区），96所中小学作为研究对象，采取非概率抽样②的方法，共调查其中47所小学，32所初中，17所高中。在教师和学生的选择上，采取简单随机抽样③的方法，分别对义务教育阶段1233名教师、7005名学生和高中阶段287名教师、1442名学生进行了调查。具体在研究对象的选择上，考虑当地经济发展水平情况，将各省（自治区、直辖市）分为较发达地区、中等地区、欠发达地区，各选1个样本，然后考虑不同层次的办学水平，选择不同类型的学校，初中一般选择2~3所乡镇初级中学，小学一般选择3~4所中心小学和村小，每个县至少选择一所村小。具体研究对象选择情况为以下两个方面。

① 我国政府和学界对农村均没有确切定义，其实它只是一个相对概念。在国家统计局2006年出台的《关于统计上划分城乡的暂行规定》中也只有城镇和乡村的规定，认为"城镇是指在我国市镇建制和行政区划的基础上，经本规定划定的区域。城镇包括城区和镇区。""乡村是指本规定划定的城镇以外的其他区域"。其规定还附有具体解释，乡村具体包括乡中心区和村庄。本书中农村采取一般意义上的理解，即以农业生产为主的劳动人民居住场所。为研究方便，研究主要选择以农业经济为主的县及其以下的行政单位作为研究对象。主要调查农村乡镇初级中学、九年一贯制学校和镇、村小学。
② 非概率抽样是指根据研究者的方便和主观判断抽取样本的方法，主要运用到定额抽样和立意抽样。即按经济发展水平将每个省（自治区、直辖市）的农村地区分层然后按一定比例抽取样本，选择这个地区最有代表性的学校。这种抽样方法简单易行，成本较低，也比较省时间。
③ 简单随机抽样是一种广为使用的概率抽样方法，保证总体中每个单位在抽选时具有相等的被抽中的机会。

1. 研究样本县

按照预先设计，研究共选择了 16 个县，见表 3-4。

表 3-4　研究样本县

省（自治区、直辖市）	经济发展程度	样本县
云南	较发达地区	宜良县
	中等地区	芒市
	欠发达地区	寻甸回族彝族自治县（寻甸县）
贵州	较发达地区	遵义县
	中等地区	贵定县
	欠发达地区	麻江县
四川	较发达地区	郫县
	中等地区	泸县
	欠发达地区	雁江区
重庆	较发达地区	万州区
	中等地区	綦江县
	欠发达地区	忠县、武隆县
广西	较发达地区	柳江县
	中等地区	柳城县
	欠发达地区	马山县

2. 研究学校分布

研究共选择了 96 所中小学，见表 3-5。

表 3-5　研究学校分布情况

省（自治区、直辖市）	小学数量/所	初中数量/所	高中数量/所
云南	9	6	4
贵州	9	6	3
四川	9	6	3
重庆	11	8	4
广西	9	6	3
合计	47	32	17

（二）采用的研究方法

本书力求在厘清三级课程是什么的基础上，通过调查了解农村三级课程实施现状和影响因素，运用统计工具分析其存在的问题，最后提出解决对策和建议。具体使用方法有三种。

1. 文献法

任何研究工作都离不开文献研究，作为一种古老的研究方法常用常新，文献法可以从浩如烟海的信息中筛选有价值的研究信息，为研究奠定基础及作为研究的佐证材料。本书文献的搜集与整理分为三个阶段，首先是前期相关文献的搜集与处理，为选择样本和设计调研工具奠定基础；其次是调研过程中的文献搜集与处理，主要是获取有关研究对象的大量原始资料，包括课程实施方案、地方（校本）课程开发与实施方案、课程实施相关资料等；最后是调研后的文献整理与分析，通过对前两个阶段文献的加工，明确研究的核心概念，挖掘资料背后隐藏的信息，为本书结论的提出奠定基础。

2. 调查法

调查法有问卷调查、访谈和测量调查三种主要方式，本书中主要使用问卷调查和访谈。问卷调查主要以书面方式间接搜集资料，具有调查范围广、效率高、程序标准化、匿名性等优点，适合做大样本的研究，这正是本书所需要的方法，因而也是本书的主要方法。本书设计了"基础教育三级课程实施现状调查问卷"（附录 1）和"基础教育三级课程实施影响因素调查问卷"（附录 2），均针对教师。但由于问卷调查也存在一定的局限性，如对调查者的文化素质有一定要求，不能有效保证问卷填写的质量等，因此需要通过访谈调查来弥补。访谈是研究者通过与研究对象面对面交流获取信息的一种方法，具有操作比较简单、方便，获取信息比较可靠等优点。本书主要设计了"基础教育三级课程实施状况访谈提纲"（附录 3），调查教师对三级课程实施的态度、认识和感受，并与问卷调查的问题相互印证。以确保调查信息的准确性、科学性。

3. 统计分析法

统计分析法主要是借助统计理论和工具对数据进行分析，达到对事物的解释，是典型的量化研究方法。本书主要是在问卷调查的基础上，对所获取的数据进行编码，运用 SPSS18.0 和 Excel2003 软件对其进行处理，最后获得结论。

四、本书基本框架与调查设计

（一）本书基本框架

通过核心概念的界定，以及前文的研究成果综述等，本书的基本架构逐渐明晰，见图 3-1。

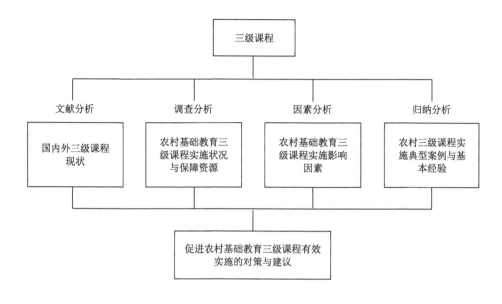

图 3-1　研究架构图

从图 3-1 可知,本书的核心概念为三级课程,主要研究问题为农村基础教育三级课程实施现状、问题、影响因素和对策建议,主要采取调查的研究方法,因此重点在于调查设计,以下对调查设计进行阐述。

(二)调查设计

本书主要调查两个方面的问题,一是三级课程实施的现状与资源保障,二是三级课程实施的影响因素。对两个问题分别设置问卷进行调研,但最后获取的资料共享使用。三级课程实施现状主要从教师对三级课程文本的理解与认识、三级课程实施主体的素质、三级课程实施的资源与环境等三个方面展开,每个方面都有具体的内容,并使用与之适应的调查方法,主要采用问卷调查和访谈,辅之文献资料查阅。调研自设问卷,共 18 小题,见附录 1。三级课程实施现状的调查框架见表 3-6。

表 3-6　三级课程实施现状调研维度、内容与方式

维度	内容	调研方式
三级课程文本的理解与认识	新课程改革方案的基本理念、目标、内容、教与学方式、评价方式的理论与认识	(1)问卷调查 (2)访谈 (3)文献资料查阅
	省级课程课程方案的设计与实施	
	三级课程的结构比例、课时安排	
	三级课程教科书的选用规定	

续表

维度	内容	调研方式
三级课程实施主体素质	校长的素质与观念	（1）访谈 （2）问卷调查
	教师的数量与素质	
三级课程实施资源与环境	课程实施经费	（1）文献资料查阅 （2）问卷调查 （3）访谈
	课程实施资源	
	课程实施专业支持情况	

从表 3-6 可以清晰地感知三级课程实施现状的调查内容与方法，在三级课程实施影响因素的调查设计上，主要依据三级课程本身作为一种课程政策，具有独特性，其执行受到多重因素的制约，有研究者提出"制度建设是教育政策执行的基础和命脉"[①]，因此，借鉴其观点，从制度的角度来研究三级课程实施的影响因素。本质上，把制度作为研究主要立足点的是新制度经济学理论。新制度经济学把制度分为正式制度和非正式制度，认为"正式制度是指人们自觉发现并加以规范化和一系列带有强制性的规则，包括政治（及司法）规则、经济规则和合约。这些规则可以做如下排序：从宪法到成文法与普通法，再到明确的细则，最后到单个合同，从一般规则到特定的说明书"[②]。由此看来，正式制度带有强制、合法等特征。新制度经济学的另一代表人物又把正式制度分为政策层次、组织层次和操作层次[③]，这使得在实际研究时更便于把握。"非正式制度是人们在长期的交往中形成的行为准则，是在社会历史发展和历史演进过程中自发形成的，一般受价值信念、风俗习惯、伦理规范、意识形态等因素的引导和规范。从制度经济学对非正式制度的界定和划分可以看出，信念、关系、伦理、风格构成了非正式制度的核心。"[④]借鉴新制度经济学的理论及邓旭的研究成果，在三级课程实施影响因素的研究中具体制度因素涵盖法规制度、组织制度、运行机制、保障机制因素；非制度因素涵盖教育信念、非权力影响力、人际关系等因素。每个因素设置几道相关的问题，共设计 23 小题，见附录 2。三级课程实施影响因素调查框架通过表格的方式见表 3-7。

表 3-7　三级课程实施影响因素调查

维度	内容	调研方式
制度因素	教育法规制度	问卷调查
	教育组织制度	

---

① 邓旭. 教育政策执行研究：一种制度分析的范式[M]. 北京：教育科学出版社，2010：1.
② 道格拉斯 G 诺斯. 制度、制度变迁与经济绩效[M]. 杭行，译. 上海：上海三联书店，上海人民出版社，1994：64.
③ 丹尼尔·W·布罗姆利. 经济利益与经济制度——公共政策的理论基础[M]. 陈郁，等译. 上海：上海三联书店，上海人民出版社，2006：290-299.
④ 邓旭. 教育政策执行研究：一种制度分析的范式[M]. 北京：教育科学出版社，2010：146.

续表

维度	内容	调研方式
制度因素	教育运行机制	
	保障机制	
非制度因素	教育信念	问卷调查
	非权力影响力	
	人际关系	

此外，本书还设计了相关的访谈提纲，以及资源保障调查问卷等。事实上，除了问卷设计维度尤为重要以外，调查设计的信度、效度与伦理问题也值得重视。

五、三级课程实施研究信度、效度与伦理

任何教育科学研究活动都讲求研究的信度、效度与伦理问题，这是对教育研究活动的基本要求。

（一）信度

信度主要是指研究的可靠性问题，即"研究的方法、条件和结果是否可重复，是否具有前后一贯性"[①]。信度是效度的基础和重要保证。为提高本书中研究工具的信度，主要是调查问卷的信度，问卷设计以后进行了两轮试测。2011 年 10 月问卷初稿设计完毕，于 2011 年 11 月 8 日在重庆市北碚区朝阳小学和朝阳中学进行了问卷试测，试测结束后对问卷进行了初步统计，对个别问题进行了修订。修订以后于 2011 年 11 月 10 日又在北碚区柳荫小学、柳荫中学和双凤桥小学完成了第二轮试测。两轮试测均取得较好的效果，具有较好的一致性。同时，问卷二是较为规范的问卷，使用 SPSS18.0 统计，其总量表克隆巴赫（Crobach）α 系数为 0.889，各分量表的 α 系数见表 3-8。

表3-8　三级课程实施影响因素问卷信度分析

变量	题项	信度系数（克隆巴赫 α 系数）
教育法规制度	1、2、3、4、5	0.697
教育组织制度	6、7	0.729
教育运行机制	8、9、10、11、12、23	0.690
保障机制	15、16、17、18	0.832
教育信念	19、20	0.771

---

① 袁振国. 教育研究方法[M]. 北京：高等教育出版社，2000：8.

续表

变量	题项	信度系数（克隆巴赫 α 系数）
非权力影响力	21、22	0.686
人际关系	13、14	0.710

从表 3-8 可以看出，各维度克隆巴赫 α 系数均＞0.6，具有较好的信度，总量表克隆巴赫 α 系数＞0.8，同样具有较好的信度。

（二）效度

效度是反映设计的工具能否成为研究工具的重要指标，因此效度对于研究亦非常关键。研究效度指结论被明确解释的程度（内在效度）和结论的普遍性（外在效度）。因此，研究效度包含两个层面，一是内在效度，二是外在效度，而最为根本的是首先必须保证具有较高的内在效度，否则外在效度无从谈起。为提高工具的研究效度，笔者首先广泛深入地研读了文献，对课程实施的主要要素和影响课程实施的主要因素进行了深入细致的划分，在此基础上研制了调查工具的初稿。初稿完成以后，西南大学和东北师范大学 5 位课程与教学论专家对工具进行了审读，对研究工具提出了宝贵的修改建议，并一致认为研究工具能够实现预期调查的目的，具有较好的效度。在接纳专家的意见基础上完善了研究工具，并进行试测，最终形成正式的研究工具。

（三）伦理

教育研究活动的对象具有特殊性，因此研究伦理是教育研究活动最为关注的方面。坚持伦理原则，首先必须尊重研究对象依法享有的一切权利，因此本书所有的研究对象均是在自愿的基础上参与，并在研究之前，向研究对象解释本书研究的目的，以消除研究对象的担心，真实客观地提供相关的研究信息。同时，在研究资料的收集过程中，严格实施匿名性要求，对研究对象个体的资料保密，只在书中呈现研究群体的总体资料，避免被调查者个人的担心和不安。此外，本书在资料获取过程中与相关人员建立了较好的合作关系，资料搜集完毕并分析后，其研究结论及时与研究对象进行了沟通，避免了信息交流不畅引起的弊端。

第四章 农村义务教育三级课程实施情况与主要问题

本章首先对研究调查的样本做简单描述，然后根据前文的研究设计和调查获取的资料，重点对义务教育阶段国家课程、地方课程和校本课程的实施现状进行描述，挖掘其存在的问题。

一、调 查 概 况

本书的调研得到云南、贵州、四川、重庆和广西 5 个省（自治区、直辖市）各级教育行政部门、教研机构及各调研学校领导、师生的大力支持，以下是义务教育阶段调研工作开展的基本情况。

（一）调研时间进度

整个调研活动持续时间较长，涉及范围较广，因此需要妥善安排进度。具体安排如下。

（1）2011 年 11 月 8 日～11 月 10 日，重庆北碚区进行试调研。

（2）2011 年 11 月 13 日～11 月 17 日，云南宜良县、寻甸县、芒市调研。

（3）2011 年 11 月 28 日～12 月 8 日，重庆武隆县、綦江县、忠县、万州区调研。

（4）2011 年 12 月 13 日～12 月 17 日，贵州贵定县、麻江县、遵义县调研。

（5）2011 年 12 月 20 日～12 月 23 日，四川郫县、雁江区、泸县调研。

（6）2012 年 1 月 8 日～1 月 13 日，广西马山县、柳江县、柳城县调研。

（二）调研样本容量

调研最终获取的义务教育阶段样本容量见表 4-1。

表 4-1　义务教育阶段三级课程实施调研教师样本容量　（单位：人）

省（自治区、直辖市）	问卷调查		访谈调查	
	小学	初中	小学	初中
云南	94	86	53	23

续表

省（自治区、直辖市）	问卷调查		访谈调查	
	小学	初中	小学	初中
贵州	115	58	35	18
四川	153	108	23	27
重庆	164	127	34	35
广西	97	107	38	24
合计	623	486	183	127
总计	1109		310	

在以上样本中，共发放教师问卷 1109 份，回收 1077 份，其中有效问卷 1029 份，有效率 92.8%。

（三）接受调研教师基本信息

根据问卷的设计，义务教育阶段教师的基本信息包括所属省份、性别比例、年龄分布、学历分布、职称比例、教龄状况、学校类别和主要任教科目等方面，具体情况见表 4-2。

表 4-2　接受调查教师基本信息表　　　　　　　（单位：%）

类别	指标	百分比	有效百分比	累计百分比
省（自治区、直辖市）	云南	20.6	20.6	20.6
	贵州	14.2	14.2	34.8
	四川	22.0	22.0	56.8
	重庆	24.0	24.0	80.8
	广西	19.2	19.2	100.0
性别	男	37.1	37.1	37.1
	女	62.9	62.9	100.0
年龄	25 岁及以下	3.5	3.5	3.5
	26~30 岁	16.7	16.7	20.2
	31~35 岁	24.8	24.8	45.0
	36~40 岁	23.3	23.3	68.3
	41~45 岁	20.3	20.3	88.6
	46~50 岁	9.3	9.3	97.9
	51~55 岁	1.8	1.8	99.7
	56 岁及以上	0.3	0.4	100.0
学历	专科以下	2.7	2.7	2.7
	专科	40.6	40.6	43.4
	本科	56.4	56.4	99.7
	研究生及以上	0.3	0.3	100

类别	指标	百分比	有效百分比	累计百分比
职称	未评职称	1.3	1.3	1.3
	初级	25.3	25.3	26.6
	中级	42.8	42.8	69.4
	高级	30.6	30.6	100
教龄	1～3 年	3.7	3.7	3.7
	4～6 年	6.1	6.1	9.8
	7～10 年	14.2	14.2	24.0
	11～15 年	26.7	26.7	50.7
	16 年及以上	49.3	49.3	100
学校类别	小学	56.2	56.2	56.2
	初中	43.8	43.8	100
主要任教科目	语文	35.3	35.3	35.3
	数学	36.2	36.2	71.5
	外语	12.7	12.7	84.2
	物理	4.8	4.8	89
	化学	2.8	2.8	91.8
	历史	1.5	1.5	93.3
	地理	1.8	1.8	95.1
	政治（思品）	2.2	2.2	97.3
	体育	1.8	1.8	99.1
	音乐	0.4	0.4	99.5
	美术	0.3	0.3	99.8
	其他	0.2	0.2	100

从表 4-2 可以看出，5 个省（自治区、直辖市）教师调研人数基本一致，均在 20%左右；教师性别比例以女性教师居多，这也符合教师队伍整体现状，据 2010 年教育部教育统计数据显示，全国普通初中专任教师 3 523 382 人，女教师 1 743 360 人，女教师比例为 49.48%；普通小学专任教师 5 617 091 人，女教师 3 254 965 人，女教师比例为 57.95%；受调查教师年龄分布情况，以 26～45 岁教师居多，即调查以中青年教师为主；受调查的教师学历情况以本专科为主，小学一般是专科及以上，初中基本为本科；职称以中级职称为主；受调查教师教龄也较长，基本都在 7 年及以上；小学和初中教师比例基本适当；受调查教师以语文、数学和外语科目为主，兼顾其他学科。

二、义务教育三级课程实施现状

根据前文的设计，三级课程的实施现状主要从三级课程文本的理解与认识，实施主体，实施的环境、资源与支撑体系三个方面来调查，具体落实到问卷分析中，主要从教师对新课程改革理念的理解与认识、国家课程的落实与资源配套情况、地方课程的开发与实施情况、校本课程的开发与实施情况等方面展开。通过对获取的资料进行分析，得出以下观点。

（一）半数以上教师对新课程改革理念等的理解与认同程度较高

新课程改革自 2001 年开始在全国试行，在《国务院关于基础教育改革与发展的决定》《基础教育课程改革纲要（试行）》《义务教育课程设置实验方案》和各学科课程标准中对本次课程改革的理念、目标等提出了新的要求，教师对这些理念是如何理解的、认同程度如何，这是贯彻实施三级课程的前提和基础，因为理念会影响其教学行为。具体来说，新课程改革的核心理念是为了中华民族的复兴，为了每一个学生的成长与发展。课程目标更加关注学生作为整体的人的发展，培养学生的创新精神和实践能力。课程内容力求改变 "繁、难、偏、旧" 和过于注重书本知识的现状，关注学生的学习兴趣和经验，精选学生终身学习必备的基础知识和技能。课程结构更加关注课程的综合性、均衡性和选择性。课程实施更加关注教的方式和学的方式的变革，力求改变接受学习、死记硬背、机械训练的现状，倡导学生主动参与、乐于探究、勤于动手，培养学生搜集和处理信息的能力、获取新知识的能力、分析和解决问题的能力及交流与合作的能力。课程评价力图改变过分强调甄别与选拔的功能，发挥评价促进学生发展、教师提高和改进教学实践的功能。6 个方面的转变是新课程改革确定的蓝图，具体达成如何，一线教师最具发言权，从实际调查结果来看，教师对理念的理解和认可程度较高。

1. 教师对新课程改革理念了解程度较好，尤其是对教学方式和学习方式的了解

首先从总体上做一个了解，教师对以上 6 个方面了解程度的调查结果见图 4-1。

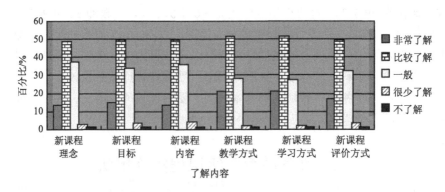

图 4-1　新课程改革理念等的了解程度

从图 4-1 可以看出，在对新课程改革理念等的了解方面，5 个省（自治区、直辖市）教师处于"比较了解"和"非常了解"的之和都在 60%左右，尤其是教学方式和学习方式这两个方面，与其他 4 个方面相比，其了解程度更为突出，可见，教师对教学方式和学习方式的了解程度更高。各维度分省份比较而言，其结果见图 4-2～图 4-7。

1）新课程理念的了解程度

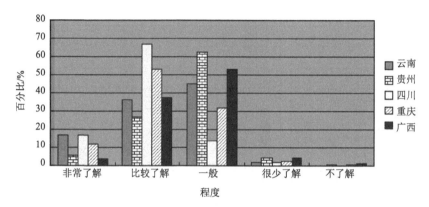

图 4-2　新课程改革理念的了解程度

从图 4-2 可以看出，在新课程改革理念的了解方面，"比较了解"所占比例非常高，其中四川达 67.3%；各省（自治区、直辖市）"很少了解"和"不了解"的比例均非常低，其中四川和云南"不了解"的比例均为 0，说明教师对新课程改革理念的了解程度较高。各省（自治区、直辖市）比较而言，四川居于首位，其次是重庆、云南、广西和贵州，但了解程度处于"一般"水平的，贵州处于首位。

2）新课程改革目标的了解程度

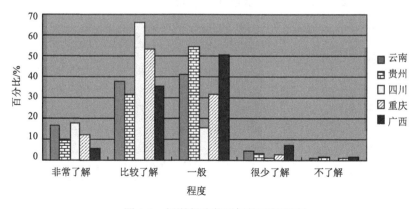

图 4-3　新课程改革目标的了解程度

　　从图 4-3 看来，教师对新课程改革目标的了解程度也较好，其中四川"非常了解"和"比较了解"的比例高达 83.9%。从"很少了解"和"不了解"的比例来看，均非常低，但与教师对"新课程改革理念的了解程度"相比，其比例稍高。5 个省（自治区、直辖市）比较而言，四川了解程度最高，其次是重庆、云南、广西和贵州，但了解程度处于"一般"水平的，贵州处于首位。

3）新课程改革内容的了解程度

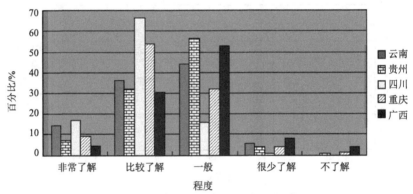

图 4-4　新课程改革内容的了解程度

　　从图 4-4 看来，教师对新课程改革内容的了解程度亦较高，其中"比较了解"和 "非常了解"的比例，云南为 50.5%，贵州为 48.8%，四川为 83.4%，重庆为 63%，广西为 35%，各省份"不了解"均占很少比例，其中云南和四川的"不了解"比例均为零。各省（自治区、直辖市）比较而言，了解程度高低依次为：四川、重庆、云南、贵州、广西，各省（自治区、直辖市）了解程度差异较为明显，了解程度处于"一般"水平的，贵州处于首位。

4）新课程改革所倡导教学方式的了解程度

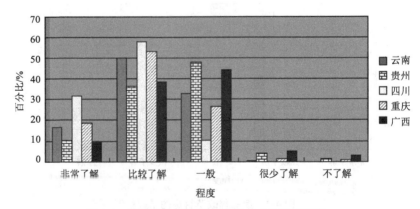

图 4-5　新课程改革所倡导教学方式的了解程度

从图 4-5 看来，各省（自治区、直辖市）教师对新课程改革所倡导的教学方式的了解程度"比较了解"和"非常了解"的比例均超过了 45%，其中四川"很少了解"和"不了解"的比例均为零。这说明新课程改革，教学方式的变革引起了教师的关注，了解程度较好。各省（自治区、直辖市）比较而言，了解程度高低依次为：四川、重庆、云南、广西、贵州，但了解程度处于"一般"水平的，贵州处于首位。

5）新课程改革所倡导学习方式的了解程度

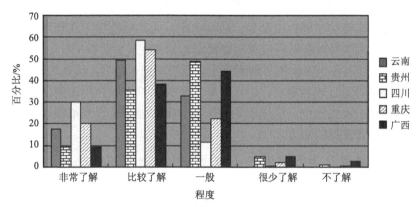

图 4-6　新课程改革所倡导学习方式的了解程度

学习方式的变革与教学方式的改革一样，同样是本次课程改革的重点，从图 4-6 及各省（自治区、直辖市）的数据来看，"比较了解"和"非常了解"的比例非常高，其中四川为 88.3%，其他省（自治区、直辖市）也接近 50%，可见，教师对学习方式的变革亦非常清楚。各省（自治区、直辖市）比较而言，了解程度高低依次为：四川、重庆、云南、广西、贵州，但了解程度处于"一般"水平的，贵州处于首位。

6）新课程改革所倡导评价方式的了解程度

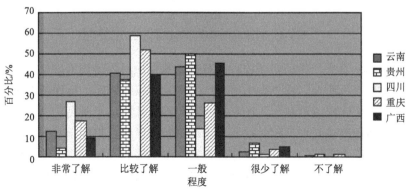

图 4-7　新课程改革所倡导评价方式的了解程度

　　评价方式的改革是本次新课程改革的重点，突出强调淡化评价的甄别功能，以发展性评价为主，教师对这些变化的了解程度同样比较高，但与教学方式和学习方式相比，其程度稍低，从图 4-7 及各省（自治区、直辖市）数据来看，"非常了解"和"比较了解"的比例，云南为 53.4%，贵州为 42.7%，四川为 85.7%，重庆为 69.2%，广西为 49.5%。各省（自治区、直辖市）比较而言，了解程度高低依次为：四川、重庆、云南、广西、贵州，但了解程度处于"一般"水平的，贵州处于首位。

　　总体看来，教师对新课程改革理念、课程目标、课程内容、教学方式、学习方式、评价方式等的了解程度都处于较高水平，尤其是教学方式和学习方式的了解程度。这说明教师对新课程改革理念是基本清楚的。5 个省（自治区、直辖市）比较而言，在以上各个方面的了解程度上，四川均处于前列，其次为重庆和云南，贵州和广西相对而言较为靠后，但在了解程度处于"一般"的比例上，贵州在各个维度都是处于领先地位，这说明如果能进一步加强新课程改革理念等的宣传和学习，贵州大有发掘的潜力。

　　2. 教师普遍认为新课程改革理念等比较适合农村基础教育的发展

　　了解是前提，为了更好地指导自己的行动，还必须以认同为基础，那么对于新课程改革理念等 6 个方面的认可又是处于一个怎样的水平呢？这主要从教师对新课程改革理念等在农村的适切程度来认识，调查的结果见图 4-8～图 4-14。

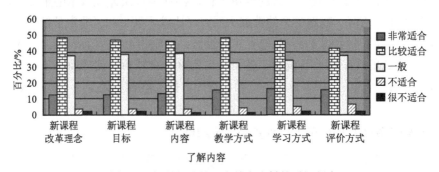

图 4-8　新课程改革理念等在农村的适切程度

　　从图 4-8 看来，教师对新课程改革理念等在农村的适切程度认识处于较高的水平，认为"不适合"或"很不适合"的均只占很少比例。新课程改革理念等 6 个方面中"新课程改革理念"在农村的适切程度认同水平最高，"评价方式的改革"的适切程度认同水平相对较低。这说明新的理念是符合当前教育发展的要求的，得到了广大教师的认可，但评价方式的改革仍然是课程改革的一个重点和难点问题。从 5 个省（自治区、直辖市）来看，各省（自治区、直辖市）教师的认可程度还是存在一些差异，以下分省份对各个维度进行描述。

1）新课程改革理念在农村的适切程度

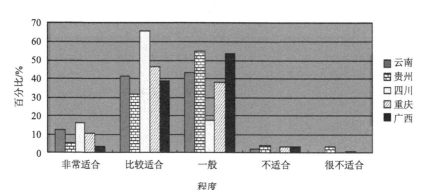

图 4-9　新课程改革理念在农村的适切程度

从图 4-9 看来，教师对新课程改革理念在农村的适切程度认同总体较好，但认为"非常适合"的比例不是很高，在访谈中发现，村级小学教师接受新课程改革培训的机会较少，他们在新课程改革理念的了解和适切程度的认识上，有时候是模糊的。各省（自治区、直辖市）比较而言，适切程度认同水平的高低（指"比较适合"和"非常适合"的比例之和的高低，下同）依次是：四川、重庆、云南、广西、贵州，但处于"一般"水平的，贵州处于首位。

2）新课程改革目标在农村的适切程度

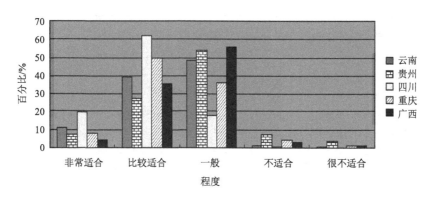

图 4-10　新课程改革目标在农村的适切程度

与教师对"新课程改革理念在农村适切程度"的认同相比，"新课程改革目标在农村的适切程度"的认同水平相对要低一些。不过，从图 4-10 看来，总体情况还是较好的，教师认为"不适合"或"很不适合"的比例均低于 10%。各省（自治区、直辖市）比较而言，适切程度认可水平的高低依次是：四川、重庆、云南、广西、贵州，但处于"一般"水平的，贵州处于首位。

3）新课程改革内容在农村的适切程度

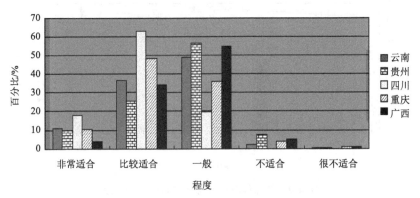

图 4-11　新课程改革内容在农村的适切程度

内容的变化是新课程改革的一个重点，从图 4-11 及其数据看来，教师的认可程度亦较好，"非常适合"和"比较适合"的比例，云南为 48.1%，贵州为 35.4%，四川为 80.7%，重庆为 58.8%，广西为 38.7%。各省（自治区、直辖市）比较而言，适切程度认可水平的高低依次是：四川、重庆、云南、广西、贵州，但处于"一般"水平的，贵州处于首位。

4）新课程改革教学方式在农村的适切程度

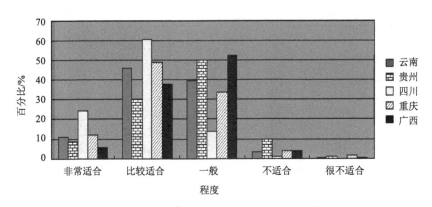

图 4-12　新课程改革教学方式在农村的适切程度

从图 4-12 看来，教学方式变革的适切程度的认可水平也较高，"非常适合"和"比较适合"的比例，云南为 56.8%，贵州为 38.9%，四川为 85.2%，重庆为 60.9%，广西为 43.3%。各省（自治区、直辖市）比较而言，适切程度认可水平的高低依次是：四川、重庆、云南、广西、贵州，但处于"一般"水平的，贵州处于首位。

5）新课程改革学习方式在农村的适切程度

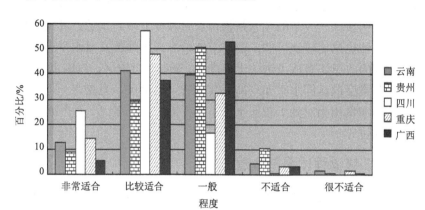

图 4-13　新课程改革学习方式在农村的适切程度

从图 4-13 看来，学习方式适切程度的认可水平比教学方式的认可水平稍低，"非常适合"和"比较适合"的比例，云南为 53.8%，贵州为 38.2%，四川为 82.6%，重庆为 62.1%，广西为 43.3%。各省（自治区、直辖市）比较而言，认可水平的高低依次是：四川、重庆、云南、广西、贵州，但处于"一般"水平的，贵州处于首位。

6）新课程改革评价方式在农村的适切程度

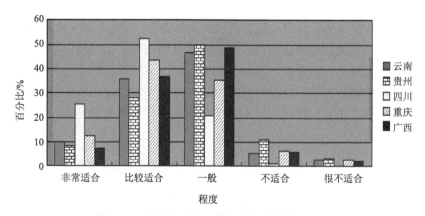

图 4-14　新课程改革评价方式在农村的适切程度

从图 4-14 看来，教师对评价方式适切程度的认可水平也较高，"非常适合"和"比较适合"的比例，云南为 45.7%，贵州为 36.1%，四川为 78.1%，重庆为 55.9%，广西为 43.8%。各省（自治区、直辖市）比较而言，认可水平的高低依次是：四川、重庆、云南、广西、贵州，但处于"一般"水平的，贵州处于首位。

由上可知，同对新课程改革理念等的了解程度一样，新课程改革理念等在农村的适切程度的认可也处于较高水平。尤其是广大教师对新课程改革理念是比较认可的，这说明新课程改革的理念是符合农村教育发展需求的，其次是教学方式和学习方式教师也是比较认可的，但对于评价方式教师的认可水平相对较低，这说明评价方式的改革还有待于进一步推进。5 个省（自治区、直辖市）比较而言，四川教师在各维度的认同水平亦均高于其他省（自治区、直辖市），其次是重庆和云南，广西和贵州相对处于较低水平，同样的，在处于"一般"水平上，贵州又处于领先地位。

（二）各省三级课程体系基本建立

依据国家基础教育新课程改革的有关方案，自 2001 年以来，云、贵、川、渝、桂 5 个省（自治区、直辖市）都制定了本省的课程方案，其中四川在课程设置模块制定了三套方案（分科、综合、分科与综合相结合），供各实验区选择使用。从各省份颁布的课程实施方案来看，基本遵照国家新课程改革方案的要求，尝试建立三级课程体系，这从课程方案中的有关要求来看，可见一斑。同时结合实际调查发现，各地区、各学校也在努力尝试开发地方课程和校本课程，构建三级课程体系，其付诸的行动是可见的，但取得的成效并不容乐观。

1. 80%省份制定的课程方案中三级课程结构比例未达国家规定要求

依据《云南省义务教育课程设置及课时安排意见（试行）》（云教基〔2002〕3 号）、《贵州省基础教育课程改革义务教育课程方案》、《四川省义务教育课程设置方案（试行）》（川教〔2006〕108 号）、《重庆市教育委员会关于调整义务教育课程计划的通知》（渝教基〔2009〕47 号）和《广西九年义务教育课程计划》（桂教基〔2002〕35 号），对其中设置的课程及课时规定进行整理，结果见表 4-3。

表4-3　西南5个省（自治区、直辖市）义务教育阶段三级课程的课时比例

序号	省份	学段	周课时比例/%		
			国家课程/（综合实践活动）	地方课程	校本课程
1	云南	1~2 年级	92.3/（0）		7.7
		3~4 年级	96.7/（13.3）		3.3
		5~6 年级	96.7/（13.3）		3.3
		7 年级	97.1/（14.7）		2.9
		8 年级	97.1/（14.7）		2.9
		9 年级	100/（8.8）		0

续表

序号	省份	学段	周课时比例/%		
			国家课程/（综合实践活动）	地方课程	校本课程
2	贵州	1～2 年级	88.5/（0）	11.5	
		3～4 年级	93.3/（10）	6.7	
		5～6 年级	93.3/（10）	6.7	
		7 年级	91.2/（8.8）	8.8	
		8 年级	94.1/（8.8）	5.9	
		9 年级	94.1/（8.8）	5.9	
3	四川	1～2 年级	84.6/（0）	11.5	3.9
		3～4 年级	83.3/（3.3）	10.0	6.7
		5～6 年级	80（5）/（3.3） 83.3（6）/（3.3）	13.3	6.7（5） 3.4（6）
		7 年级	85.3/（2.9）	11.8	2.9
		8 年级	88.2/（2.9）	11.8	0
		9 年级	91.2/（2.9）	5.9	2.9
4	重庆	1～2 年级	84.6/（0）	15.4	
		3～4 年级	93.3/（6.7）	6.7	
		5～6 年级	96.7/（6.7）	3.3	
		7 年级	94.3/（5.7）	5.7	
		8 年级	97.1/（5.7）	2.9	
		9 年级	97.1/（5.7）	2.9	
5	广西	1～2 年级	76.9/（7.7）	23.1	
		3～4 年级	90.0/（13.3）	10.0	
		5～6 年级	90.0/（13.3）	10.0	
		7 年级	91.2/（11.8）	8.8	
		8 年级	91.2/（11.8）	8.8	
		9 年级	88.2/（8.8）	11.8	

　　观察表 4-3 可发现云南在义务教育阶段 9 年级全为国家课程，地方课程和校本课程缺失；四川是 5 个省（自治区、直辖市）中唯一对地方和校本课程的课时比例进行严格划分的省份。从国家课程、地方课程和校本课程占总课时的比例来看，由于国家课程方案并没有对三者进行严格的规定，只是要求综合实践活动课程与地方课程、校本课程占总课时的 16%～20%，因此本书在统计时亦依据此规定，得出以下结果，见图 4-15。

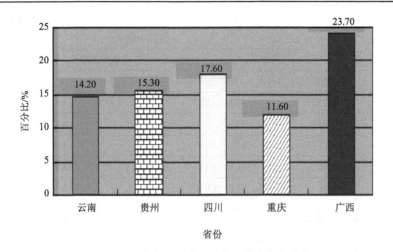

图 4-15　综合实践活动、地方和校本课程九年总课时比

除云南和重庆的总课时比例是根据周课时乘以每学年 35 周后得出外，其余数据均
来源于各省份的义务教育课程方案

　　根据教育部颁布的《义务教育课程设置实验方案》，国家课程所占比例在 80%以上，而新增加的必修课程综合实践活动与地方和校本课程占 16%～20%，观察图 4-15 发现：云南综合实践活动、地方和校本课程占总课时的比例未达到规定要求；贵州各年级都规定了地方和校本课程的比例，总体上亦没有达到规定的要求；四川是唯一与国家颁布的课程方案中所规定的课时匹配的省份；重庆义务教育阶段综合实践活动、地方课程和校本课程的课时未达到国家规定的要求，且在 5 个省（自治区、直辖市）中处于最低水平；广西则恰恰相反，从颁布的方案来看，其综合实践活动、地方课程和校本课程的课时所占比例超过了 20%。总的来说，5 个省（自治区、直辖市）的课程方案存在差异性，四川是唯一符合国家规定要求的，其他省份与规定都有一定差异，重庆差异更为显著，国家课程占的比例最高。

2. 西南 5 个省（自治区、直辖市）三级课程的科目构成差异不大

　　同样的，从各省份的义务教育课程方案、地方课程方案和有关学校的校本课程开发与实施方案来看，各省份的国家课程科目设置基本相同，无显著差异，地方课程的设置有些区别，但基本都关注以人为本、历史文化、环保等主题，差异较大的是校本课程，但义务教育阶段农村学校校本课程开发的力度还有待加强。表 4-4 中国家课程、地方课程主要依据各省份的课程方案填写，校本课程主要依据调查所见进行填写。

表 4-4　西南 5 个省（自治区、直辖市）三级课程的科目构成

类别	课程名称（课时）／省份	云南	贵州	四川	重庆	广西
国家课程		1～2：品德与生活（2）、语文（10）、数学（5）、体育（3）、音乐（2）、美术（2） 3～4：品德与社会（2）、科学（2）、语文（7）、数学（5）、外语（2）、体育（3）、音乐（2）、美术（2）、综合实践活动（4） 5～6：品德与社会（2）、科学（3）、语文（7）、数学（5）、外语（2）、体育（2）、音乐（2）、美术（2）、综合实践活动（4） 7：思想品德（2）、历史（2）、地理（2）、语文（5）、数学（5）、外语（5）、生物（3）、音乐（1）、体育（2）、美术（1）、综合实践活动（5） 8：思想品德（3）、历史（2）、地理（2）、语文（5）、数学（4）、外语（4）、物理（2）、生物（2）、音乐（1）、体育（2）、美术（1）、综合实践活动（5） 9：思想品德（3）、历史（2）、语文（6）、数学（5）、外语（5）、物理（3）、化学（3）、音乐（1）、体育（2）、美术（1）、综合实践活动（3）	1～2：品德与生活（3）、语文（8）、数学（4）、体育（4）、音乐（2）、美术（2） 3～4：品德与社会（2）、科学（2）、语文（7）、数学（3～4；4～5）、外语（2）、体育（3）、音乐（2）、美术（2）、综合实践活动（3） 5～6：品德与社会（3）、科学（2）、语文（6）、数学（5）、外语（2）、体育（3）、音乐（2）、美术（2）、综合实践活动（3） 7：思想品德（3）、历史（2）、地理（2）、语文（5）、数学（5）、外语（5）、生物（2）、音乐（1）、体育（3）、美术（1）、综合实践活动（3） 8：思想品德（2）、历史（2）、地理（2）、语文（5）、数学（5）、外语（5）、物理（2）、生物（2）、音乐（1）、体育（3）、美术（1）、综合实践活动（3） 9：思想品德（2）、历史（2）、语文（5）、数学（5）、外语（5）、物理（3）、化学（3）、音乐（1）、体育（3）、美术（1）、综合实践活动（3）	1～2：品德与生活（2）、语文（8）、数学（4）、体育（4）、音乐（2）、美术（2） 3～4：品德与社会（2）、科学（2）、语文（7）、数学（4）、外语（2）、体育（3）、音乐（2）、美术（2）、综合实践活动（3） 5～6：品德与社会（2）、科学（2）、语文（6）、数学（5～4；6～5）、外语（3）、体育（3）、音乐（2）、美术（2）、综合实践活动（1） 7：思想品德（2）、历史（2）、地理（3/2）、语文（5）、数学（5）、外语（4）、生物（2/3）、音乐（1）、体育（3）、综合实践活动（1） 8：思想品德（2）、历史（2）、地理（2）、语文（5）、数学（5）、外语（4）、物理（2）、生物（2）、音乐（1）、体育（3）、美术（1）、综合实践活动（1） 9：思想品德（2）、历史（2）、语文（5）、数学（5）、外语（4）、物理（3）、化学（3）、音乐（1）、体育（3）、美术（1）、综合实践活动（1）	1～2：品德与生活（3）、语文（7）、数学（4）、体育（4）、艺术（4） 3～4：品德与社会（2）、科学（3）、语文（6）、数学（4）、外语（3）、体育（4）、艺术（4）、综合实践活动（2） 5～6：品德与社会（2）、科学（2）、语文（6）、数学（5）、外语（3）、体育（4）、艺术（4）、综合实践活动（2） 7：思想品德（3）、历史与社会（或历史、地理）（4）、科学（或生物）（2）、语文（6）、数学（5）、外语（3）、艺术（3）、体育（4）、综合实践活动（2） 8：思想品德（3）、历史与社会（4）（或生物、物理）（4）、语文（6）、数学（5）、外语（3）、艺术（3）、体育（4）、综合实践活动（2） 9：思想品德（3）、历史与社会（4）、语文（6）、数学（5）、外语（3）、科学（或物理、化学）（6）、艺术（3）、体育（4）、综合实践活动（2）	1～2：品德与生活（2）、语文（6）、数学（4）、体育（3）、艺术（3）综合学习与实践（2） 3～4：品德与社会（2）、科学（3）、语文（6）、数学（4）、外语（2）、体育（3）、艺术（3）、综合实践活动（4） 5-6：品德与社会（2）、科学（3）、语文（6）、数学（4）、外语（2）、体育（3）、艺术（3）、综合实践活动（4） 7：思想品德（3）、历史（2）、地理（2）、语文（6）、数学（4）、外语（2）、生物（2）、艺术（3）、体育（3）、综合实践活动（4） 8：思想品德（3）、历史（2）、地理（1）、语文（6）、数学（4）、外语（2）、物理（1）、生物（3）、艺术（3）、体育（3）、综合实践活动（4） 9：思想品德（2）、历史（2）、语文（6）、数学（4）、外语（2）、物理（2）、化学（3）、艺术（3）、体育（3）、综合实践活动（4）

续表

课程名称（课时）类别	云南	贵州	四川	重庆	广西
地方课程	生命 生活 生存 地下宝藏 源远流长话云南 云南历史文化探究 预防艾滋共同参与	初中生实用技能 环境教育 贵州省中小学生专题教育综合读本	生活·生命与安全 家庭·社会与法制 可爱的四川 走进生活 泸州历史与地理	重庆生活 重庆社会 重庆历史 安全与法制 经典诵读	文明广西 安全教育 可爱广西 民族教育 专项教育与训练
校本课程	人文狗街 小节俭大廉洁 安全工作手册 千字文 剪纸 孔雀舞 三生教育在永新	兰花基础知识 独木舟 文明礼仪我能行 文明礼仪伴我行 安全伴我行 贵州畲族文化	二中人 郫县实验学校校史 孔子 仁爱 弟子规 让妈妈放心 成长·生活 自立·自信·自强 阅读与实践 开放性识字	感恩如歌 润泽 经典阅读 写字	经典诵读 硬笔书法 马山三宝 兴趣活动 壮语

从表 4-4 看来，5 个省（自治区、直辖市）在国家课程的安排上差异不大。国家新颁布的义务教育课程方案特别强调小学以综合课程为主，初中分科和综合相结合，但实际从 5 个省（自治区、直辖市）的课程方案及调查的学校来看，基本上新增加的综合课程如艺术、历史与社会等都没有很好地落实，依旧以传统的分科形式存在为主，四川省在课程设置上虽然提供了三套选择方案，但实际调研发现，受传统师资的影响，学校在开课时基本艺术课还是分为音乐和美术来开设，初中科学课程依然是过去物理、化学、生物等课程。最初的增强课程的综合性没有得到很好落实。

在地方课程的开发与实施上，各省（自治区、直辖市）有些差异，但并不十分明显。云南省重点开发了《生命　生活　生存》课程，贯穿整个义务教育、高中教育和高等教育阶段；四川省开发了《生活·生命与安全》《家庭·社会与法制》等课程，种类相对较多；重庆市开发了《重庆生活》与《重庆社会》等课程；贵州省开发了《初中生实用技能》等课程；广西壮族自治区主要进行了区情教育和专项教育与训练。这些主要是省级教育行政部门规定开设的课程，此外各省份的地市级、县级教育行政也规定开设了一些地方课程，如重庆武隆县，规定中小学应开设《武隆旅游》课程；四川省泸州市编写了《泸州历史与地理》课程。总体上地方课程的开发集中以地方的文化、地理、历史、环境保护等主题居多。部分省份的地方课程地方性并不十分突出。

在校本课程开发与实施方面，校本课程的种类或科目相对较为纷繁复杂，较多学校的校本课程主要以活动形式存在，固定化、有配套教材的校本课程比例较少，并且呈现一个突出特点，即民族地区学校校本课程开发与实施积极性更高。概括来说，各省（自治区、直辖市）学校开发与实施的校本课程主要有以下几大类：一是着眼于学生的全面发展，如开发《自立·自信·自强》《成长·生活》课程；二是立足于中国传统文化礼仪，如开发《文明礼仪伴我行》《养成教育》等课程；三是立足民族文化、舞蹈、传统体育等，如开发《孔雀舞》《葫芦丝》《剪纸》《独木舟》等课程；四是立足学校本身的文化和传统，如开展校史校情教育等；五是着眼于安全教育，如《安全伴我行》《安全工作手册》等；六是国家课程和地方课程的补充或拓展，如《阅读与实践》《开放性识字》《三生教育在永新》等。总体来说，校本课程的开发，以前三类居多，第五类校本课程有时是与地方课程重复的；第六类主要是弥补国家课程和地方课程实施的不足而开设，更多的是补短，而非培养学生的兴趣和拓展学生的视野。

总之，从调查获取的资料来看，各省（自治区、直辖市）基本建立了三级课程体系，但国家课程、地方课程和校本课程的实施还明显存在一些不足，因此三级课程的有效实施，简单来说是任重而道远。

（三）国家课程基本开齐开足

按前文我们对国家课程的定义，这里主要指全国范围内统一开设的课程，限于调查对象任教科目等限制，这里只选取其中一些科目进行描述。

1. 语文、数学、外语等基础科目受重视，外语专业师资缺乏

1）个别省份语文课时较多，各省（自治区、直辖市）之间存在差异

语文作为基础教育各学科的基础，其重要性是不言而喻的，各省（自治区、直辖市）都非常重视语文科目的教育教学。从国家颁布的《义务教育课程设置实验方案》中所规定的课时比例来看，语文占 20%～22%，而各省（自治区、直辖市）颁布的课程方案中周课时情况及语文占 9 年总课时的比例见表 4-5。

表 4-5　语文周课时数安排情况

省份	1 年级	2 年级	3 年级	4 年级	5 年级	6 年级	7 年级	8 年级	9 年级
云南	10	10	7	7	7	7	5	5	6
贵州	8	8	7	6	6	6	5	5	5
四川	8	8	7	7	6	6	5	5	5
重庆	5	5	5	5	5	5	5	5	5
广西	6	6	6	6	6	6	6	6	6

从周课时来看，云南安排的语文课时相对较多，尤其是 1～2 年级，是重庆语

文课时的 200%，3～6 年级周课时也比其他省（自治区、直辖市）多 1～2 课时，其他各省（自治区、直辖市）语文周课时安排差别不大。为什么低年级课时安排如此悬殊，值得思考，其背后的依据是什么？从语文 1～9 年级总课时占 9 年的总比例来看，各省（自治区、直辖市）差异显现，见图 4-16。

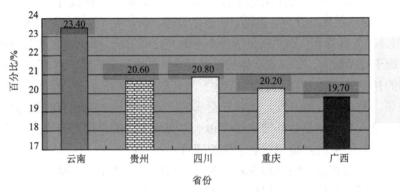

图 4-16　语文总课时占九年总课时比例

从总体课时来看，贵州、四川、重庆三个省（直辖市）的安排符合国家的要求，云南超过了国家规定最高限度，广西则未达到国家的规定要求。

从走访调查来看，语文教师的数量是足够的，从师资队伍的整体素质上看，语文教师的素质水平也是各门学科中居于前列的。语文课程在各学校是最受重视的，课程资源的开发和建设是最为充分和成熟的，语文新的课程教材也受到教师的欢迎，访谈中有的语文教师谈道："新的语文教材比以前更好，例如，在尊重生命，珍惜生命等方面比以前有更加鲜明的体现。"

2）数学课程各省（自治区、直辖市）实施相对较好

数学作为一门重要的工具学科，跟语文一样在义务教育阶段受到特别重视，国家颁布的《义务教育课程设置实验方案》中规定数学九年总课时占 13%～15%，各省（自治区、直辖市）颁布的义务教育课程设置方案中规定的课时及总课时情况见表 4-6。

表 4-6　数学周课时数安排情况

省份	1 年级	2 年级	3 年级	4 年级	5 年级	6 年级	7 年级	8 年级	9 年级
云南	5	5	5	5	5	5	5	4	5
贵州	4	4	4	5	5	5	5	5	5
四川	4	4	4	4	4	5	5	5	5
重庆	4	4	4	4	5	5	5	5	5
广西	4	4	4	4	4	4	4	4	4

从以上数据看来，各省（自治区、直辖市）周课时安排差别不大，但总体上云南的周课时要多于其他各省（自治区、直辖市）。可见，云南在语文、数学课时的安排上都偏多。图4-17是各省（自治区、直辖市）数学总课时占九年总课时的比例。

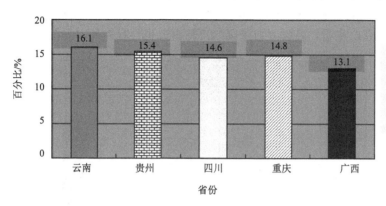

图4-17　数学总课时占9年总课时比例

从图4-17来看，总课时差异较为明显，与国家规定的区间相比，云南和贵州超出了规定的要求，其中云南超出最多，其余3个省（自治区、直辖市）都符合国家的规定要求。

数学的师资队伍也相对较好，在传统教育中语文、数学都特别重视，因此在调研中发现，义务教育阶段语文、数学的专业教师都不缺乏。数学的课程教材建设也取得较为丰富的成果，访谈中，数学教师也认为数学教材与之前相比，更加充满生活气息。

3）外语学习难度大，专业师资缺乏

随着中国与世界交流越来越频繁，外语作为语言工具，越来越受重视，从最初的只在7～9年级开设外语，到后来的城市小学3年级开始开设外语，到现在的基本上所有农村小学都从3年级开始开设外语，其重视程度可见一斑。国家颁布的《义务教育课程设置实验方案》中规定外语9年总课时占6%～8%，从搜集的各省（自治区、直辖市）课程方案来看，其周课时和总课时情况见表4-7。

表4-7　外语周课时数安排情况

省份	1年级	2年级	3年级	4年级	5年级	6年级	7年级	8年级	9年级
云南			2	2	2	2	5	4	5
贵州			2	2	2	2	4	4	4
四川			2	2	2	2	4	4	4
重庆			3	3	3	3	4	3	3
广西			2	2	2	2	2	2	2

从以上数据来看，各省（自治区、直辖市）外语课时的安排差异较大，如云南、四川、贵州7～9年级的外语课时是广西的2～2.5倍，可见重视程度存在差异；从各省（自治区、直辖市）本身的情况来看，重庆各年级课时安排较为均衡，云南、贵州、四川各年级7～9年级的课时是1～6年级的2～2.5倍，反映出年段差异。从总课时来看，各省（自治区、直辖市）也存在差异，见图4-18。

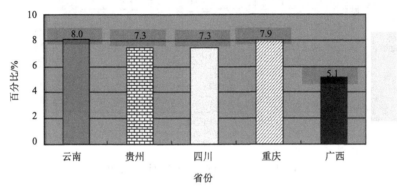

图4-18　外语总课时占9年总课时比例

从图4-18来看，除广西外其余四省份的课时安排均符合国家规定的要求，其中云南和重庆的比例相对较高。在外语课程的科目开设方面，所调查的样本学校均开设为英语，可见外语课程的种类相对单一，这与当前英语作为国际通用语言，在世界范围内广泛应用具有直接的关系。在师资建设方面，通过调查发现，7～9年级英语师资相对充足，但1～6年级英语师资较为缺乏。调查发现，农村中心小学一般有1～2名专业的英语教师，大部分英语课程靠其他教师兼任；农村村小基本上没有专业的英语教师，全靠其他科任教师兼任。师资队伍力量的不足，在很大程度上影响了英语课程的质量。同时，英语课程建设也存在问题，超过80%的农村小学英语任课教师反映英语课程内容太多，难以在规定的课时内完成教学任务，认为应减轻小学英语的学习负担。此外，关于英语课程学习的重要性问题，许多教师发表了不同的看法，对于其重要性教师们认为不容置疑，但其价值究竟体现在哪里？是否应该提前到小学3年级开始学习？对学生的发展究竟有哪些价值？是否应该花这么多时间来学习英语？能否采用分层的方式来学习英语？……关于英语课程的学习，教师认为问题最多，这值得进一步深入调查研究。

2. 音乐、体育、美术等传统薄弱科目的实施情况依然不容乐观

回顾义务教育发展的历史，音乐、体育、美术等课程往往遭受忽视，被认为可有可无，从国家颁布的《义务教育课程设置实验方案》中规定的总课时来看，艺术（或音乐、美术）占总课时的9%～11%，体育占10%～11%，从课时比例来看，超过外语课程，但重视程度却比外语差很多。

1）艺术（或音乐、美术）课程师资缺乏，课时经常被其他科目挤占

艺术课是新课程改革增加的综合课程，但从各省（自治区、直辖市）颁布的课程方案来看，大部分还是分为传统的音乐和美术课，具体周课时分布和总课时比例见表4-8。

表 4-8　艺术（或音乐、美术）周课时数安排情况

省份	1年级	2年级	3年级	4年级	5年级	6年级	7年级	8年级	9年级
云南	4	4	4	4	4	4	2	2	2
贵州	4	4	4	4	4	4	2	2	2
四川	4	4	4	4	4	4	2	2	2
重庆	4	4	4	4	4	4	3	3	3
广西	3	3	3	3	3	3	3	3	3

从周课时的安排来看，各省义务教育阶段艺术课时安排差别不大，广西在1～6年级相对较少，而7～9年级又比其他省（自治区、直辖市）多，没有体现学段差异。各省（自治区、直辖市）艺术总课时的比例又如何呢？见图4-19。

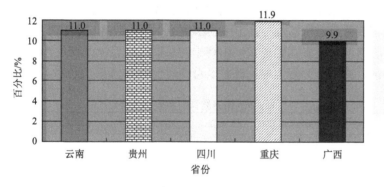

图 4-19　艺术总课时占 9 年总课时比例

从图4-19来看，除重庆超出国家规定范围外，其余各省（自治区、直辖市）艺术（或音乐、美术）课时比例均符合国家规定的要求。从课时安排来看，云南、贵州、四川三省都非常重视艺术（或音乐、美术）课程，其课时比例都达到上限，广西稍低。但是实际调查发现，艺术课程并未得到应有重视，艺术课经常被挪用，尤其在9年级，因为学生要迎接中考，艺术课经常被其他课程所代替，如四川省有部分学校9年级的艺术课课表上有，但实际上变成了地理课和生物课，因为这两门课程需要参加中考，但在8年级时候已经学习完毕，只有利用艺术课来进行复习。

艺术课的师资力量情况也不理想。作为新设的综合课程，还没有配套的师资，在具体实施中，艺术课程基本还是传统的音乐和美术课程，其师资自然是音乐和美术教师。调查发现，农村义务教育阶段音乐和美术教师极为缺乏，初级中学一般有1~3名专业的音乐、美术教师，中心小学一般有1~2名专业的音乐、美术教师，村小基本没有专业的音乐、美术教师。从各省（自治区、直辖市）的情况来看，贵州的6所样本小学中只有1所小学有2名专业音乐教师，2所学校有1名专业音乐教师，3所学校无专业音乐教师；1所学校有3名专业美术教师，3所学校有1名专业美术教师，2所学校无专业美术教师。其他各省（自治区、直辖市）也存在类似情况。在已有的音乐、美术专业教师中，通过访谈发现，他（她）们觉得自己没有发挥自己应有的价值，职业效能感较差。除师资问题外，音乐、美术课程的资源也存在问题，如音乐课程的乐器，美术课程的材料等在农村都较为缺乏，学生在学习音乐课程时，对戏剧等纳入音乐课程，学生很欢迎，但是兴奋点不在音乐，而在其附加部分的服装等。此外，学生对音乐课程的认识存在偏差，认为音乐就是教人唱歌，而忽视了欣赏。

2）体育课时安排合理，但诸多原因导致未得到有效实施

德智体美全面发展一直是我国人才培养的重要目标，近年来，一些调查发现，中小学生的体质正在不断下降，运动时间正在不断减少，因此国家非常重视学生的体育课程和体育锻炼活动，提出中小学生应"每天锻炼一小时"，从国家颁布的《义务教育课程设置实验方案》中规定的总课时来看，体育占10%~11%，各省（自治区、直辖市）规定的周课时及总课时比例如何呢？见表4-9。

表4-9 体育周课时数安排情况

省份	1年级	2年级	3年级	4年级	5年级	6年级	7年级	8年级	9年级
云南	3	3	3	3	2	2	2	2	2
贵州	4	4	3	3	3	3	3	3	3
四川	4	4	3	3	3	3	3	3	3
重庆	4	4	4	4	4	4	4	4	4
广西	3	3	3	3	3	3	3	3	3

从以上数据来看，各省（自治区、直辖市）1~9年级体育课程的课时安排存在差异，一般为每周3课时，云南1~6年级课时是7~9年级的1.5倍，其他4个省（自治区、直辖市）各年级差异不是很明显。各省（自治区、直辖市）课时比较而言，重庆体育周课时为4节，居5个省（自治区、直辖市）之首，这与重庆提倡建设"健康重庆"和重视体育教育是分不开的。各省（自治区、直辖市）体育总课时占九年总课时的比例又如何呢？见图4-20。

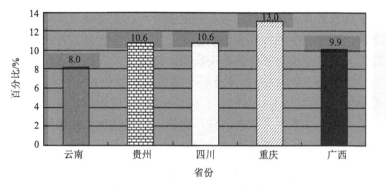

图4-20　体育总课时占9年总课时比例

　　从图4-20来看，四川、贵州两省符合国家的规定要求，广西与国家规定要求差距不远，而云南低于国家最低要求的2%，重庆则超出国家最高要求的2%。反映出各省（自治区、直辖市）要求不一，但总体上在课时安排上是较为重视体育课程。

　　从实地调查来看，体育课程的具体实施也存在一些问题，表现在以下方面：一是体育课程带有潜在不安全因素的项目基本不开设或很少开设，如鞍马、标枪等。这与安全问题高于一切，安全事故学校责任重大等因素的制约直接相关，学校只有在安全问题高压线下"戴着脚镣跳舞"。二是体育师资力量相对不足。从收集的各省（自治区、直辖市）数据来看，贵州、云南中小学体育专业教师数量偏少，初中比小学好，初中基本不存在无专业教师的情况，但贵州调查的6所小学中，有2所无专业体育教师，云南调查的7所小学中，有3所无专业体育教师。四川、重庆的体育师资配备较好，尤其是重庆体育师资力量更为充足。但也存在一个问题，体育师资基本集中在中心学校或者是离城镇较近的农村学校，较为偏僻的村校体育师资仍然不足，甚至存在离城镇较近学校体育师资过剩，而其他学校严重不足的现象，在师资均衡上还需进一步进行调配。

3. 综合实践活动、科学等新增科目开设不甚理想

　　实施新的基础教育课程改革，一个重要的变化，就是突出课程设置的生活化、综合化，以及增加课程的选择性等。从新增加的课程来看，品德与生活、品德与社会、历史与社会、艺术、科学、综合实践活动等都具有鲜明的综合性特征。从实际实施来看，这些综合课程中除综合实践活动课程，以及小学阶段的科学课程外，其余基本回归过去的分科课程，这与缺乏综合师资有直接关系，现对综合实践活动课程和科学课程分别进行描述。

1）综合实践活动课程意义重大，但基本没有得到有效实施

　　综合实践活动是国家规定的必修课，开设年级从小学3年级至高中，其内容

主要包括信息技术教育、研究性学习、社区服务与社会实践及劳动与技术教育。旨在通过实践，增强学生的探究和创新意识，学习科学研究的方法，发展综合运用知识的能力，增进学校与社会的密切联系，培养学生的社会责任感，以及培养学生利用信息技术的意识和能力。对于综合实践活动课程的实施，国家非常重视，与地方课程和校本课程一起占总课时的 16%～20%，前面已经提到，只有四川和广西达到了这一规定要求，那么在各省（自治区、直辖市）的课程方案中，综合实践活动的课时安排如何呢？见表 4-10。

表 4-10　综合实践活动课时数安排情况

省份	1 年级	2 年级	3 年级	4 年级	5 年级	6 年级	7 年级	8 年级	9 年级
云南			4	4	4	4	5	5	3
贵州			3	3	3	3	3	3	3
四川			1	1	1	1	1	1	1
重庆			2	2	2	2	2	2	2
广西	2	2	4	4	4	4	4	4	3

　　从表 4-10 的数据来看，各省（自治区、直辖市）的 3～9 年级各年级综合实践活动的课时安排差异不是很大，但一个共同的特点是 9 年级课时普遍减少，这与 9 年级面临中考直接相关。各省（自治区、直辖市）比较来看，各省（自治区、直辖市）在综合实践活动课程的课时安排上差异显著，云南和广西的课时分别是四川的 4 倍、重庆的 2 倍。四川综合实践活动只开设了信息技术，其他三个模块内容整合在地方课程和校本课程中，其他各省（自治区、直辖市）综合实践活动均单独开设，但部分省份劳动技术教育这一模块内容缺乏。此外，在课时安排上，广西在小学 1～2 年级也每周开设了 2 课时。在对教师的调查中发现，教师对综合实践活动课程在农村基础教育实施中的适切程度认可度较高，结果见图 4-21。

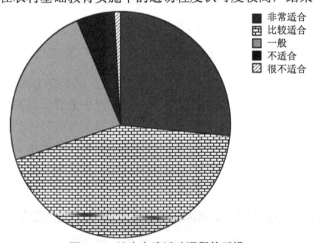

图 4-21　综合实践活动课程的开设

不过各省（自治区、直辖市）教师的认识也存在一些差异，但总体上都认为比较适合，见图 4-22。

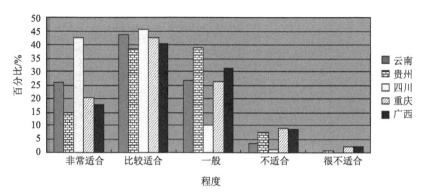

图 4-22　综合实践活动在农村基础教育中的适切程度

从上述结果中发现，四川认可程度最高；各省（自治区、直辖市）认为不适合的比例均非常少。可见大家都已经认识综合实践活动的重要意义。但是通过调研也发现，在综合实践活动课程的具体实施中，也存在不少问题。一是课程内容模块没有充分实施，如部分省（自治区、直辖市）劳动与技术教育课程缺失；二是综合实践活动缺乏实践活动基地及相关资源，如部分农村学校信息技术教育设备设施缺乏，有的虽有相关设备，但早就应该淘汰；三是缺乏综合实践活动相关经费支持，如社区服务与社会实践等活动的开展，因为外出需要涉及交通费等，但学校一般没有经费支持，导致开设困难；四是安全问题的制约，许多综合实践活动也难以开展；五是缺乏相关的师资，调查发现样本学校除信息技术教育模块以外基本无专业的教师，其他模块大部分学校由班主任教师或其他科任教师兼任。

2）科学课程无专业教师，实施难度大

科学课程也是新课程改革中增加的必修综合课程，在小学阶段统称为科学，初中阶段可分为生物、物理、化学，占 9 年总课时的 7%～9%，从实际实施来看，初中阶段基本回归传统的生物、物理、化学。从各省（自治区、直辖市）颁布的课程方案来看，科学课程基本每周 2～3 课时，差异不大，各省（自治区、直辖市）科学总课时占的比例见图 4-23。

从以上数据来看，各省（自治区、直辖市）科学课时的比例均符合国家的规定要求，其中重庆所占比例最高，最为重视科学课程的学习，但是科学课程在实施过程中同样存在许多问题。一方面科学课程的学习资源较为缺乏，尤其是农村村小科学课程涉及的一些实验设备、材料、仪器基本是一无所有。另一方面科学师资也极为缺乏，小学基本无专业科学教师，均由其他科任教师兼任。初中无专业的科学教师，因此基本所有的初中科学课程都回归过去的生物、物理、化学等分科课程，这与传统的师资培养模式直接相关。科学课程的有效实施有待于培养配套的科学师资。

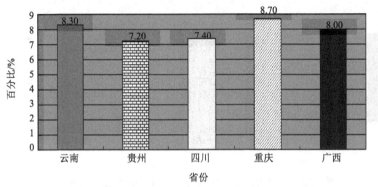

图 4-23　科学总课时占 9 年总课时比例

综上，义务教育国家课程的实施取得了较为明显成效，比如，从课程方案的设置上看，各省（自治区、直辖市）都能基本做到开齐开足，语数外等传统科目受到重视，艺体类课程也得到了重视，尤其是重庆市非常重视体育课程，新增的综合实践活动课程也按要求开设。但从实际实施来看，国家课程也存在不少问题。例如，从课程的课时比例来看，实际实施的语数外课时占的比例很大，有的学校基本上学生学习的课程只有语数外；从课程的师资队伍建设来看，各省（自治区、直辖市）的科学师资、艺体类专业师资都较为缺乏，这些都制约着国家课程的有效实施。5 个省（自治区、直辖市）比较而言，在课程方案的设置上，四川省符合国家的规定要求，其他省（自治区、直辖市）都或多或少没有完全遵守国家的规定要求，在实际实施上，各省（自治区、直辖市）存在的问题基本类似，尤其是都面临专业师资的难题。

（四）多数省份重视地方课程，开发了类型多样的地方课程

新的课程改革，地方课程的开发与实施是一个亮点。在国家颁布的《基础教育课程改革纲要（试行）》中明确提出"为保障和促进课程适应不同地区、学校、学生的要求，实行国家、地方和学校三级课程管理"。并指出省级教育行政部门依据国家课程管理政策和本地实际情况，制定本省（自治区、直辖市）实施国家课程的计划，规划地方课程，报教育部备案并组织实施。这一规定使国家、地方和学校的权利和责任进一步明晰，打破了过去国家一切包办、一刀切的局面。而地方课程作为联系国家课程和校本课程的中间环节，其意义也非常特殊。以下从西南地区各省份在地方课程开发和实施两方面加以描述和分析。开发是实施的前提和基础，在开发之前首先必须对地方课程有一个正确的理解。

1. 教师对地方课程内涵与价值的认识有待进一步深化

1）教师对地方课程内涵的认识还较为模糊

对地方课程内涵的界定，目前存在多种不同的认识，有的从课程内容角度进行定义，有的从开发实施的主体入手。一般认为地方课程是由省一级的教育行政部门或其授权的教育部门依据当地的政治、经济、文化、民族等发展需要而开发的课程。这是一种突出地方特色、反映地方文化、满足本地发展需要的课程，具有区域性、本土性的特点。一般比较侧重某地区的历史、地理、语言、文化、乡土人情等。因此也有学者认为，地方课程就是由过去的乡土课程发展而来，但不同于过去的乡土过程，因为地方课程的内容更加丰富。但在对教师的调查中发现，有40%多的教师依然认为地方课程就是过去的乡土课程，其结果见图4-24。

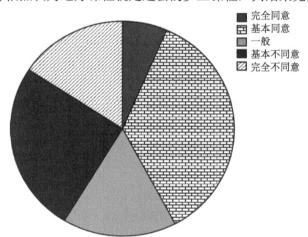

图 4-24　地方课程就是过去的乡土课程

不过，各省（自治区、直辖市）教师对这一问题的看法也存在一些差别，见图 4-25。

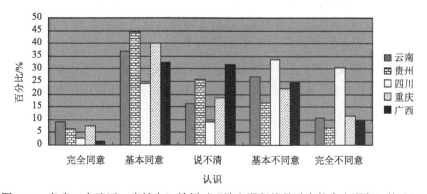

图 4-25　各省（自治区、直辖市）教师对"地方课程就是过去的乡土课程"的认识

　　从图4-25看来，四川的教师较不赞同这一看法，而广西、贵州、重庆和云南四省（自治区、直辖市）同意这一说法的教师比例则较高，因此在这4个省（自治区、直辖市）还应进一步加强对地方课程的宣传与培训。

2）教师对地方课程的价值认识较为充分

　　地方课程具有多方面的价值和意义，从宏观角度来看，它是沟通国家课程与校本课程的桥梁；从中观角度看，它是培养地方实用型人才，拉近教育与地方社会的关系重要纽带；从微观角度讲，它是弥补国家统一课程不足的一处良方。那么教师是如何来认识地方课程的价值的呢？

　　（1）地方课程开发的必要性。教师在认为有无必要开设地方课程的态度上，93.9%的教师认为有必要，只有6.1%的教师认为没有必要，各省（自治区、直辖市）情况见图4-26。

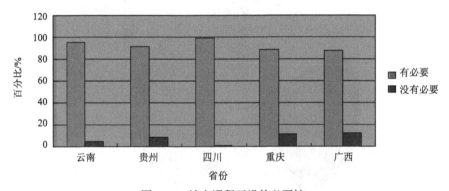

图4-26　地方课程开设的必要性

　　从图4-26看来，四川的教师在地方课程开设的必要性认识上，几乎接近100%，广西的比例相对较低，但也接近90%。

　　（2）地方课程的主要价值。在进行问卷调查时，让教师对地方课程的主要价值进行选择，其选项分别是：作为国家课程的补充、扩大学生的知识面、为地方经济建设服务、扩大学生的就业面、应付主观教育部门的检查和为升学考试服务。问卷统计所得的结果见图4-27。

　　从图4-27看来，绝大部分教师认为地方课程是为扩大学生的知识面服务，是国家课程的重要补充。但各省（自治区、直辖市）教师的认识也存在一些差异，见图4-28。

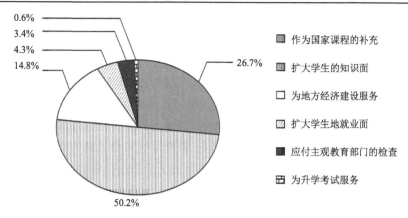

图 4-27　地方课程的主要价值

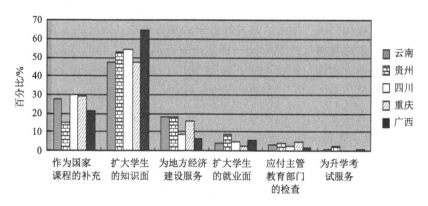

图 4-28　各省（自治区、直辖市）教师对"地方课程的主要价值"的认识

从图 4-28 可以看出，在"作为国家课程的重要补充"和"扩大学生的知识面"两选项上，四川的教师所选择的比率均高于其他省份。各省（自治区、直辖市）在选择为升学考试服务及应付教育主管部门检查两选项的比例都非常低，可见教师对地方课程的主要价值有比较科学的认识。从问卷调查所获得的信息还发现，地方课程的价值能否实现，与一些因素直接相关，例如，是否与地方经济建设联系紧密，是否符合学生的学习兴趣，而是否考试等因素并不是关键因素，这值得思考。

2. 西南 5 个省（自治区、直辖市）重视地方课程的开发

总体上，西南 5 个省（自治区、直辖市）都较为重视地方课程开发与实施，比较而言，云南、贵州、四川三省更为重视，重庆、广西在地方课程的开发建设方面所做的工作相对较少。概括来说，各省（自治区、直辖市）在地方课程的开发与实施方面所做工作主要有以下几个方面。

1) 出台了地方课程开发与建设的相关政策文件

云南、贵州、四川、重庆、广西 5 个省（自治区、直辖市）的教育厅或教委均出台了义务教育课程方案，提出实施三级课程，对地方课程的周课时和总课时比例进行了规定，使义务教育课程的实施有了政策的指导。四川省教育厅还专门出台了地方课程设置方案和具体实施意见，对地方课程开发领域做了明确的规划，为地方课程的实施提供了行动指南。云南省教育厅也出台了地方课程的相关文件，对地方课程的教师培训、教学技能竞赛等提出了一些指导和要求。这些政策文件使地方课程的开发建设"有章可循"。

2) 形成了地方课程开发与实施的基本模式

从调研来看，各省（自治区、直辖市）基本都形成了由省级教育行政部门及其委托的教育行政部门统一规划、开发和管理的地方课程。调研的五省（自治区、直辖市）都分由省级教育行政部门统一规定全省范围内实施的地方课程和市县范围内统一实施的地方课程。概括起来，在每个省（自治区、直辖市）都形成了由省级教育行政部门、市（州）级教育行政部门和县（区）级教育行政部门的三级地方课程开发模式。

3) 开发了类型多样的地方课程及其课程资源

从调研来看，各省（自治区、直辖市）都开发了类型多样的地方课程，主要有以下几类：一是着眼于人的和谐发展，开发课程促使学生自我、社会与自然三者和谐统一。如云南的《生命 生活 生存》课程，四川的《生活·生命与安全》《家庭·社会与法制》课程；二是立足本省的历史、地理和文化，如云南的《源远流长话云南》《地下宝藏》，四川的《可爱的四川》《泸州历史与地理》等；三是专题类课程，如云南的《预防艾滋共同参与》、贵州省的《中小学专题教育综合读本》；四是德育类课程，如四川泸县的《清廉人生》、重庆武隆县的《小学生德育读本》等课程；五是实用技能类课程，如贵州省的《初中生实用技能》。

除了开设这些课程，各省（自治区、直辖市）还注重地方课程资源的建设，如四川省省级地方课程都开发了教师用书、视频资源，云南省建设了"三生教育"的网络资源等。

4) 明确地方课程实施要求和评价方式

除了在义务教育课程方案中对地方课程的课时进行规定，各省（自治区、直辖市）都把教师地方课程教学、教研等纳入工作量，云南省还专门开展了地方课程教师的教学竞赛，激发教师地方课程教学的热情。四川省、贵州省也专门进行了地方课程教师的培训，提高教师的课程实施能力。在地方课程的评价方式方面，各省（自治区、直辖市）一般只是提出了方向性的要求，具体由学校操作，访谈中发现，各学校大多采用考察、演示、活动、成果展示等形式来进行评价。

5）重视地方课程师资队伍的建设

地方课程大多属于综合类课程，缺乏专门的师资，因此各省（自治区、直辖市）都非常重视地方课程的师资队伍建设，但在具体成效上并不显著。各省（自治区、直辖市）基本上是通过培训班主任教师，或者是与地方课程内容相近的科任教师来保障地方课程的教学，贵州、云南和四川三省在师资培训和能力提高方面所做工作相对较多。

总的来说，地方课程的开发与实施赋予了省级教育部门更多的课程开发与管理的权利义务，给新课程改革实施增添了许多新的生机和活力。各省（自治区、直辖市）都非常重视地方课程的开发和实施，认识到地方课程对地方经济建设和社会发展的价值，建设了较为丰富的地方课程资源。但地方课程的实施不容乐观，如专业的师资就是一个瓶颈。5个省（自治区、直辖市）比较而言，四川、贵州、云南三个省高度重视地方课程开发和实施，不仅非常重视地方课程的教材开发、教辅资源开发，还非常重视培养地方课程的师资、开展地方课程教学比赛，使地方课程的教学处于有序状态，此外还把地方课程纳入相关的评价中，使地方课程的实施有相关的制度保障。重庆和广西在地方课程的开发和实施方面则相对不够，重视程度还有待提高。

（五）教师对校本课程价值认识充分，部分学校开发了较为多样的校本课程

新课程改革，实施三级课程，要求学校在执行国家课程和地方课程的同时，应根据当地社会、经济发展的具体情况，结合本校的传统和优势、学生的兴趣和需要，开发或选用适合本校的课程，即校本课程。以下从校本课程的开发和实施两个层面进行分析。

1. 教师对校本课程开发内涵基本清楚，价值认识充分

新课程改革实施以来，校本课程的开发成了一个热门话题，许多学校借助校本课程使学校声名鹊起，课程改革热火朝天，硕果累累，而有的学校则依然没有什么变化，出现冰火两重天的局面。那么到底什么是校本课程呢？

1）教师对校本课程开发的内涵基本清楚

本书未对校本课程的内涵下一个科学的定义，目前也没有一个科学的定义。通常的理解是校本课程开发是学校教师、学生、教育管理科研人员等，经由共同讨论、计划等过程，发展适合每个特定学校的儿童的课程策略。但是很多时候校

本课程最后沦为了"校长课程"或者是"编校本教材",教师在回答校本课程是否就是编写教材时得到的结果见图4-29。

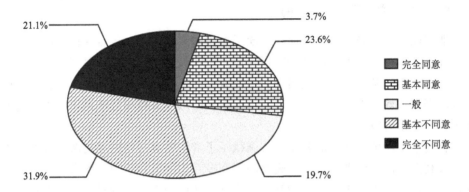

图 4-29　开发校本课程就是编写教材

从图 4-29 可以发现,27.3%的教师认为开发校本课程就是编写校本教材,因此在实地访谈中,询问教师开发了哪些校本课程,教师大都回答编写了哪些教材,当然课程的开发离不开教材的编写,但两者不能等同。各省(自治区、直辖市)教师在认识这些问题时,也存在一些差异,具体见图4-30。

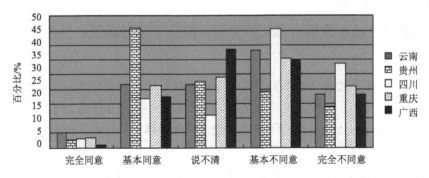

图 4-30　各省(自治区、直辖市)教师对"开发校本课程就是编写教材"的认识

从图 4-30 可以看出,认为"开发校本课程就是编写教材"的教师比例,贵州最高,其次为云南和重庆。这说明在这些省(自治区、直辖市),对校本课程的开发还有待进一步培训和提高。

2)教师对校本课程的价值认识充分

校本课程的开发主要是为培养学生兴趣,适合学校发展的需要而开发的课程,其价值体现在各个方面,以下是对教师进行调查所得的结果,见图4-31。

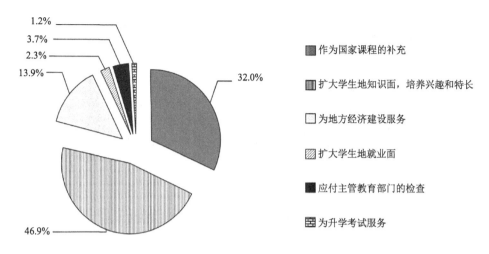

图 4-31　校本课程的主要价值

从图 4-31 可以发现，教师认为校本课程的主要价值在于扩大学生的知识面、培养兴趣和特长，作为国家课程的补充，以及为地方经济建设服务。这与教师对地方课程价值的认识结果是一样的，同样，各省（自治区、直辖市）教师在对校本课程价值的认识方面，也存在差异，结果见图 4-32。

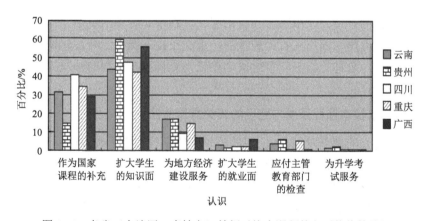

图 4-32　各省（自治区、直辖市）教师对校本课程的主要价值的认识

从图 4-32 可以发现，在对认为校本课程主要是扩大学生的知识面这一选项中，贵州居于首位，其次是广西和四川。在校本课程为学生就业和考试服务方面考虑较少。在对校本课程主要服务对象的调查中，教师认为地方课程主要服务于社会发展需要，其次是学生需要，以及教师专业发展需要。由此得知，教师的课程观念还是以社会发展为本位。从各省（自治区、直辖市）数据来看，呈现如图 4-33 所示的特征。

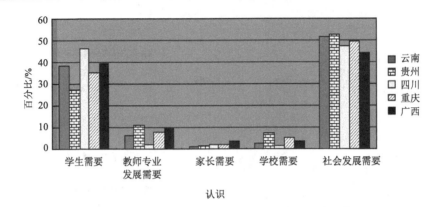

图 4-33　各省教师对校本课程最主要服务对象的认识

从图 4-33 可知，在认为校本课程最主要服务于"社会发展需要"方面，贵州居首位，其次是云南、重庆、四川、广西；在认为校本课程最主要服务于"学生需要"方面，四川居首位，其次是广西、云南、重庆、贵州。各省（自治区、直辖市）定的内在差异。但是从本质上来说，校本课程应主要服务于学生的发展需要，尤其是学生的个性和特长发展的需要。

2. 学校较为重视校本课程开发，开发了较为多样的校本课程

校本课程的开发，西南五省（自治区、直辖市）各校情况不一，从调研情况来看，云南、贵州、四川三省比较重视，重庆在校本课程的开发建设方面所做的工作相对较少，总体上义务教育阶段学校较为重视校本课程的开发与实施，呈现如下几点特征。

1）出台了校本课程开发与建设的相关方案文件

通过对校长的调查发现，61.5%的校长回答学校制定了校本课程的实施方案，81.3%的校长回答开设了校本课程。在实际的查阅材料中，也发现许多学校制定了校本课程的开发和建设方案。但是这些方案大多处于纸质层面，缺乏后续的切实实施。许多校长在访谈中坦言，制定方案在很大程度上是为了应付检查需要。

2）教师参与校本课程开发的人数比例较低，开发能力有待提高

从调查的数据来看，总体上只有 37.5%的教师参与了校本课程的开发，各省（自治区、直辖市）教师参与校本课程开发的情况见图 4-34。

从图 4-34 可以看出，四川的教师参与校本课程开发的比例相对较高，超过半数，贵州比例最低，不到 20%，说明教师参与开发课程的积极性有待提高。当然，与之相关的一个问题是必须提高教师的课程开发能力。教师在回答"您是否能胜任校本课程的开发"一问时，有 56%的教师认为能够胜任，超过了半数，但还有

很大的提升空间。各省（自治区、直辖市）的数据见图4-35。

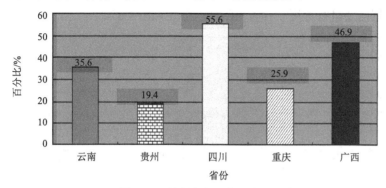

图 4-34　教师参与开发校本课程情况

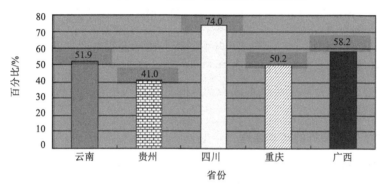

图 4-35　教师胜任校本课程开发情况

从图 4-35 可以发现，认为自己能够胜任校本课程开发的教师比例，四川居于首位，其次是广西、云南、重庆和贵州。因此在今后应加强对教师校本课程开发方面的培训，提高其能力。

3）校本课程开发自主创新意识强，方式多样

校本课程的开发有多种方式，在教师对"你认为校本课程开发最好的方式"一题进行回答时，得到结果见图4-36。

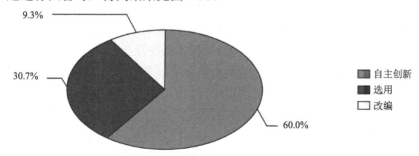

图 4-36　校本课程开发最好的方式

从图 4-36 可知，教师认为最好的方式是进行自主创新，但有接近 1/3 的教师认为应该根据需要进行选用。各省份的情况分别见图 4-37。

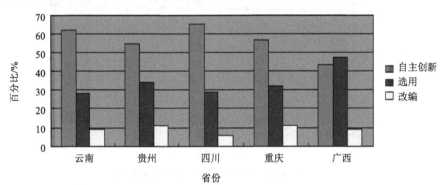

图 4-37　各省（自治区、直辖市）教师对"校本课程开发最好方式"的认识

从图 4-37 可以发现，在认为应"自主创新"校本课程方面，四川居于首位，在认为应"选用"校本课程方面广西居于首位，在认为应"改编"方面贵州和重庆居于前列。这三种方式都是校本课程开发的主要方式，各学校可根据自己的特点进行灵活选择。

4）开发了多种多样的校本课程

校本课程的类型在前文已经进行了描述，共分为六类，此处不再赘述。

总之，校本课程的开发和实施取得了显著成效，广大教师认识到校本课程对于学生知识、兴趣和特长等的发展价值，非常重视校本课程的开发与实施，但由于农村教育条件的限制，以及部分校长、教师的教育观念的限制，教师参与校本课程开发的比例还不是很高，并且教师校本课程开发的能力还有待提升。5 个省（自治区、直辖市）比较而言，四川、云南、贵州等省（自治区、直辖市）的学校，尤其是少数民族地区的学校非常重视校本课程的开发与实施，而重庆和广西等的学校在校本课程的开发与实施上还存在不足，尤其是一些学校的校长对其不重视，认为没有必要开设校本课程，学好国家课程就已经达到要求，转变学校领导和教师的观念，这是开发和实施好校本课程的前提。

综上所述，农村义务教育阶段三级课程的实施基本是平稳的，教师对新课程改革理念等的了解程度较好，也基本认同新课程理念是符合农村教育发展需求的；三级课程的实施给新课程改革在农村的实施带来了更多的活力，国家课程在西南农村地区基本做到开齐开足，但也遭遇课程资源不足和专业教师不足等难题。地方课程、校本课程的开发与实施得到空前的重视，各省（自治区、直辖市）开发与实施了丰富多彩的地方课程和校本课程，有的极具特色，例如，云南的"三生教育"，四川的《可爱的家乡》，贵州的农村实用技术，等等，由于经费不足、师资短缺等问题，地方课程和校本课程的实施也遇到一些难题，这些在后面还将做深入阐释。总之，三级课程的实施给义务教育新课程改革带来许多活力，但也带来许多挑战。

三、义务教育三级课程有效实施面临的主要问题

前文我们对三级课程实施的现状进行了描述，其中暴露出一些问题，这些问题往往体现在某个方面或局部，更深层次来说，三级课程实施的有效推进，还必须正确面对以下主要问题。

（一）多数省份三级课程结构比例不达标，轻地方课程、校本课程实施

新课程改革首次提出三级课程，作为一个新事物，有一个接受的过程，这无可厚非，从实际调查发现，教师虽普遍认同三级课程，认为其符合教育发展需要，但在实际课程实施中，国家课程、地方课程和校本课程三者地位是不对等的，普遍存在重国家课程，轻地方课程、校本课程的情况，这主要是观念及利益的博弈问题。主要表现在以下方面。

1. 课程方案中地方和校本课程比例普遍不达标

新课程改革，国家在课程方案中对三级课程的比例有硬性规定，即"地方课程、校本课程和综合实践活动课程"应占课程总量的16%～20%，从前面各省（自治区、直辖市）课程方案的统计结果可以发现，只有四川符合国家的规定要求，广西超出了国家规定，而云南、重庆、贵州三个省（直辖市）均低于国家规定的最低要求。很显然，大部分省份实际上并没有严格按照国家课程方案设置课程的结构比例。

国家课程方案是整个课程改革的指导性文件及蓝图，各省（自治区、直辖市）课程改革的方案和课程设计应严格按照国家课程方案的有关要求，在其基础上可以创新，但不能违背一些基本准则和要求。从接受调查的5个省（自治区、直辖市）的课程方案来看，大部分省（自治区、直辖市）与国家规定存在差异，并且接受调查的省（自治区、直辖市）中只有四川对地方课程和校本课程的课时进行了明确的划分，其他则只有一个笼统的课时安排。笼统的课时安排有利于发挥地方和学校的自主性，但换个角度说，也增加了课时安排的难度，因为不好把握地方课程和校本课程的比例。从受访的教师中得知，教师更倾向于有严格的、明晰的比例要求，这样更利于各学校遵照执行。

各省（自治区、直辖市）的课程方案或计划是每个省（自治区、直辖市）课程实施的纲领性文件，具有重要的导向作用，各省（自治区、直辖市）设计国家

课程、地方课程和校本课程的比例差异，明显地反映了其重视程度，普遍重国家课程，轻地方课程和校本课程。

2. 课程实施中，地方课程和校本课程为国家课程让道

各省（自治区、直辖市）课程方案中均设置了国家课程、地方课程和校本课程，在每个学校的课程表中往往也能够看到地方课程和校本课程的安排，但实际实施中，地方课程和校本课程通常为国家课程让道，实施很不理想。

接受调查的省（自治区、直辖市）中，云南、四川、贵州三个省的地方课程都设置得较为科学，并且省级教育部门出台了许多相关的文件，督促地方课程的有效实施。例如，四川省出台了《四川省义务教育地方课程实施方案（修订）》(川教〔2009〕81号)、《四川省义务教育地方课程<生活生命与安全>指导纲要（试行）》等相关文件，云南省出台的政策文件有《中共云南省委高校工委云南省教育厅关于实施生命教育生存教育生活教育的决定》（云高工〔2008〕44号）、《中共云南省委高校工委云南省教育厅关于生命教育生存教育生活教育的实施意见》（云教〔2008〕31号）、《中共云南省委高校工委云南省教育厅关于扩大"三生教育"试点实施范围的通知》（云教发电〔2008〕81号）、《云南省教育厅关于征集"三生教育"直通车网站稿件的通知》（云教函〔2008〕273号）等。这些政策文件在一定程度上促进了当地地方课程的实施，但实际采访中发现，地方课程并没有按照预定的计划实施。以四川省的《生活生命与安全》为例，课程方案规定小学低中段每周3课时，但大部分学校每周1课时或每两周1课时。校本课程实施得更不理想，大部分初中及一些中心小学一般都开设有校本课程，但上课时间不固定。绝大部分村小没有校本课程，因为没有合适的师资来开设校本课程。而且绝大部分地方课程和校本课程的教师均由班主任或其他科任教师兼任，经常导致地方课程和校本课程变成了教师所主要任教的科目，这种现象普遍存在。

调查中还发现，通常在学期期末前2～3周，凡是学业水平考试不要求统考的科目，均停止授课；毕业年级通常只学习需要考试的科目，其他科目均取消。由此在许多学校出现两张课表的现象，实际执行一张课表，应付检查有另一张课表。调研人员在调查时，有教师曾非常诚恳地说："您需要看哪一张课表？"这不得不引起我们的思考，也反映了实施中只关注国家课程，忽视地方和校本课程的现状。

3. 课程评价中，地方课程、校本课程基本不在考核之列

新课程改革提出三维目标，倡导以发展性评价为主，强调要为了每一个学生的发展，全面提高学生的素质，但在实际课程实施中，这些理念并没有得到有效实施。

首先，从课程评价的内容来看，通常只纳入国家课程的有关科目，地方课程

和校本课程均排除在外。而我们的教育传统通常是"考什么"就"教什么"，在访谈中发现"考试的要求""学生的考试成绩"等成为教师话语的高频词，因此，从这个角度来看，绝大多数教师还是从考试出发，着眼于学生的考试成绩，以应试教育为主。由此，地方课程和校本课程对学生发展的价值并没有得到显现，只能成为一种摆设。

其次，从课程评价的形式来看，新课程改革的评价还是以传统的纸笔考试为主，而表现性评价等多种方式并没有采用。传统纸笔考试较为适合以知识的获取与运用为主的课程的学习，而这类课程以国家课程居多。地方课程、校本课程则通常以活动、游戏、社区服务与社会实践等多种方式存在，这些课程的实施更注重的是学生的活动体验及情感的发展，而这些通常很难通过纸笔测试来评价。因此传统的课程评价方式在一定程度上也把地方和校本课程排除在外。

从收集的资料来看，5个省（自治区、直辖市）省级的地方课程方案均有谈地方课程评价的问题，并提出了一些指导意见；有实施校本课程的学校，同样也提出了校本课程评价的方式方法。但这些指导意见和方式方法基本上都是笼统地谈本次新课程改革实施的评价理念，缺乏具体可操作的规范。另外由于地方课程、校本课程通常不与升学考试、学校评价挂钩，其地位显得无足轻重。

总之，三级课程在实践中遭遇了地位不对等的待遇，地方课程、校本课程备受忽视，这与多种因素有关，本书后面还会提到。当然，在实践中也发现，尤其是在建设特色学校，打造独特学校文化的背景下，许多学校非常重视校本课程的开发与实施，这类学校以民族地区学校居多，但总体上数量还不是很多，这可以让我们在认识校本课程的独特价值上打开另一扇窗口。

（二）课程管理问题较多，教材选用多样化参差不齐

课程管理是学校管理的重要方面，这个概念伴随着新课程改革的深入，越来越引起研究者的注意，但大家对其内涵的界定也存在着分歧。例如，钟启泉认为"课程管理是学校管理的一部分，但同学校的其他经营活动不同，它是直接地规定了教学活动的管理活动，是学校管理工作中具有重要意义的工作。课程管理的核心部分是课程编制"[①]。中国台湾学者欧永生则认为"广义的课程管理是指实施国家对该教什么、如何教和如何评量的指令，以达成预期的效果。狭义的课程管理则指学校促进学习的内在措施，不仅指正式教学的过程，即组织知识、技能、态度，以便传递的形式，也包括如领域的、年级的或班级层次上促进学习的所有措施"[②]。彭虹斌的观点与欧永生的观点基本一致，他认为"课程管理分为课程行政管理和学校课程管理。前者是国家对课程的行政管理，包括立法、课程政策的

---

① 钟启泉. 现代课程论[M]. 上海：上海教育出版社，1989：367.
② 欧用生. 课程典范再建构[M]. 台北：丽文文化事业股份有限公司，2003：95.

制定、课程标准的颁布、教科书的审定、学校课程实施的评价的监督。后者包括学校课程日常管理和学校课程领导，是学校对如下项目进行的管理：课程目标的校本化确认，国家课程、地方课程的校本化选择和组织，课程实施和课程评价"①。这三种观点比较起来，彭虹斌的观点更好理解和把握，在实践中也更好处理，因为其从不同的课程管理主体出发，明确了其内容。以下从课程行政管理和学校课程管理角度分别指出课程管理中存在的一些问题。

1. 课程政策制定主体过于多元，学校课程内容随意增加

　　课程政策的制定通常是教育行政部门，学校课程内容通常也是按照教育行政部门制定的有关政策文件来执行，可是在实践中并不如此，而是存在政出多门的情况，在农村学校尤为普遍。调查中发现，除了教育行政部门以外，其他政府组成部门或社会组织都可以给学校下达任务，要求各种各样的课程内容进学校、进课堂。一位教师给研究者列举了当地可以进学校检查、指导工作，分派任务的组织，接近 20 个！列举如下。

　　（1）××县德育工作领导小组。

　　（2）××县普法工作领导小组。

　　（3）××县创绿工作领导小组。

　　（4）××县创卫工作领导小组。

　　（5）××县调解工作领导小组。

　　（6）××县新农村建设工作领导小组。

　　（7）××县养成教育工作领导小组。

　　（8）××县禁毒工作领导小组。

　　（9）××县反邪教工作领导小组。

　　（10）××县留守儿童工作领导小组。

　　（11）××县综治工作领导小组。

　　（12）××县安全工作领导小组。

　　（13）××县安全文明小区建设工作领导小组。

　　（14）××县双拥工作领导小组。

　　（15）××县沼气地建设工作领导小组。

　　（16）××县计生工作领导小组。

　　（17）××县远程教育工作领导小组。

　　（18）××县整脏治乱工作领导小组。

　　（19）××县食品卫生工作领导小组。

　　这些领导小组通过制定有关文件要求其负责主管的内容进课堂，如法律讲课

---

① 彭虹斌. 新课程背景下的校长课程管理[J]. 课程·教材·教法, 2005, (11): 10-14.

堂、安全进课堂、禁毒进课堂等，这些内容本在原有的课程体系当中已经包含，或者已有渗透，但为了迎接这些领导小组的检查，不得不专门开设一些课程或活动应付检查，重复劳动加重了学校负担。政出多门导致许多学校苦不堪言，负责制定课表的工作人员更是怨声载道，因为没有更多的时间来安排他们所要求开设的内容。因此，应明确教育管理主体，综合协调各部门，科学制定课程政策，给学校课程减负。

2. 课程政策落实差，教材选用多样化流于形式

教材的编写和使用是课程管理的重要内容，因为教材是教师教和学生学的重要载体，是课程内容的直接体现，对课程内容的管理在很大程度上即体现为对教材的管理，实行"教材多样化"是我国基础教育课程改革不断追求的目标。自20世纪80年代中期开始，我国就开始提出实行教材多样化，1985年的《中共中央关于教育体制改革的决定》提出了对中小学教材编审制度改革的设想，1986年国家成立了专门的教材审定机构和各学科教材审定委员会，出台了《中小学教材审定标准》等文件，真正实现教材编审分开，1988年国家规划了"八套半"教材[①]，教材多样化从理想走向现实。"进入90年代，我国的教材建设出现了空前繁荣的局面，据统计，1987年这类教材仅有十几种，百余册，编写单位只有若干个；到1997年这类教材已增至70多种，2000余册，编写单位也增至数十个。在国家教育改革的大背景和相应教材多样化建设保障政策的指导下，第八轮基础教育课程改革有82家出版社参与，真正地实现了教材多样化建设。"[②]

这些都是从政策层面和宏观视野来谈教材多样化建设，从总体上来看，我们确实实现了教材多样化，因为各地区基本做到一个学科有两种以上版本教材使用（只有一种版本教材审定通过的除外），但实际调查发现教材多样化在农村地区流于形式的倾向较为严重。按照原国家教委《中小学教材编写、审查和选用的规定》（教基〔1995〕2号），各地区均制定了相应的教材选用办法，据《中国教育报》报道，贵州省贵阳市规定，"实验区领导小组负责组织成立教材选用委员会，该委员会由教育行政和教研部门的代表、专家、优秀教师、校长和占一定比例的学生家长组成，其中教育行政和教研部门的代表人数不超过1/4。委员会成员按民主程序产生，并经过公示。教材选用委员会在全面了解、认真阅读教材的基础上，经集体审议，投票决定各学科选用的教材，并由当地教育行政部门报省级教育行政主管部门"[③]。这些规定是科学的、可行的，但在实际实施中有些步骤就大打折扣，比如，教材审查人员全面了解和认真阅读教材这就很难做到，因为教

① 吕达. 关于我国基础教育课程教材改革的思考[A]//课程教材研究所. 课程改革整体论[C]. 北京：人民教育出版社，2003：65.
② 吕建生. 我国基础教育教材多样化建设的思考[J]. 基础教育课程，2009，(3)：49-51.
③ 李建平. 用什么教材谁说了算[N]. 中国教育报，2002-9-15(1).

材的选用一般都是在短时间内完成的，怎么能够做到全面深入了解呢？并且实地调查发现，绝大多数农村教师均不知道教师有选用教材的权利，认为教材选用只是政府部门的事情，教育行政部门决定使用什么教材就用什么教材。调查中还发现，部分地区为了刻意追求教材多样化，出现教材随意更换现象，如有的学校英语课程第一年使用的是人民教育出版社版教材，第二年则变成了外语教育与研究出版社版教材。此外，部分地区还存在教育行政部门或教研部门工作人员参与教材编写的情况，这不利于教材选用的公平竞争，带来了一些负面影响。因此，教材多样化的切实实施还需要更多的努力，教材多样化并不只是简单的教材多本化，多本化是教材多样化的前提，但不是根本追求，教材多样化的根本目的是促进教材的特色化、个性化，更好地促进不同版本的教材满足不同地区教育发展需要。

3. 国家课程、地方课程校本化程度低

按照现行政策对基础教育课程改革要求，实施国家课程、地方课程和校本课程，国家课程和地方课程最终都必须通过学校来实施，因此"国家课程、地方课程校本化"问题成为焦点，成为课程深入实施与发展必须重视的问题。"国家课程校本化"在2007年前后引起学校和研究者的关注，这实际是课程实施研究的新进展，与课程实施取向密切相关。前文本书介绍了课程实施的三种取向，即忠实取向、相互调适取向和缔造（创生）取向，如果严格按照忠实取向实施课程，就不存在国家课程校本化的问题，事实上课程实施更多的是相互调适取向和缔造（创生）取向，这就要求通盘考虑国家课程、地方课程的要求与学校实施课程条件之间的差距。有研究者认为，课程的校本化实施即"在坚持国家课程改革纲要基本精神的前提下，学校根据自身性质、特点和条件，将国家层面上规划和设计的面向全国所有学生的书面的计划的学习经验转变为适合本校学生学习需求的实践的学习经验的创造性实践，包括教材的校本化处理、学校本位的课程整合、教学方法的综合运用和个性化加工及差异性的学生评价等多样化的行动策略"[①]。这个定义给校本化课程实施赋予了丰富的内涵。同时，该研究者还指出了课程校本化实施的原因，一是由课程实施本性上的二元特征（理想性与现实性）所决定；二是由课程改革本身的性质和特点所决定；三是由"实验—推广"模式本身的弊端所决定的。此外也有研究者结合实际案例提出了课程校本化的路径，即"基于现有资源的校本化"和"基于学情的校本化"[②]，无论是现有资源还是学情都是具体学校自身的条件因素，因此，课程的校本化实施与学校自身条件密切相关，学校自身条件水平决定课程校本化实施程度。

调查发现，西南农村学校教师对三级课程的理解较为模糊。教师虽然对当前

① 徐玉珍. 论国家课程的校本化实施[J]. 教育研究，2008，(2)：53-60.
② 王俊. 国家课程校本化实施的两个视角[J]. 当代教育科学，2008，(20)：44-45.

实施的三级课程认同度高，但是大部分教师，尤其是小学教师对学校开设的课程，哪些是地方课程，哪些是校本课程并不是十分明确，在教师的话语中，"上面要求开什么课程，我们就上什么课程"出现的频率极高，可见，大部分教师课程实施还停留在机械实施层次，缺乏主动性，基本是上级要求什么就做什么。如果能够严格按照某些规定实施课程也未尝不可，至少是"忠实取向"的课程实施，但事实上学校的课程实施并没有严格按照有关要求执行，前面在三级课程实施的现状中已经提到，这里面的影响因素有很多，其中学校自身条件是一个重要因素，因此要提高课程实施程度与水平，改善学校自身条件非常重要。农村学校由于教师课程实施理念、课程实施资源和条件的制约，国家课程、地方课程校本化程度低，因此，在农村学校应加强课程实施的管理，重视学校课程管理、组织与实施，提高国家课程、地方课程的校本化程度。

（三）课程资源匮乏，尤其是教师资源不足

新课程改革的有效实施，离不开课程资源的有力支撑，有研究者认为"没有课程资源的广泛支持，再美好的课程改革设想也难变成中小学的实际教育成果"[①]。因此，重视开发与利用课程资源是三级课程实施的重要课题，可事实上西南地区课程资源极为匮乏。为了更好地认识课程资源，我们首先明确其含义。"广义的课程资源指有利于实现课程目标的各种因素，狭义的课程资源仅指形成课程的直接因素来源。"[②]狭义的课程资源实际上就是素材性课程资源，直接作用于课程，"是学生学习和收获的对象，比如知识、技能、经验、活动方式与方法、情感态度和价值观以及培养目标等方面的因素。"[③]与素材性课程资源相对应的一个概念是条件性课程资源，它指的是"直接决定课程范围和水平的人力、物力、财力和时间、场地、媒介、设备、设施和环境等因素。"[④]此外还有从别的角度来划分课程资源，如校内与校外课程资源、显性与隐性课程资源等。在这里无意对课程资源的内涵进行深究，但是从内涵的定义中我们可以发现就三级课程实施而言，最重要的是条件性课程资源的支持问题，因此这里主要就条件性课程资源存在的问题进行探究。在条件性资源中最主要的是物质资源与条件、教师资源（事实上教师既是条件性资源，也是素材性资源），以下就这两方面展开论述。

1. 课程实施物质资源与条件缺乏

三级课程有效实施必须依托丰富的物质资源与条件，这包括课程实施需要的场地、媒介、设备、设施和环境等。调查发现，农村地区中小学普遍缺乏必备的

---

① 吴刚平. 课程资源的分类及其意义(一)[J]. 语文建设，2002，(9)：4-6.
② 吴刚平. 课程资源的理论构想[J]. 教育研究，2001，(9)：59-71.
③ 同①。
④ 同②。

物质资源与条件，结合具体学科来说：绝大部分农村学校的信息技术教育课程没有计算机及其设备，村小现象更为严重，初中和中心小学情况稍好；科学课程缺乏实验设备、器材，实践基地等；综合实践活动缺乏活动场地和实践场所；音乐、美术课程缺乏必备的音乐器材和绘画工具，音乐课最后就简化为唱歌课，美术课就成了图画课。此外，新增加的地方课程、校本课程普遍缺乏教材，严重制约地方课程、校本课程的有效实施。调查表明，教师普遍认为学校及学校周围本身缺少资源，根本无从谈起如何来开发和利用资源。在调查教师认为课程实施时，最为缺乏的方面是，5 个省（自治区、直辖市）平均有 42.4%的教师认为缺乏资源和条件，接近一半的比例，具体见图 4-38。

从图 4-38 可以发现，重庆、贵州和广西的教师普遍认为学校缺乏课程实施的资源和条件，这与实地调查所获得的信息是吻合的，实地调查中发现，重庆和贵州的农村学校办学条件较为落后，学校资源配置较为匮乏。总之，农村学校课程实施的资源与条件问题较为严重。

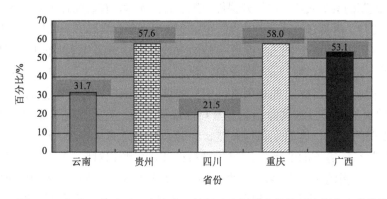

图 4-38　各省（自治区、直辖市）教师认为课程实施缺乏资源和条件的比例

2. 教师学科结构失衡，素质堪忧

在所有的资源配置中，教师资源匮乏是一个较为严重的问题，也是制约农村教育发展的重要因素之一。教师资源的问题表现在多个方面。

一是缺乏必备专业任课教师。由于我国师资培养长期是以分科为主，缺乏综合培养的老师，这样，国家课程的科学、艺术等课程在实施最初，都因难以找到合适的师资面临困境，从而又回到过去的情形，重新开设物理、化学、生物，或者音乐、美术等课程。地方课程、校本课程、综合实践活动等课程缺乏专门的师资，一般也是由班主任或其他科任教师兼任。在对校长的调查中，接近 80%的校长坦率地回答没有专职的校本课程教师，而实际情况是，几乎 100%的学校没有专职的地方和校本课程教师。有些省份非常重视地方课程的实施，但在师资队伍的建设上则有失笼统，缺乏切实可行的措施。例如，有些地方对于地方课程的实施强调"以班主任和专兼职××教师为骨干，全体教师共同参与的××教育工作机制。""××课程教育师资应以历史、地理、思想品德教师为基础。""重视××课程师资建设。"这些建议现实意义不强，由于缺乏强有力的师资队伍做保障，课程实施效果也大打折扣。校本课程师资队伍的建设和配备更成为问题。走访调查发现部分农村学校教师不知道何为"校本课程"，即使有开发校本课程的学校，也大多只考虑结合教师的兴趣爱好进行，缺乏团队和持续的师资保障。

二是教师学科结构失衡严重。调查显示，西南地区农村中小学教师队伍学科构成以语文、数学等学科为主。以小学教师为例，农村小学语文教师占39.54%，数学教师占35.05%，两者合计为74.59%，接近80%。而事实上小学设置的科目达10余种，这导致绝大部分语文、数学任课教师兼教多门课程的现象大量存在。各省（自治区、直辖市）情况都差不多，如云南省宜良县某小学共有教师28名（这在农村学校中教师数量算比较多的，部分村小只有10名左右教师），其中语文14名，占50%；数学教师12名，占42.8%；英语教师2名；无其他学科专任教师。贵州省麻江县某中心小学专任教师34名，语文教师14名，占41.18%；数学教师17名，占50%；英语教师1名；美术教师1名；体育教师1名；无其他学科专任教师。可见，改善农村学校教师的学科结构迫在眉睫，否则，三级课程的有效实施只能成为一句空话。

三是教师的素质令人担忧。调研发现，农村学校教师年龄结构普遍偏大，村小教师以40岁以上居多；甚至部分县城周边初中和小学长达十几年未新进教师，这样导致农村学校教师队伍老化严重。年纪偏大的教师通常改革的动力不足，已经积累的经验在他们心中根深蒂固，这就导致调查时发现大部分教师表面上都非常支持和认同新课程改革的理念，而实际是"穿新鞋，走老路"，在组织学生"动手实践、自主探究与合作交流"等方面都不敢放手让学生去做。此外，教师普通习惯于照搬教材，过分依赖现成资料，缺乏动手设计、自主创新的意识，没有很好地做到创造性地使用教材。再者，农村教师普遍起点学历低，第一学历为本科、专科的相对较少，一般通过自考、函授、课程班等形式提升学历。以小学教师为例，第一学历以中等师范毕业者居多，部分教师通过进修、函授与自考而获得专科、本科学历，学历得到提升，但由于这些学习途径本身的局限性和不足，教师自身的专业知识、教学能力等并没有得到实质提升，未获得实质性的改变。此外，还有部分农村教师是由民办转正而来，村小更为普遍，他们没有接受过正规的师范教育，接受新理念缓慢，常凭借自己日积月累的经验开展工作，知识面偏狭、教法陈旧。

总之，农村教师的素质令人担忧，影响和制约了三级课程的有效实施。

（四）多数教与学的方式未得到根本转变

教与学方式的转变是新课程改革的一个亮点，也是检验新课程改革成败的重要因素。自 2001 年秋季义务教育新课程改革实验以来，对教师的教和学生的学都分别提出了许多具体的要求，以促使教与学方式的变革。改革之初，新课程改革对教师的教学观念等提出新的要求，如教学观念方面，倡导对话式教学、启发式教学、探究式教学；在教学应用方面，倡导改变传统的教学手段和方式方法，积极利用现代教育技术和网络技术，改变教学内容的呈现方式与师生互动方式；教师不只是简单的教授课程，还应该主动开发课程，课程开发是教师专业工作的重要任务[①]，应成为学生学习的组织者、引导者和合作者。此外，教师之间应该积极合作互助，建立良好的教师合作文化。同样的，对学生学习方式的变革也提出了相应的要求，认为学生不只是作为倾听者被动地接受老师所传递的知识和信息，不只是一个容器或一张白纸，而是具有一定经验的积极主动的学习个体，应发扬自身学习主动性与积极性，积极自主、合作、探究学习。教与学方式的新要求得到了教师的普遍理解与认同，前面在现状描述中已经通过数据和图表进行反映，但事实上教与学方式的变革并不理想，存在诸多问题。

1. 教师扮演的角色依旧以知识传递者为主

问卷调查结果显示，教师对新课程改革倡导的教学方式理解和认同度较高，可实际访谈发现，教师的理解与认同并没有付诸实践。比如，新课程改革教学目标的制定倡导知识与能力、过程与方法、情感态度与价值观的三维建构，受访教师经常强调学生对字词、概念、单词或句型的掌握。许多教师非常坦率地讲："一节课的时间非常短暂，我总感觉自己想讲的内容讲不完，哪有时间关注学生来参与。"30%左右的教师甚至认为三维目标只是为了应付检查的需要，只是一种摆设，三维目标并不是教学的指挥棒，考试成绩才是最重要的。

另外，教师的教学方法并没有得到显著改善。走进大部分课堂，还是传统的"一张讲台、一块黑板、一支粉笔、一张嘴"，教师的讲授依然是最为主要的课堂教学形式。当然并不是否认讲授法就是落后，事实上只要有学校教育的班级授课制存在，讲授法就必不可少，因为其是最为经济有效的教学方式方法。新课程改革所倡导的活动教学法、对话式教学法更多的只是在一些公开课、研讨课上见到，日常的课堂基本难以觅其踪迹。此外，通过信息技术和网络技术改变传统的课堂基本没有可能，就广大农村地区来说，绝大部分村小没有微机室，教师没有配备电脑，中心小学一般有少量电脑，初中在这方面的情况稍好一些。不过总体

---

① 王少非. 新课程背景下的教师专业发展[M]. 上海：华东师范大学出版社，2005：100.

上农村中小学信息化程度不高，还不具备信息化教学的条件。因此，教师的教学方式方法要想获得显著改变还有很长的路要走。一个笑话也恰好反映了我们的教学方式方法更新比较慢，"一位 19 世纪中期的外科医生神秘地穿过时空隧道来到 21 世纪初的手术室，在那里，他看到了他完全不认识的手术器材，他不知道怎样做手术，他不知道他如何才能帮上忙。而一个教师搭乘同一辆时间转化器来到我们现在的教室，他发现除了课程内容上有一些细枝末节的改动之外，教学方式几乎没有任何变化。他能很轻易地从 21 世纪初的同行手中接过教鞭来继续教学"①。实际调查结果也显示，教师的教学方法没有得到显著改善，还是以讲授为主，图 4-39 是对教师在教学中经常采用的教学方法的调查结果。

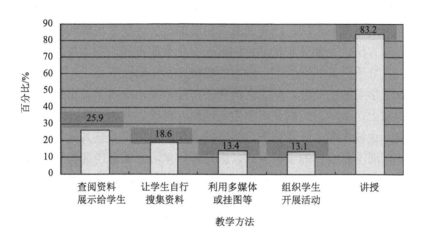

图 4-39　教师经常采用的教学方法情况

从图 4-39 可知，在教师的教学活动中，八成多的时间都是选择讲授，让学生自主查阅资料、开展学习活动的几率很少。此外，农村学校教师之间的合作文化并没有真正形成。新课程改革强调在教学过程中加强教师之间的协作与交流，可事实上农村学校由于教师数量少，尤其是农村小学教师数量更少，大部分教师都是教授不同的年级和科目，缺乏合作的前提和基础，也难以形成共同的合作主题，此外，现行的教师评价制度，也不利于教师之间合作，绩效工资的实行，关注更多的是个体的劳动，对团体的工作并没有较为科学有效的评价指标，因此，合作的教师文化的建立只能限于理念。

总之，教师在教学过程中，其角色转化并不是十分明显，教师知道自己应扮演组织者、引导者和合作者的角色，可在现实面前，更多的还是一个知识的传递者角色，理念与实践之间还存在一定的鸿沟，完全落实还需要更多的努力。

---

① 卢立涛. 浅析新课程背景下教学方式的变革[J]. 教学与管理，2007，(4)：3-5.

2. 学生并没有成为学习的主人，合作、探究流于形式

自主、合作、探究的学习方式作为新课程改革所倡导的学习方式，在提出之初就得到研究者和教师的广泛支持和认可，但调查发现学生的学习自主性等并不是十分理想。

在与教师和学生的访谈中均发现，学生学习的主动愿望并不十分强烈。在调研的随机访谈中有接近三分之一的学生表示不喜欢学校、不喜欢学习，60%的学生愿意被动地接受学习，只有不到20%的学生愿意主动学习。可见，学生自主学习的愿望非常薄弱。这与多个方面的因素有关，一是农村学校学生的基础本身比较差，学习困难较多，在困难重重的前提下不可能具备很强烈的学习愿望；二是学生缺乏学习的方法与帮助，已有的教学更多的是告诉学生现成的答案和结果，不注重过程和方法，大部分农村学生的家长文化素质不高，不能指导学生进行学习。因此，在双重因素的制约下，学生的积极性和主动性不足。

由于缺乏学习的主动性，学生之间更不可能形成稳固的学习小组，开展合作学习。在课堂上，教师有时候要求学生之间相互讨论，互相帮助，最后形成较为一致的答案，这被很多公开课被誉为课堂的合作学习方式。充其量这是小组讨论的学习方式，而不是合作的学习方式，因此合作学习方式是当前教学方式误读最多的一种，事实上，在一节课的课堂上不可能存在真正的合作学习，因为合作学习的前提是小组之间有共同的目标，小组成员之间有明确的任务，需要协作来共同解决问题，在课堂的短短几十分钟很难做到这些。

此外，学生的质疑精神贫乏，学生基本处于"等、靠、要"的状态，基本上不会去质疑老师所讲的内容，在小学更是如此，小学生认为老师所讲的都是真理，老师是不可能错的，正是这种盲目的"信任"导致学生的怀疑精神逐渐丧失，创造性不足。随着学习内容的增多，学生不是疑问越来越多，相反是问题越来越少，即使有问题也只是埋在心里，因此，学生的学习根本无探究可言。

其他研究者在新课程学习方式的调查中也得出了类似的结论，如有研究者认为"学生在研究型和合作型研究型学习上，学生的'自主性'和'创造性'都明显偏低；学生的研究型学习与合作学习大多表现为表面化和形式化，对学习质量的提高作用不大，浪费了学习时间，教学效率大打折扣"①。总之，农村学校学生的学习方式改变任重道远，不是简单的口号式推进就能改变的。

（五）评价成为农村义务教育三级课程实施的瓶颈

"要落实课程改革的各项措施，就必须要有与之相配合的评价制度与方法的

---

① 查有梁. 十年新课程改革的统计诠释[J]. 教育科学研究，2012，(11)：5-15.

改革。社会与上级教育行政部门如何评价学校，学校如何评价教师，教师如何评价学生，都从一定程度上制约着课程措施落实的程度。"①调查发现，评价的制度并没有得到显著改变，成为新课程改革深入推进的瓶颈。《基础教育课程改革纲要（试行）》明确提出了本次课程评价改革的要求：在学生评价方面，力求建立促进学生全面发展的评价体系，"不仅要关注学生的学习成绩，而且要发现和发展学生多方面的潜能，了解学生发展中的需求，帮助学生认识自我，建立自信"②。在教师评价方面，"强调教师对自己教学行为的分析与反思，建立以教师自评为主，校长、教师、学生、家长共同参与的评价制度"③。在考试制度方面，"已经普及九年义务教育的地区，实行小学毕业免试就近入学的办法。鼓励各地中小学自行组织毕业考试。完善初中升高中的考试管理制度，考试内容应加强与社会实际和学生生活经验的联系，重视考查学生分析问题、解决问题的能力，部分学科可实行开卷考试"④。这些规定体现了以学生发展为本、教师发展为本的理念，可实际执行却不尽如人意。

1. 学生评价只重结果

虽然《基础教育改革纲要（试行）》中明确提出小学升初中可免试就近入学，初中升学考试注重与生活紧密联系，但实际由于优质教育资源缺乏，各地小升初依然需要参考毕业水平考试的成绩，毕业水平考试依然是各地反映学生学习成绩的重要指标。在这种现实评价制度面前，无论是教师、家长，还是学生自身，关注的都是最后的毕业考试，也就是最终结果。而通常小学毕业水平考试只考一些科目，如语文、数学、外语，有些地方增加科学，大部分其他科目不要求，这势必导致其他科目的学习不受重视，只注重毕业水平考试的成绩严重影响学生的全面发展。而有些地方初中为了避免水平考试只考某些科目的弊端，要求毕业水平考试时考核所有学过的科目，由于学生学习的科目非常之多，并且安排在不同的学期学习，这导致学生在初三时不得不重新复习所有科目，加重了学习负担。因此，只注重结果的要求给课程的有效实施和学生的发展均带来了不同程度的影响。

此外，学生评价的形式较为单一。接受调查的地区对学生的评价无一例外还是以纸笔考试为主，缺乏灵活多样的评价方式。虽然部分学校自行设计了学生评价手册，注重对学生的平时活动、表现、行为等方面的考核，注重学生自评、互评，教师评价和家长评价的结合，但在学生的最终评价中评价手册的记录并不是非常重要，考虑更多的还是最后的考试成绩。因此评价手册、档案袋评价等都成

① 马云鹏，唐丽芳. 新课程实施的现状与对策——部分实验区评估结果的分析与思考[J]. 东北师范大学学报（哲学社会科学版），2002，(5)：124-129.
② 教育部. 基础教育课程改革纲要(试行)(教基〔2001〕17号)[N]. 中国教育报，2001-7-27(2).
③ 同②。
④ 同②。

为形式，或者成为学校应付新课程改革检查的材料和工具。

2. 教师评价主体单一

《基础教育改革纲要（试行）》中明确提出对教师的评价要注重多元主体的参与，除了教师自身的反思，还强调教师互评、校长评价、学生评价和家长评价。可事实上在中小学教师评价中主要还是以校长评价为主，教师互评为辅，学生评价和家长评价基本没有体现。访谈中教师坦言如果实行以教师自评为主，受传统的观念的影响，可能每个教师都会给自己较高的评价；而教师互评也没有可以实施的条件，因为农村学校教师数量少，每个教师的工作量都非常大，导致教师无暇去关注其他教师的工作，所以互评也显得不够客观；学生对教师的评价是非常重要的因素，但传统"师道尊严"的影响，以及学生年龄小对老师往往是"顶礼膜拜"导致评价不够客观，很少学校采取这种评价方式；家长评价基本没有可能，在农村，家长基本不与学校发生关系，绝大多数家长把学生送进学校以后就不闻不问，对教师不熟悉，评价也就无从谈起。因此，最后对教师的评价只好以校长评价为主，校长说了算。

以校长评价为主本也无可厚非，只要有科学的评价制度和方法即可。可事实上中小学校长对教师的评价主要还是以教师所教学生的考试分数作为衡量的标准，以分数论英雄。学生分数考得高，所任课的教师即是优秀教师。因此，调查中发现"如何考试""考试的要求""升学成绩"这些是老师最关心的问题！许多学校还制定了以分数为标准的教师奖励制度，以期末考试为例，如果所教班级学生考试成绩优秀率居全年级第一奖励300元，学生成绩平均分数居全年级第一奖励100元。这种以分数为评价标准的教师评价方式一方面激励了教师，另一方面也促使唯分数论的畸形发展。

3. 学校评价唯升学率

虽然各种政策文件规定不能只看考试成绩和升学率，可事实上绝大多数地区还是以升学率作为学校优劣的唯一评价标准。这表现在多个方面。

首先教育行政部门在资源配置方面，以学校的升学率为依据（虽未明确指出，可事实上是如此）。升学率高的学校一般被列为重点学校，作为优先发展的对象，在经费、政策等其他方面都予以倾斜，最后形成条件好的学校办学条件更加完善，条件差的学校则每况愈下。

其次家长对学校的评价也是以升学率为依据。家长关心的是学生中考、高考的结果，因此，凡是升学率高的学校在家长眼中都是好学校。有些地区家长想方设法把孩子送进一些优质学校，为的就是提高学生的学习成绩。择校热的兴起与家长的教育观念有着直接的关系。

　　由于教育行政部门和家长观念的影响，势必影响校长的办学。访谈中许多校长坦言，平时的工作主要忙于争取经费，提高学校的升学率，因为现在各学校的竞争非常激烈，主要就是学生的学习成绩，如果学生的学习成绩上不去，那么学校的生源就会受到很大影响，直至影响学校的发展，因此我们的观念都是"在不影响学生的考试分数的前提下实施新课程改革"。可见，分数、升学率已经成为悬在学校发展上方的"利剑"！

　　综上，三级课程的实施遇到了诸多问题，因此，我们有必要认真分析这些问题，明晰三级课程有效实施的影响因素，最后较为科学地提出问题解决的办法。

第五章 农村高中三级课程实施情况与主要问题

本章首先对研究调查的样本做简单描述,然后根据前文的研究设计和调查获取的资料,重点对高中阶段国家课程、地方课程和校本课程的实施现状进行描述,挖掘其存在的问题。

一、调 查 概 况

高中课程改革的调研同样得到云南、贵州、四川、重庆、广西 5 个省(自治区、直辖市)各级教育行政部门、教研机构及各调研学校领导、师生的大力支持,需要说明的是,因实际调查时广西壮族自治区尚未实施高中课程改革,所以高中阶段的调研重点关注云南、贵州、四川、重庆 4 个省(直辖市)。以下是调研工作开展的基本情况。

(一)调研时间进度

高中阶段与义务教育阶段的调查在时间进度上是一致的,具体安排如下。

(1)2011 年 11 月 8 日~11 月 10 日,重庆市北碚区进行试调研。

(2)2011 年 11 月 13 日~11 月 17 日,云南宜良县、寻甸县、芒市调研。

(3)2011 年 11 月 28 日~12 月 8 日,重庆武隆县、綦江县、忠县、万州区调研。

(4)2011 年 12 月 13 日~12 月 17 日,贵州贵定县、麻江县、遵义县调研。

(5)2011 年 12 月与 20 日~12 月 23 日,四川郫县、雁江区、泸县调研。

(二)调研样本容量

调研最终获取的高中阶段样本容量见表 5-1。

表 5-1 高中阶段师生样本容量

省份	教师/人	学生/人
云南	51	266
贵州	39	370
四川	72	354

续表

省份	教师/人	学生/人
重庆	105	452
合计	287	1442

在以上样本中，共发放教师问卷 287 份，回收 279 份，其中有效问卷 275 份，有效率为 98.6%；共发放学生问卷 1442 份，回收 1338 份，其中有效问卷 1219 份，有效率为 91.1%。

（三）接受调研教师基本信息

根据问卷的设计，高中教师的基本信息包括所属省份、性别比例、年龄分布、学历分布、职称比例、教龄状况等方面，具体情况见表 5-2。

表 5-2　接受调查教师基本信息表

类别	指标	百分比/%	有效百分比/%	累计百分比/%
省份	云南	17.9	17.9	17.9
	贵州	20.7	20.7	38.6
	四川	25.0	25.0	63.6
	重庆	36.4	36.4	100.0
性别	男	61.4	61.4	61.4
	女	38.6	38.6	100.0
年龄	26～30 岁	9.3	9.3	9.3
	31～35 岁	21.7	21.7	31.0
	36～40 岁	25.0	25.0	56.0
	41～45 岁	15.2	15.2	71.2
	46～50 岁	21.7	21.7	92.9
	51～55 岁	6.0	6.0	98.9
	56 岁及以上	1.1	1.1	100.0
学历	专科以下	0.5	0.5	0.5
	专科	1.6	1.6	2.1
	本科	95.7	95.7	97.8
	研究生及以上	2.2	2.2	100.0
职称	未评职称	6.0	6.0	6.0
	初级	41.8	41.8	47.8
	中级	33.2	33.2	81.0
	高级	19.0	19.0	100.0

续表

类别	指标	百分比/%	有效百分比/%	累计百分比/%
教龄	1~3 年	13.6	13.6	13.6
	4~6 年	9.2	9.2	22.8
	7~10 年	21.8	21.8	44.6
	11~15 年	21.2	21.2	65.8
	16 年及以上	34.2	34.2	100.0

从表 5-2 可以看出，四省（直辖市）中教师调研人数重庆稍多，占有 36.4%，其他均在 20%左右；教师性别比例与初中小学相反，以男性教师居多，占有 61.4%，这也基本与我国高中教师队伍整体现状趋于一致；受调查教师年龄分布情况是两头小中间大，即以 31~50 岁中青年教师居多，占有 83.6%；受调查的教师的学历本科居多，占有 95.7%；职称比例主要集中在初级、中级职称，分别占 41.8%、33.2%，高级职称相比义务教育少了很多，只占 19%；受调查教师教龄较长，多数在 7 年及以上，7 年以下的只占 22.8%。

二、高中三级课程实施基本情况

新的基础教育课程改革从 20 世纪 90 年代开始酝酿，并组织大批专家进行调研，设计方案，进行实验。2004 年，广东、山东、海南、宁夏作为第一批实验区进行高中教育的课程改革实验，由此，全国范围内的新一轮高中课程改革开始拉开序幕。西部地区云南、贵州、四川、重庆四个省（直辖市）与这几个省（自治区）相比，其课程改革的速度相对缓慢，云南 2009 年秋季开始进行高中课程改革，贵州、四川、重庆 2010 年秋季开始进行高中课程改革。

（一）教师对新课程改革理念等了解与认可程度均较高

从前文可知，云、贵、川、渝、桂 5 个省（自治区、直辖市）高中新课程改革最早是云南省于 2009 年秋季开始实施，其他各省（直辖市）（广西除外）于 2010 年秋季开始，均还没有进行一轮完整的课改实验，这与义务教育课程改革存在显著差别，义务教育已经经历了 10 年的实验。在刚进入课程改革不久之际，教师对课程改革的理念等是如何认识的呢？

1. 高中教师对新课程改革理念等的了解程度较高

国家基础教育改革纲要所提山的理念等适用于义务教育和高中教育阶段，同时国家高中课程改革方案（实验）等也进一步对新课程改革的理念和精神进行了具体化。那么教师对这些新的理念等的理解水平和认同水平如何呢？

　　与义务教育阶段一样，本次调查同样是调查教师对新课程改革理念、目标、内容、教学方式、学习方式、评价方式等方面的理解程度。总体的理解程度的调查结果见图 5-1。

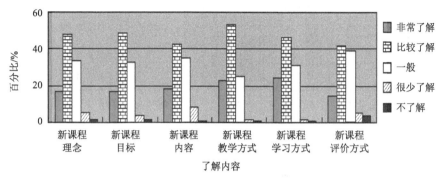

图 5-1　新课程改革理念等的了解程度

　　从图 5-1 可以看出，教师对新课程改革教学方式的了解程度最高，其次是学习方式、课程目标、课程理念、课程内容，最后是评价方式。这与义务教育阶段的调查结果有许多相似之处，从对高中教师的访谈来看，教师对教学方式和学习方式的变革亦非常清楚，同时都表现出对新课程改革评价方式改革的担忧和顾虑，因为高考依然存在，而各省（直辖市）到目前为止还没有颁布任何有关高考等相关评价改革的方案。这使教师在教学中感到很迷茫，教师都期望在课程改革之初就能知道最后如何来评价，这样便于在平时的教学过程中灵活掌握。那么各维度分省份比较，情况又如何呢？见图 5-2～图 5-7。

　　1）新课程改革理念的了解程度

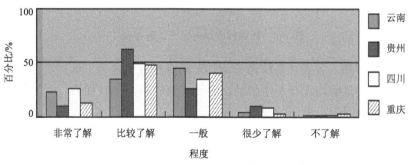

图 5-2　新课程改革理念的了解程度

　　从图 5-2 可以看出，各省（直辖市）"非常了解"和"比较了解"的比例以上都超过了 50%，处于较好的水平程度，"不了解"的几乎没有，只有重庆教师有很少的比例认为"不了解"。

2）新课程改革目标的了解程度

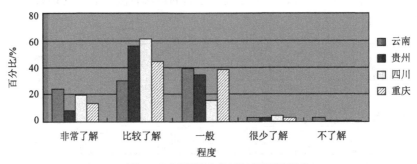

图 5-3　新课程改革目标的了解程度

从图 5-3 可知，各省（直辖市）教师对新课程改革的目标了解程度水平较高，"不了解"的只有云南有部分教师。各省（直辖市）比较而言，了解程度水平从高到低依次为四川、重庆、云南、贵州，其中四川"非常了解"和"比较了解"的教师已经超过 80%，其他省（直辖市）在 60% 以下。

3）新课程改革内容的了解程度

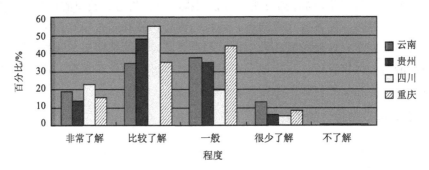

图 5-4　新课程改革内容的了解程度

从图 5-4 可知，各省（直辖市）教师对新课程改革内容了解程度的水平都较高，接受调查的教师均没有不了解的。各省（直辖市）比较而言，了解程度水平从高到低依次为四川、贵州、云南、重庆。

4）新课程改革教学方式的了解程度

从图 5-5 可知，教师对新课程改革所倡导的教学方式的了解水平比教学内容的了解程度更高，"很少了解"和"不了解"的比例均非常低，各省（直辖市）比较而言，了解程度水平从高到低依次为四川、贵州、重庆、云南，其中四川"非常了解"和"比较了解"的教师已经超过 90%。

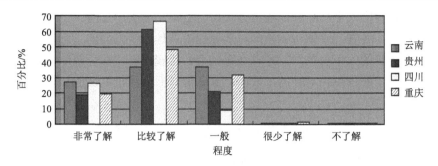

图 5-5　新课程改革所倡导教学方式的了解程度

5）新课程改革所倡导的学习方式的了解程度

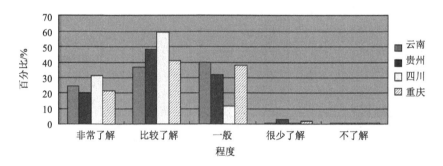

图 5-6　新课程改革所倡导学习方式的了解程度

与教学方式的了解程度一样，学习方式的变革教师亦非常了解，从图 5-6 看来，各省（直辖市）均没有"不了解"的教师。各省（直辖市）比较而言，了解程度水平从高到低依次为四川、贵州、重庆、云南。

6）新课程改革倡导的评价方式的了解程度

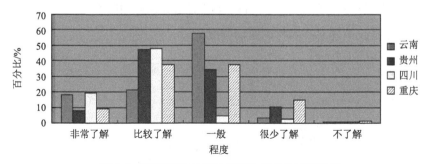

图 5-7　新课程改革倡导的评价方式的了解程度

从图 5-7 可知，教师对评价方式的变革了解程度相对其他各个维度稍低，其中重庆和贵州的教师"很少了解"的教师比例均超过了 10%，各省（直辖市）比较而言，了解程度水平从高到低依次为四川、贵州、重庆、云南。

总的看来，各省（直辖市）教师对新课程改革理念等方面的了解程度较好，但表现出对评价的改革的关切。各省（直辖市）比较而言，四川教师在课程的变革理念等方面了解程度相对较高，云南、重庆等省（直辖市）还应加强对课程改革理念等的宣传。

2. 大部分教师认为新课程改革理念等适合农村教育的发展

课程改革理念等的了解是一个方面，还需要对其在农村的适切程度进行认识，这有利于更好地推进新的高中课程改革。那么教师对新课程改革理念等在农村的适切程度认识结果如何呢？见图 5-8。

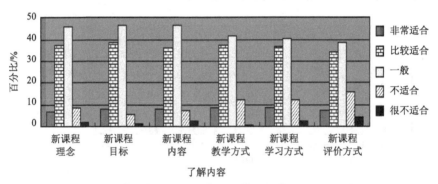

图 5-8　新课程改革理念等在农村的适切程度

从图 5-8 可以看出，教师认为新课程改革理念等在农村高中教育的实施比较适合，各维度认为不适合的比例都很低，尤其是教学方式的变革。这说明，教师是比较支持教学方式的变革，发挥学生的主体性，激发学生的学习兴趣，让学生主动学习，自主学习。与义务教育改革一样，高中教育的教学方式和学习方式变革同样是重点。那么各维度在各省（直辖市）的情况又如何呢？见图 5-9～图 5-14。

1）新课程改革理念在农村的适切程度

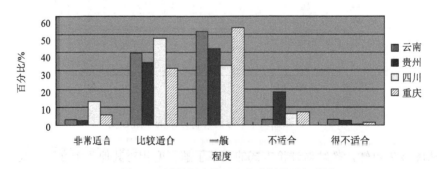

图 5-9　新课程改革理念在农村的适切程度

从图 5-9 可以看出，教师认为新课程改革理念比较适合农村的高中教育，认为"比较适合"的各省（直辖市）均超过了三分之一，尤以四川教师的比例居高，认为"非常适合"和"比较适合"的比例达 60%。

2）新课程改革目标在农村的适切程度

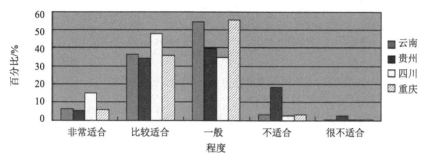

图 5-10　新课程改革目标在农村的适切程度

从图 5-10 可以看出，教师同样认为新课程改革目标比较适合农村的高中教育，"不适合"和"很不适合"的比例均非常低，同样的，认为"比较适合"的四川教师的比例最高。

3）新课程改革内容在农村的适切程度

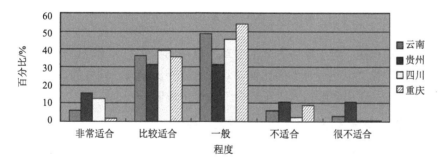

图 5-11　新课程改革内容在农村的适切程度

从图 5-11 可知，教师认为新课程改革内容比较适合在农村，但是认为"不适合"或"很不适合"仍占有一定的比例，尤以贵州比例最高，认为"不适合"或"很不适合"的比例达到 21%，重庆和云南也分别达到了 9%。

4）新课程改革倡导教学方式在农村的适切程度

从图 5-12 可以看出，教师认为新课程倡导的教学方式比较适合，只有云南部分教师认为"很不适合"，其余各省（直辖市）教师认为"不适合"的比例均在 15% 以下。其中四川最低，仅为 4.3%。

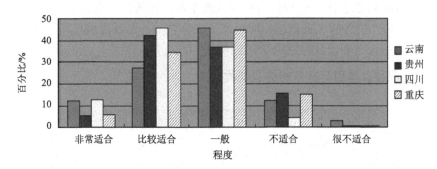

图 5-12　新课程改革教学方式在农村的适切程度

5）新课程改革倡导学习方式在农村的适切程度

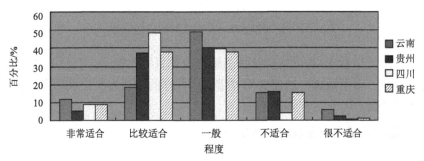

图 5-13　新课程改革学习方式在农村的适切程度

与教学方式一样，对于学习方式的变革，教师同样认为"比较适合"，不过认为"不适合"或"很不适合"的比例与教学方式相比稍高。同样的，各省（直辖市）比较而言，四川教师认为"不适合"的比例最低。

6）新课程改革倡导评价方式在农村的适切程度

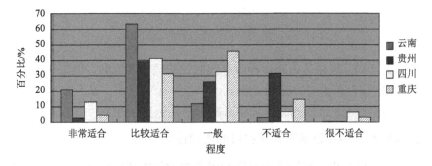

图 5-14　新课程改革评价方式在农村的适切程度

从图 5-14 可知，总体上教师认为评价方式的改革是"比较适合"的，但贵州教师认为"不适合"的比例较高，超过了30%。而云南教师则比较认同，其认为"非常适合"和"比较适合"的教师比例达到了84.8%。

总之，从适切程度来看，教师总体上认为是比较适合农村的，但各维度均有一定比例的教师表示不适合，尤其是评价方式，个别省（直辖市）教师认为不适合的比例非常高。各省（直辖市）比较而言，在适切程度的认识上，各维度差异较大。

（二）教师认为三级课程符合教育发展需求，但有效实施仍需努力

基础教育实施国家、地方、学校三级课程，在高中阶段，同样需要了解教师对这一新生事物的理解和认识。

1. 教师对三级课程的认识：符合教育发展需要，组织、制度建设较好

与义务教育阶段一样，教师对三级课程的认识同样从对三级课程的理解、三级课程实施状况的把握、三级课程实施的影响因素三个方面进行了解。对教师进行调查所得的结果见图5-15～图5-16。

1）三级课程符合当前教育发展的需要

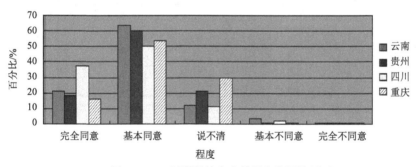

图 5-15　三级课程符合当前教育发展的需要

从图5-15可知，教师都基本同意三级课程符合当前教育发展的需要，各省（直辖市）"完全不同意"的教师比例均为0，其中四川省"完全同意"的教师比例最高。总体而言，基本同意以上的比例从高到低依次为：四川、贵州、云南、重庆。

2）三级课程组织机构健全

为了更好的实施三级课程，必须有健全的组织机构，在教师看来，各省（直辖市）的三级课程实施组织机构建设情况又如何呢？见图5-16。

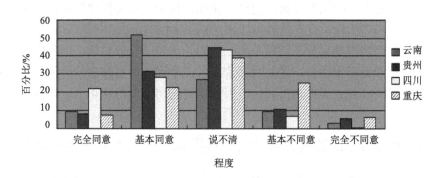

图 5-16　三级课程组织机构健全

从图 5-16 可知，在三级课程组织机构的建设方面还不尽如人意。重庆有 30% 多的教师认为三级课程实施的组织机构不健全，贵州的教师比例也达 20%以上。由此可见，在三级课程的组织机构建设上还有待加强。

2. 三级课程运行情况：执行不力，监管不够

高中教师在回答"三级课程得到很好的执行"时得到结果见图 5-17。

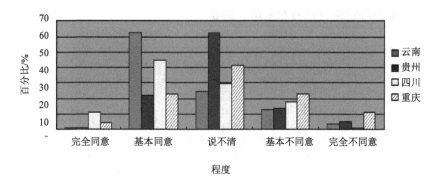

图 5-17　三级课程得到很好的执行

由图 5-17 可知，教师对三级课程得到很好的实施其认可度并不是很高，云南、贵州两省均无一个教师"完全同意"，四川和重庆的比例也非常低。绝大部分都是处在"说不清"的状态，"基本同意"的比例云南和四川的较高。由此看来，高中三级课程的运行总体上不尽人意。从访谈的结果来看，高中阶段由于高考科目的制约，许多课程的开设和实施都受到影响。

实施得如何跟课程的监管部门密切相关，那么，教师又是如何认识三级课程的监管的呢，在回答"三级课程执行监察不够"时，结果见图 5-18。

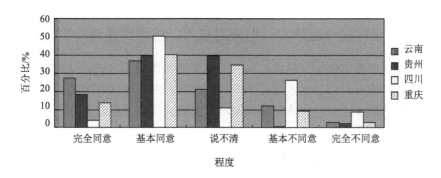

图 5-18 三级课程执行监察不够

从图 5-18 可知，教师基本认同三级课程的执行监管不够，各省（直辖市）"基本同意"和"完全同意"的教师比例都超过了 50%，其中云南超过了 60%。这说明在今后的课程实施中各教育职能部门应加强对三级课程的监管。

3. 相关制度缺乏、评价等制约和影响三级课程有效实施

三级课程的实施受到诸多因素的影响，同样从三级课程本身科学性及相关的法律制度、评价制度、宣传程度、权威影响等维度来进行考察。教师对这 5 个影响因素的认识的结果见图 5-19。

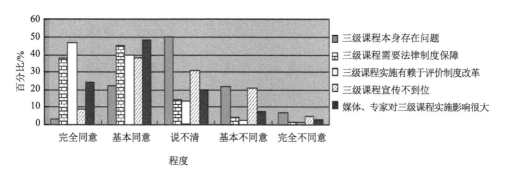

图 5-19 三级课程实施影响因素

从图 5-19 可知，教师对三级课程的实施依赖于评价制度的改革的"完全同意"比例非常高，接近 50%，同时认为需要有相关的制度来保障，此外媒体、专家等对三级课程的实施影响也非常大。认为三级课程本身有问题的教师的比例不是很高。因此，在今后三级课程的实施过程中，应逐步建立起与之配套的评价制度，以及加强相关法律或制度建设，重视宣传等权威影响。

总之，三级课程的实施，教师普遍认为符合农村高中教育发展的需求，相关组织机构健全，但存在监管不力等问题，此外，还受评价制度等的制约和影响。

（三）国家课程虽全面落实，但通用技术、综合实践活动实施不好

高中课程改革实施学习领域、科目和模块的课程设置方式，从搜集的资料来看，四省（直辖市）都非常重视高中新课程改革，在国家课程方面，基本做到全面落实，尤其是重视课程的政策和保障制度建设，但部分科目也存在实施不足或不彻底的问题。具体表现在以下方面。

1. 制定了高中课程改革与实施的相关政策文件，确保国家课程实施

云南、贵州、四川、重庆4个省（直辖市）的教育厅或教委均出台了高中课程方案，制定了相关的课程实施指导纲要。按照国家高中课程改革的要求，提出了符合本省实际情况的本土化方案，制定了切合实际的高中教育目标，均提出了学科领域、科目和模块的课程设计原则。这些政策文件使高中课程改革变得"有章可循"。

2. 建立了高中课程改革的相关组织机构

高中新课程改革的显著变化就是实行学分制、开设选修课。国家对学分进行了明确规定，选修课的开设课时和学分也进行了规定。为了更好的实施新课改，从走访调查来看，各高中学校都专门成立了课程改革领导小组、学分认定相关组织及学生选课的相关组织，但在组织机构的健全方面还有待加强，尤其是选课的组织机构。

3. 各科目基本得到有效实施，但通用技术课程实施不力

高中国家课程各科目基本得到有效实施，因为现实高考制度的存在，高中国家课程科目基本上都是高考科目，因此受到特别重视。而且一般各省（自治区、直辖市）都有高中毕业水平考试，这在一定程度上也起到了很好的引导作用。但是一些新增加的国家课程，其实施却遇到了困难，如通用技术、综合实践活动课程。通用技术、综合实践活动课程面临师资的问题，还有课程资源的问题，缺乏实践的场所和经费等。农村地区的高中办学条件一般都不是很好，因此通用技术、综合实践活动课程基本都难以实施。

总的来说，高中国家课程受到重视，各省（自治区、直辖市）基本全面落实，但是由于西南各省（自治区、直辖市）高中课程改革尚处于起步阶段，国家课程的全面实施还有待于进一步推进。

（四）地方课程大多未开设，校本课程稳步推进

高中地方课程和校本课程的开发与实施同义务教育阶段相比，其重视程度相

对弱很多，具体来说，地方课程基本没有得到重视，校本课程开发与实施成效则较为突出。

1. 高中地方课程大多未开设

高中地方课程的开发与实施没有得到重视，按照国家高中课程方案，选修系列二主要是地方课程和校本课程。从实际调查来看，只有云南高中阶段设置有地方课程，即"三生教育"，云南省"三生教育"的课程是整体设置的，贯穿义务教育、高中教育、高等教育阶段。但从接受调查的学校来看，基本都没有开设这个课程，因为它不是考试的范畴而被忽视。四川、重庆、贵州三个省（直辖市）在高中阶段均没有设置地方课程。因此，地方课程在高中阶段基本是处于缺席状态，这不利于发挥地方课程为地方经济建设和社会发展服务。

2. 高中校本课程开发与实施稳步推进

在调研中得知，各学校均按照国家的高中课程方案要求积极实施新课程改革，结合选修系列二的要求，各学校积极自主开发和实施校本课程。从调研的结果来看，高中教师对校本课程的含义理解比较到位，只有少部分教师认为校本课程就是学校教师自己编写教材的课程，接近80%的教师认为校本课程主要服务于学生的个性和特长发展，对校本课程的价值认识充分。此外教师开发校本课程的自主意识强，积极开发和利用课程资源，促进校本课程有效实施。在对校长的调查中，66.7%的校长回答本校开设了校本课程。从各校开设的校本课程来看，校本课程的种类比较丰富，除义务教育阶段提到的校本课程类型外，高中的校本课程更多地侧重于与学科教学结合，以及与科技、信息技术等结合，这是一些独特的地方。高中校本课程也存在一些问题，如在开设类型方面过多地结合高考科目，这变相地成了应试教学，使校本课程"变味"。此外高中校本课程同样存在经费不足、师资不足等问题。

总之，西南地区4个省（直辖市）高中地方课程的开发与实施很不理想，仅四川有开发。校本课程的开发与实施焕发了一些活力，但由于高中课程改革尚处于起步阶段，取得了一些成效但还需进一步推进。

综上所述，高中阶段新课程改革在总体上还处于起步阶段。教师对高中新课程改革理念等比较熟悉，基本认同符合农村基础教育发展的需要，也认为三级课程符合当前高中教育发展的需要，但是由于高考等评价制度改革的滞后，三级课程的实施仍处于举步维艰的状态，这表现在国家课程部分科目难以实施，地方课程实施基本缺席等方面。高中新课程改革在西南地区4个省（直辖市）的实施时间都还比较短暂，虽然做了许多准备，但其任务还很艰巨，需进一步努力推进高中三级课程的实施。

三、高中三级课程实施存在的主要问题

高中新课程改革的实施与义务教育阶段一样，同样存在不少问题。

（一）存在重国家课程，轻地方课程和校本课程的倾向，地方课程大多没有开设

高中虽然不是义务教育，不像义务教育阶段那样注重课程学习内容的基础性和全面性，而更加重视课程学习内容的选择性。但是由于中国传统文化和评价制度的影响，学校教育只注重考试科目的教学，换句话说，还是只注重国家科目的教学，地方课程和校本课程基本不被重视，尤为突出的是，地方课程在高中阶段几乎销声匿迹。

按照基础教育课程改革纲要及高中课程改革方案的要求，各地都应开设一些符合地方经济发展及体现地方特色的课程。但是在调研中发现，地方课程在高中基本没有设置，除云南的高中开设《生命　生活　生存》课程外，其他省（直辖市）较少看到全省统一开设的地方课程。校本课程相比而言稍好一些，因为在各省（直辖市）的高中课程方案中都明确规定选修 II 是结合校本课程的开发与实施来完成。

（二）课程科目和内容多，任务难完成，有的高考科目课时超200%

高中课程存在科目繁多，内容增多，而课时减少等问题，有些科目甚至超标达 200%。新课程改革实施模块化的课程设计，每一模块又分成许多科目，课程内容与过去相比，并没有减少，相反大大增加，尤其是大量选修科目的开设，学生学习内容变得极为丰富，相应的课程科目数量急剧增加，但课时是相对有限的，这样就导致许多科目不能有效地完成学习任务。尤其是高中数学、外语等科目，90%以上受访教师认为高中数学学习难度加大，任务加重，相应的学生学习负担过重。教师只能利用早、晚自习，甚至周末补习等来完成课程内容的学习，周课时甚至超出规定课时的 200%。

（三）通用技术、综合实践活动的学习缺乏相应的师资和设施

课程资源的配套问题在农村中学问题尤为突出，尤其是新的高中课程改革增设了通用技术、综合实践活动，这对高中学校的实践教学场地、实习工具、实验室、器材、相关教师的要求就更高，而这些恰好是农村学校的短处所在。以综合实践活动的信息技术为例，许多学校计算机数量有限，并且配置落后，接近淘汰。

而通用技术课程的开展则难上加难，相关设备基本没有，且没有专职的师资。

（四）高考方案迟迟未出台导致教师不知所措

由于传统的应试教育和高考的影响，接受调查的校长和教师都坦言特别关注高中教育最后如何考试，老师问得最多的问题就是，高考将如何考？研究性学习、通用技术这些课程算不算高考成绩，如何算？在教学中，哪些内容应该详细讲，哪些内容可以略讲，每次上课都不知道讲到何种程度合适？害怕耽误学生将来的高考。在这种心理状态下教学，教师的教学压力非常大，因此各省（直辖市）学校和教师都非常期盼尽快出台相应的高考改革方案，以解心头疑云。新的高考方案成为教师和学生的期盼热点。

（五）数学等教材存在初高中不衔接及学科之间不衔接等问题

高中各学科之间关联性较强，但部分相关学科的知识内容在编排上衔接性较差，甚至在表述上存在不一致。如《三角函数》和《向量》，均滞后物理教学。此外，还存在初高中不衔接问题。

第六章　农村基础教育三级课程实施硬件与软件资源保障情况

硬件主要包括基础条件和经费投入，软件资源主要包括教师队伍情况。这两者直接影响三级课程的有效实施。

本次调研样本选取坚持典型性、代表性和可操作性的原则，兼顾差异，避免抽样过于集中。调研包括重庆、四川、云南、贵州、广西的16个区县，每个省（自治区、直辖市）都按经济发展情况分为发达地区、中等地区和欠发达地区各选择一个县作为样本。调研工具是自行编制的《＿＿＿县办学条件基本情况调查表》和《＿＿＿县基础教育经费支出情况统计表》，由县教育局负责填写。由于云南宜良县、芒市、寻甸县和四川郫县、贵州麻江县等地没有提供数据，因此将基于现有的数据进行分析。样本的分布情况见表6-1。

表6-1　样本分布情况

省份	经济发展程度	样本县
	发达地区	万州区
重庆	中等地区	綦江县
	欠发达地区	忠县、武隆县
四川	中等地区	泸县
	欠发达地区	雁江区
	发达地区	柳江县
广西	中等地区	柳城县
	欠发达地区	马山县
贵州	发达地区	遵义县
	中等地区	贵定县

一、基本办学条件状况：各地差异大，有的地方仍有危房存在

办学条件分为学校总建筑面积、生均校舍面积和危房面积三个部分，主要收集了2010年的数据，以下是具体分析（图6-1～图6-3）。

（一）高中办学条件

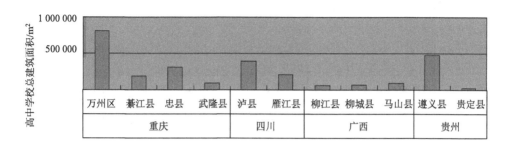

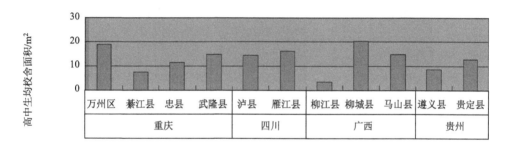

图 6-1　西南地区农村高中学校办学条件

从图 6-1 看到，高中学校总建筑面积上，重庆最高，其余依次为四川、贵州、广西，从经济发展的角度看，经济发达地区的高中学校总建筑面积要高于中等地区和欠发达地区，如重庆万州县、四川泸县和贵州遵义县，总建筑面积明显高于本省（直辖市）其他县（区）；但是就生均校舍面积而言，除重庆万州区外，其他县（区）经济中等和欠发达地区的高中生均校舍面积要高于经济发达地区，其原因可能是高中生源向发达地区集中。重庆万州区和广西马山县的危房面积较大，其中万州的危房面积超过了 10 万 m^2，因此需要加大投入进行危房改造。

（二）农村初中办学条件

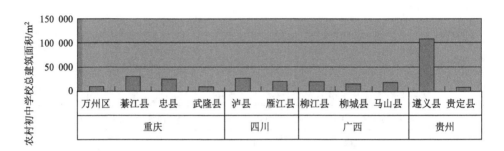

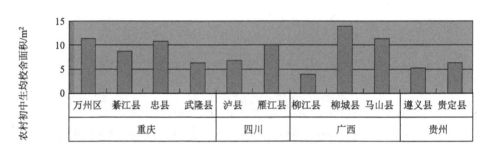

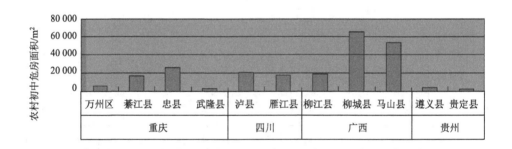

图 6-2　西南地区农村初中办学条件

从图 6-2 看到，农村初中学校总建筑面积方面四川和广西的 5 个县较为接近，贵州遵义县的总建筑面积最高达到了 10 万 m^2，而遵义县的生均校舍面积仅为 5 m^2。生均校舍面积超过 10 m^2 的有重庆的万州区和忠县、四川雁江区和广西的柳城县和马山县，其他县（区）均在 5～10 m^2 内；柳江县的农村初中生均面积仅为 3.9 m^2，为所调查地区最低的一个县，远远低于同区的柳城县和马山县。农村初中的危房面积最多的是广西，其余依次为四川、重庆、贵州，经济中等地区和欠发达地区的危房面积较发达地区普遍要高，因此需要加大对这些地区经费投入以改善危房。

（三）农村小学办学条件

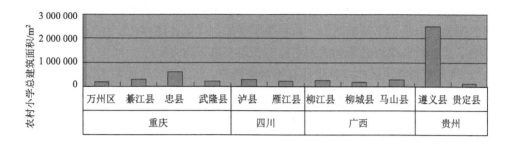

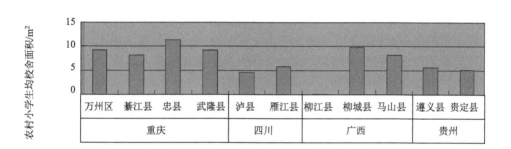

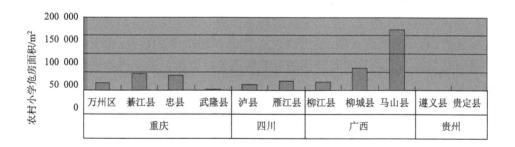

图 6-3　西南地区农村小学办学条件

　　从图 6-3 看到，贵州遵义县的农村小学总建筑面积超过了 200 万 m²，是所调查地区中最高的一个县，但其生均校舍面积仅为 5.58 m²；其他县（区）的农村小学总建筑面积相当，没有显著的地区差异。所调查地区的农村小学生均校舍面积大都在 5～10 m² 内，最高的为重庆忠县的 11.41 m²，最低的为广西柳江县仅 0.14 m²。农村小学危房面积较大，其中广西柳城县达到了 62 280 m²，马山县更高为 166 917 m²；其他县（区）都在 5 万 m² 以下。

（四）小结

在与学校校长和教师的访谈中得知，近年来学校发生的最大变化就是办学条件的改善，但是由于基础薄弱，农村中小学的办学条件还存在一些问题，严重地影响了基础教育课程改革的深入实施，表现在以下两方面。

（1）所调查地区的办学条件有不均衡现象。就生均校舍面积而言，高中好于义务教育阶段；同一省市的不同区县之间，办学条件也存在着差异，经济欠发达和中等发达县域的生均校舍面积要高于经济发达县域，尽管经济发达县域的学校总建筑面积要高些。因此在办学条件方面各级政府应注意区域均衡发展。

（2）所调查的学校，存在不同程度的危房情况，例如，重庆万州区仅高中就有 132 135 m² 的危房，广西柳城县的农村初中就有 65 729 m² 的危房，广西马山县农村小学的危房面积达到了 166 917 m²。总体来看经济欠发达地区的危房面积高于中等发达地区，经济发达地区最少。因此要继续加大投入改造学校的危房，资金投入应向义务教育阶段和经济落后地区倾斜。

二、经费投入状况：虽逐年增长，但仍较缺乏

县级教育经费收支情况统计表由收入和支出两部分构成，其中收入包括财政拨款和其他收入两项，支出包括教师培训费、教学实验品和辅助用品等、设备购置费、教研活动费 4 项。通过调查从 2006～2010 年的数据，由于部分县（区）不便填写数据，因此只对收集到的有效数据进行分析，数据样本的分布情况见表 6-2。

表 6-2　有效数据的样本分布情况

地区	经济发展程度	样本县
重庆	欠发达地区	忠县、武隆县
四川	中等地区	泸县
	欠发达地区	雁江区
广西	发达地区	柳江县
	中等地区	柳城县
	欠发达地区	马山县

（一）高中教育经费收支情况

1. 高中教育经费收入

高中教育经费收入包括财政拨款和其他收入两项，从图6-4看到，三个省（自治区、直辖市）的教育经费收入逐年在增加，其中重庆忠县和武隆县的增幅平稳，四川泸县和雁江区的教育经费总额较大，增幅也较大；相对重庆和四川，广西高中教育经费收入较低，广西在2010年加大了对经济薄弱地区的经费投入，柳城县和马山县的教育经费比2009年有了显著的增长。

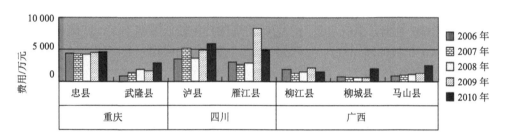

图6-4　西南地区农村高中教育经费

高中生均经费：重庆武隆县高中生均经费逐年在增长，2010年接近5000元，而忠县则相对低很多，且增幅不大，2010年生均经费经费仅为615元，是调查地区经营最低的县。广西马山县属于经济欠发达地区，但高中生均经费的增幅超过了经济发达的柳江县。四川泸县高中生均经费2008年增长较快，雁江区2009年的生均经费超过了5000元，但2010年又回落到2008年的水平（图6-5）。

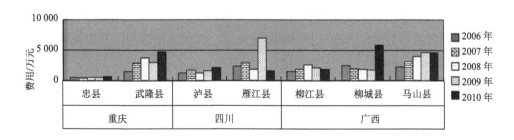

图6-5　西南地区农村高中生均经费

2. 高中教育经费支出情况

本次调研涉及的教育经费支出包括教师培训费，教学实验品、辅助用品等，设备购置费，教研活动费4项。结果与分析见图6-6～图6-9。

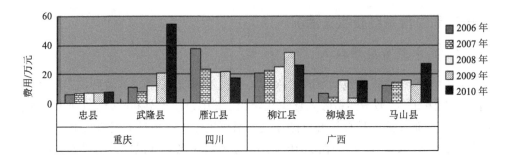

图 6-6　教师培训费

从图 6-6 看出，重庆忠县用于教师培训的费用较低增幅不大，武隆县则增长较快，2010 年教师培训费达到了 55 万元。四川雁江区用于教师培训的支出有下降的趋势，但均在 20 万元左右。广西柳江县的教师培训费均在 20 万元以上，马山县 2010 年的教师培训费增幅较大。

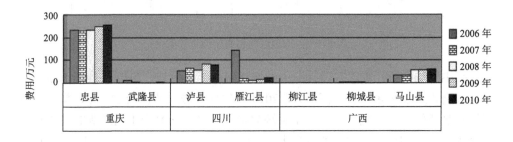

图 6-7　教学实验品、辅助用品等

从图 6-7 看出，重庆忠县和四川泸县在教学实验品、辅助用品等方面的支出较大。重庆武隆县、广西柳江县和柳城县在这方面的支出较少，马山县则相对稳定在 55 万元左右。

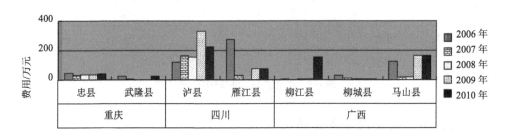

图 6-8　设备购置费

在设备购置方面，重庆的支出较少，四川和广西的支出相对较多，2010年广西柳江县和马山县在这上面的支出超过了100万元（图6-8）。

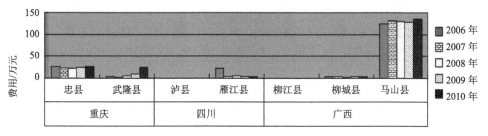

图6-9　教研活动费

教研活动费支出最高的是广西马山县，连续5年都在100万元以上。而其他地区则很少，没有超过50万元的县，其中四川泸县和广西柳江县没有这方面的支出（图6-9）。

以2010年为例，高中各项教育经费支出占当年总教育经费收入的比例见表6-3。

表6-3　西南地区农村高中各项教育经费支出占当年总教育经费收入比例　（单位：%）

项目	重庆		四川		广西		
	忠县	武隆县	泸县	雁江区	柳江县	柳城县	马山县
教师培训费	1.0	1.80		4.0	1.70	7.0	1.10
教学实验品、辅助用品等	5.60		1.30	4.0			2.50
设备购置费	8.0	9.0	3.80	1.50	10.30	2.0	6.80
教研活动费	6.0	8.0				2.0	5.50

可见，教师培训费在教育经费支出中所占的比例很低，广西柳城县2010年用于教师培训的费用占了7%，是调查地区经费最高的县。设备购置费所占比例相对较大，而教研活动费的比例也较低。

（二）农村初中教育经费收支情况

1. 农村初中教育经费收入

从图6-10看出，重庆忠县的农村初中教育经费收入均在2亿元左右，是调查地区经费最高的县。其他县的农村初中教育经费都在逐年增长，其中四川泸县的增长幅度较大；就教育经费总量而言广西较低，而且增幅较缓。

图6-11反映出所调查的地区农村初中生均经费都在逐年增长，其中广西柳城县的增长幅度较大，2010年都超过了5000元。同时看到，重庆忠县和广西柳江县的农村初中生均经费偏低，远低于其他地区。

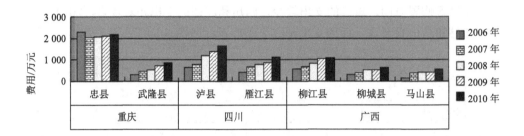

图 6-10　西南地区农村初中教育经费

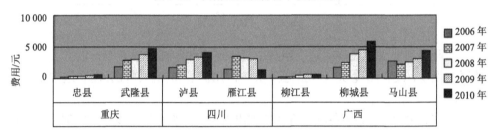

图 6-11　西南地区农村初中生均经费

2. 农村初中教育经费支出情况

图 6-12 显示，重庆和四川在农村初中教师培训费上的支出较广西高，其中四川泸县 2010 年的教师培训费超过了 200 万元，重庆忠县连续 5 年来都在 100 万元以上，可见忠县比较重视教师培训。广西在农村初中教师培训上的支出较低，柳江县和柳城县到 2010 年还不到 100 万元，经济欠发达的马山县 2010 年加大了对农村初中教师培训的支出，达到 158.6 万元，增长幅度较大。

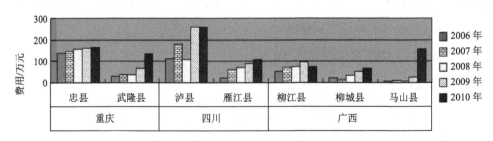

图 6-12　教师培训费

图 6-13 显示，重庆忠县在教学实验品、辅助用品等方面的支出较高，2008～2010 年超过了 600 万元，而武隆县的支出则很低；四川泸县 2010 年的支出达到 300 万元，雁江区则相对平稳；广西柳城县的支出很低在 10 万元左右，而经济欠发达的马山县的支出逐年增长，2010 年达到了 317.2 万元。

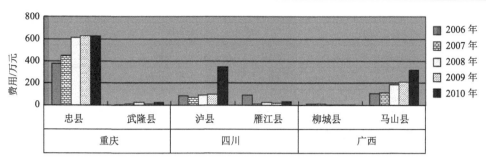

图 6-13　教学实验品、辅助用品等

图 6-14 显示，重庆忠县和四川泸县在设备购置上的支出较高，重庆武隆县和四川雁江区较低。马山县在该项上的支出比柳江县和柳城县的支出要高。

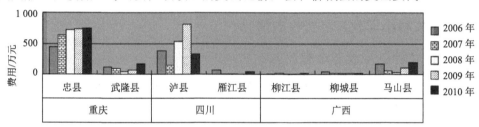

图 6-14　设备购置费

图 6-15 显示，重庆武隆县和广西马山县在教研活动费上的支出逐年增长，且增幅较大。重庆忠县、四川雁江区、广西柳城县的支出虽有增长，但增幅不大。

图 6-15　教研活动费

以 2010 年为例，农村初中各项经费支出占当年总教育经费收入的比例见表 6-4。

表 6-4　西南地区农村初中各项经费支出占当年总教育经费收入比例　　（单位：%）

项目	重庆		四川		广西		
	忠县	武隆县	泸县	雁江区	柳江县	柳城县	马山县
教师培训费	0.8	1.5	1.6	1.0	0.7	1.1	2.7
教学实验品、辅助用品等	2.90	0.30	2.10	0.30			5.50

续表

项目	重庆		四川		广西		
	忠县	武隆县	泸县	雁江区	柳江县	柳城县	马山县
设备购置费	3.5	2.0	2.0	0.40	0.20	0.30	3.50
教研活动费	0.7		0.1				1.1

从表 6-4 看出，农村初中教育经费支出中，4 项费用占整个教育经费的比例很小。其中教师培训费所占比例最高的是广西马山县为 2.7%，最低是柳城县仅为 0.7%，可见各县（区）用于教师培训的经费偏少；教学实验品、辅助用品等和设备购置经费支出相对高些；教研活动费所占比例偏低，个别县（区）甚至没有这方面的支出。

（三）农村小学教育经费收支情况

1. 农村小学教育经费收入

图 6-16 反映出，各县区农村小学教育经费收入逐年在增长，经济发达地区的教育经费比欠发达地区总额较大。整体来看，四川的增幅较大，其次为广西和重庆。

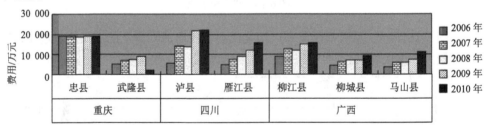

图 6-16　西南地区农村小学教育经费

从生均经费来看，尽管重庆忠县的小学教育经费较高但其小学生均经费很低，2010 年仅为 440 元，远远低于其他地区。经济欠发达的重庆武隆县、广西马山县保持了较快的增长。四川雁江区和广西柳江县 2010 年的小学生均比 2009 年有所下降（图 6-17）。

图 6-17　西南地区农村小学生均经费

2. 农村小学教育经费支出情况

由图 6-18，用于教师培训的支出逐年在增长，各地区 2010 年的教师培训支出比上一年有显著的增长，到 2010 年均超过了 100 万元。而重庆忠县在教师培训上的支出比较稳定，连续 5 年都在 100 万元以上；四川泸县的教师培训支出增长幅度较快，2010 年突破了 200 万元。整体来看，广西各县在教师培训上的支出较重庆和四川要低。

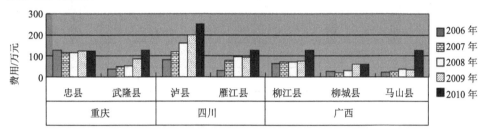

图 6-18 教师培训费

图 6-19 反映出，广西马山县在教学实验品、辅助用品等的支出较大，2008 年以来都在 2000 万元以上。其他地区的支出则相对较低，重庆武隆县和广西柳城县的支出不足 10 万元。

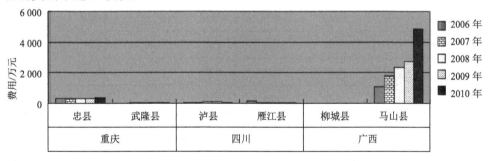

图 6-19 教学实验品、辅助用品等

图 6-20 显示，在设备购置方面，重庆忠县和武隆县与四川泸县的支出较大；广西马山县的支出高于柳江县和柳城县。

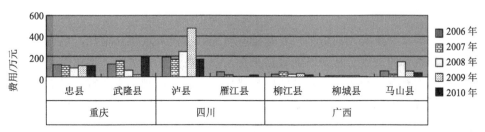

图 6-20 设备购置费

　　图 6-21 显示，在教研活动方面，重庆武隆县和广西马山县的支出增长较快，广西马山县 2010 年用于教研活动的经费支出达到了 150 万元；其中重庆忠县在教研活动上的支出较稳定在 80 万元左右；四川雁江区和广西柳城县在教研活动上的支出较低在 10 万元左右，泸县没有这方面的支出。

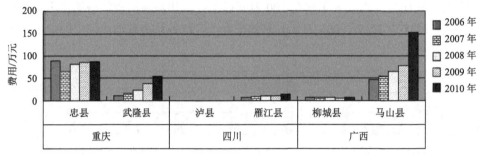

图 6-21　教研活动费

　　以 2010 年为例，农村小学各项经费支出占当年总教育经费收入的比例见表 6-5。

表 6-5　西南地区农村小学各项经费支出占当年总教育经费收入比例　　（单位：%）

项目	重庆		四川		广西		
	忠县	武隆县	泸县	雁江区	柳江县	柳城县	马山县
教师培训费	0.60	5.70	1.10	0.80	0.80	0.70	1.10
教学实验品、辅助用品等	1.70	0.50	0.30	0.20			42.90
设备购置费	0.60	8.70	0.80	0.10	0.10		0.40
教研活动费	0.50	2.40					1.30

　　由表 6-5 可知，教师培训费和教研活动费支出在整个小学教育经费中所占的比例偏低；教学实验品、辅助用品等和设备购置支出所占比例相对较高。总体来看，这 4 项支出在这个小学教育经费支出中的比例偏低。

（四）小结

　　随着国家经济实力的增强，对基础教育的经费投入逐年在增加，这有力地促进了基础教育的发展。从调研的数据来看，西南各省（自治区、直辖市）的教育经费和生均教育经费保持了强劲的增长势头，但也注意到由于各省（自治区、直辖市）经济实力的不同，对基础教育投入也存在较大差异，基础教育投入总体上还显不足等问题，具体有以下三个方面。

1. 县级经费投入保持逐年增长

从调查数据来看，各县（区）无论经济发达程度如何，对教育的投入每年都在增长，只是增长的幅度因地区而有差异，总的来说发达地区的教育经费总量较高，但其增长速度不及中等地区和欠发达地区。

2. 生均教育经费各地区各学校差异很大

从增长情况来看，高中和义务教育阶段的生均教育经费均保持逐年增长（个别区县有下降），义务教育阶段的增长幅度高于高中阶段；欠发达地区和中等地区的增长幅度高于发达地区。

3. 与课程实施有密切关系经费支出所占比例偏小

从调查数据来看，尽管各县区的教育经费投入保持了较快的增长，但总的来说教育经费投入还很不足。从教育经费的支出来看，与课程实施有密切关系的项目（教师培训费，教学实验品、辅助用品等，设备购置费，教研活动费）支出在整个教育经费中的比例很低，这影响了课程实施的效果。因此，要继续加大对教育的经费投入，支出方面应偏向于与课程实施有密切关系的项目。

三、教师队伍现状：总体情况较好，但存在异样状况

教师在教育过程中，起着主导作用，是教育过程的决策者、组织者、领导者；是教育方针政策的执行者、实施者；也是教育教学效果的直接影响者。教师是课程改革的核心，课程改革的成败取决于教师。因此，本书将师资队伍调研作为了解农村基础教育课程实施状况的重要内容之一，调研结果见图 6-22～图 6-42。

（一）教师队伍年龄结构偏大，不少地方有老化趋势

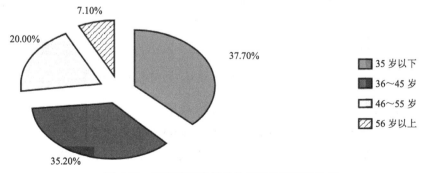

图 6-22　西南地区农村总体专任教师年龄结构

图 6-22 显示，西南地区农村总体教师队伍中，35 岁以下教师占专任教师的比例为 37.70%；36～45 岁教师所占比例为 35.20%；45 岁以下教师所占比例为 72.90%。46～55 岁与 56 岁以上教师所占比例分别为 20.00%和 7.10%，两者合计为 27.10%。

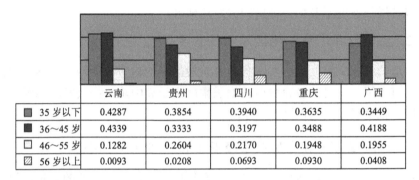

	云南	贵州	四川	重庆	广西
■ 35 岁以下	0.4287	0.3854	0.3940	0.3635	0.3449
■ 36～45 岁	0.4339	0.3333	0.3197	0.3488	0.4188
□ 46～55 岁	0.1282	0.2604	0.2170	0.1948	0.1955
▨ 56 岁以上	0.0093	0.0208	0.0693	0.0930	0.0408

图 6-23 西南地区农村教师队伍年龄结构

图 6-23 显示，西南地区农村调研教师中，35 岁以下教师占比例最高为云南省达 42.87%，广西最低为 34.49%。36～45 岁教师中，云南省占比例最高达 43.39%，四川最低为 31.97%。46 岁以上教师中，四川、重庆、贵州几乎持平，最低为云南占到 13.75%。

1. 小学教师队伍的年龄结构

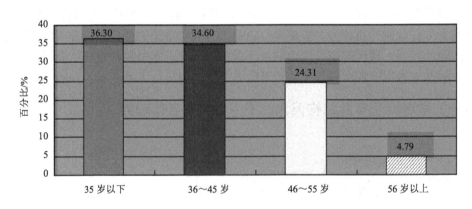

图 6-24 西南地区农村小学专任教师年龄结构

图 6-24 显示，西南地区农村小学教师队伍中，35 岁以下教师占专任教师的比例为 36.30%，36～45 岁教师所占比例为 34.60%；45 岁以下教师所占比例为 70.90%。46～55 岁与 56 岁以上教师所占比例分别为 24.31%和 4.79%，两者合计为 29.10%。

2. 初中教师队伍的年龄结构

图 6-25 显示，西南地区农村初中教师队伍中，35 岁以下教师占专任教师比例为 37.73%，36～45 岁教师所占比例为 42.28%；45 岁以下教师所占比例为 80.01%。46～55 岁与 56 岁以上教师所占比例分别为 16.18% 和 3.81%，两者合计为 19.99%。

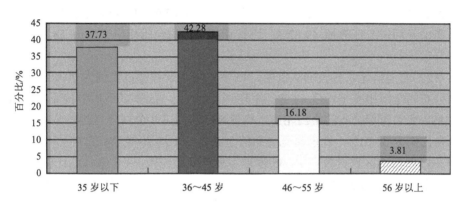

图 6-25　西南地区农村初中专任教师年龄结构

3. 高中教师队伍的年龄结构

图 6-26 显示，西南地区农村高中教师队伍中，35 岁以下教师占专任教师49.82%， 36～45 岁教师所占比例为 33.19%；45 岁以下教师所占比例为 83.01%。46～55 岁与 56 岁以上教师所占比例分别为 14.26% 和 2.73%，两者合计为 16.99%。

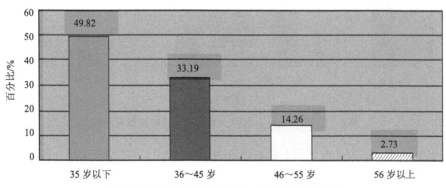

图 6-26　西南地区农村高中专任教师年龄结构

4. 小结

教育部于 2011 年 9 月 6 日新闻发布会上，公布"我国教师年龄结构不断优化，中青年教师成为中小学教师的主体。35 岁以下的小学、初中、高中教师分别占42.3%、49.2%、53.6%，其中，农村小学、初中、高中教师分别占 39%、52.6%、

58.1%。45 岁以下的小学、初中、高中教师分别占 69.9%、84%、87.3%。其中，农村小学、初中、高中的教师分别占 63.2%、83.9%、89.7%。"①将西南地区农村教师调研所得数据与其相比得到如下结论。

（1）西南地区农村教师队伍总体上，35 岁以下小学教师占专任教师 36.30%，比教育部公布的全国相应平均值 39% 低 2.7 个百分点。35 岁以下初中教师占专任教师 37.73%，比教育部公布的全国相应平均值 52.6% 低 15.6 个百分点。35 岁以下高中教师占专任教师 49.82%，比教育部公布的全国相应平均值 58.1%低 8.3 个百分点。

（2）西南地区农村教师队伍中，45 岁以下小学教师占比例为 70.90%，比教育部公布的全国相应平均值 63.2% 高 7.7 个百分点。45 岁以下初中教师占比例为 80.01%，比教育部公布的全国相应平均值 83.9% 低 3.9 个百分点。45 岁以下高中教师占比例为 83.01%，比教育部公布的全国相应平均值 89.7% 低 6.7 个百分点。

（3）西南地区农村教师中，35 岁以下教师横向比较，高中教师的比例 49.82% 高于初中 37.73% 与小学 36.30%，小学排在最后。36~45 岁教师横向比较，初中比例高于小学与高中，高中排在最后。46 岁以上教师横向比较，小学教师所占比例 29.1%高于高中教师所占比例 16.99%与初中教师所占比例 19.99%（图 6-27）。

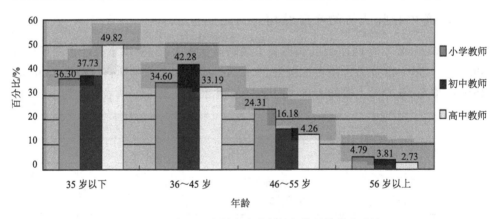

图 6-27　西南地区农村中小学教师年龄结构横向对比

总体看来，西南地区农村总体教师队伍中，35 岁以下小学、初中、高中教师比全国相应年龄段平均值分别低 2.7 个百分点、15.6 个百分点与 8.3 个百分点。45 岁以下农村教师中，小学教师比全国相应平均值高出几个百分点，但初中教师、高中教师的比例比教育部公布的全国相应比例低 3.9 个百分点、6.7 个百分点。由此得出，西南地区农村教师队伍年龄结构与全国的平均水平相比略显老化。年青教师稍少，年长教师略多，年龄结构趋于老化。西南地区农村教师总体队伍中，小

---

① 数据来自：http://edu.people.com.cn/GB/15599259.html。

学教师队伍相对于初中与高中队伍显老化。各省（自治区、直辖市）46 岁以上教师，云南占到 13.75%为最低，其次为广西比例为 23.63%，四川占 28.13%，重庆占 28.63%，贵州占 28.78%，几乎持平，云南的教师队伍总体上最年轻。

（二）教师队伍学历基本达标

图 6-28 显示，西南地区农村教师总体队伍中，研究生学历教师占总体专任教师比例为 0.40%，本科学历教师占总体专任教师比例为 44.48%，专科学历教师占总体专任教师比例为 42.01%，其他学历教师占总体专任教师比例为 13.11%

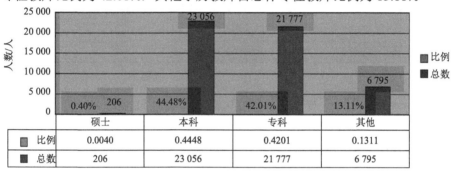

	硕士	本科	专科	其他
比例	0.0040	0.4448	0.4201	0.1311
总数	206	23 056	21 777	6 795

图 6-28 西南地区农村教师总体学历情况

图 6-29 显示，在西南地区调研教师队伍中，各省（自治区、直辖市）教师队伍的学历结构有一些差别。云南研究生学历教师比例为 2.54% 在五省（自治区、直辖市）中最高。广西具有本科学历的教师比例为 69.61% 处在首位，其次是云南、重庆、四川和贵州。贵州具有专科学历的教师比例为 55.99% 处在最高。

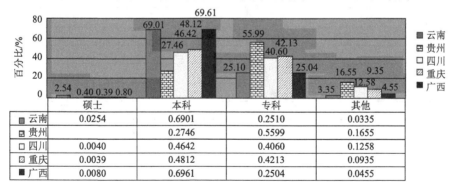

	硕士	本科	专科	其他
云南	0.0254	0.6901	0.2510	0.0335
贵州		0.2746	0.5599	0.1655
四川	0.0040	0.4642	0.4060	0.1258
重庆	0.0039	0.4812	0.4213	0.0935
广西	0.0080	0.6961	0.2504	0.0455

图 6-29 西南地区农村教师队伍学历结构对比

1. 小学教师专科以上学历超过八成

图 6-30 显示，西南地区农村小学专任教师中，研究生学历教师占教师队伍比

例为 0.05%，本科学历教师占教师队伍比例为 26.54%，专科学历教师占教师队伍
比例为 59.32%，其他学历教师占教师队伍比例为 14.09%。具有专科以上学历的
小学教师达到 85.91%。

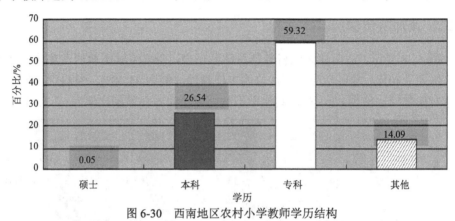

图 6-30　西南地区农村小学教师学历结构

2. 初中教师本科以上学历接近七成

图 6-31 显示，西南地区农村初中专任教师中，研究生学历占教师队伍的比例
为 0.08%，本科学历教师占教师队伍的比例为 68.79%，专科学历教师占教师队伍
的比例为 28.07%，其他学历教师占教师队伍的比例为 3.06%。具有本科以上学历
的教师达到 68.87%。

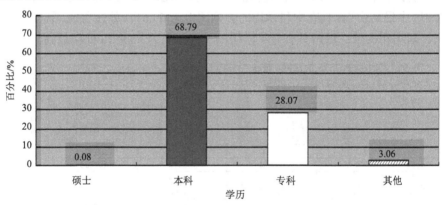

图 6-31　西南地区农村初中教师学历结构

3. 高中教师本科以上学历超过九成

图 6-32 显示，西南地区农村高中专任教师中，研究生学历教师占教师队伍的
比例为 3%，本科学历教师占教师队伍的比例为 87.6%，专科学历教师占教师队伍

的比例为 7.25%，其他学历教师占教师队伍的比例为 2.15%。具有本科以上学历的教师达到 90.6%。

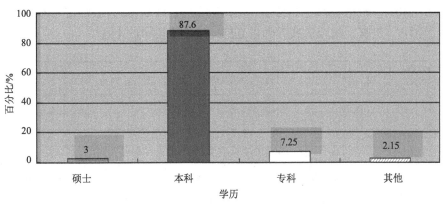

图 6-32　西南地区农村高中教师学历结构

4. 小结

教育部于 2011 年 9 月 6 日新闻发布会上，公布"从高学历教师比例来看，专科以上幼儿教师、专科以上小学教师、本科以上初中教师、研究生学历高中教师分别占 60.3%、78.3%、64.1%、3.6%，分别比上年提高 0.7、3.5、4.6、0.8 个百分点。在农村学校当中，专科以上幼儿教师、专科以上的小学教师、本科以上初中教师、研究生学历高中教师分别达到 41.8%、71.2%、54.8%、2.1%，分别比上年提高 2.9、3.9、5.4、0.7 个百分点。在新增教师中，具有大学专科、本科学历的教师已经成为主体。"①西南地区农村样本校队伍中，专科以上学历小学教师占 85.91%，本科以上学历初中教师占 68.87%，研究生学历高中教师占比例为 3%。与教育部公布的"在农村学校当中，专科以上的小学教师、本科以上初中教师、研究生学历高中教师分别达到 71.2%、54.8%、2.1%"比较可知：西南农村地区专科以上学历小学教师、本科以上学历初中教师与研究生学历高中教师比全国平均值高出 14.7 个百分点、14 个百分点、0.9 个百分点。总体看来，西南地区农村中小学教师队伍学历达标，状况良好，教师队伍的学历结构明显比全国有优势，专科以上学历小学教师与本科以上学历初中教师相比全国平均高了很多。总体教师队伍的学历结构明显比全国强。但总体教师队伍中"其他学历"教师占了 13.11%，这部分教师的学历提高也应值得关注。

（三）教师队伍学科结构不合理

图 6-33 显示，西南地区农村专任教师队伍中，语文教师占 29.58%，数学教

师占 26.38%，英语教师占 9.14%，物理教师占 3.81%，化学教师占 3.02%，生物教师占 1.89%，政治教师占 4.72%，历史教师占 2.80%，地理教师占 1.92%，科学教师占 1.40%，音乐教师占 1.22%，美术教师占 1.94%，体育教师占 4.96%，教育技术教师占 1.76%，综合实践教师占 0.55%，其他教师占 4.91%。

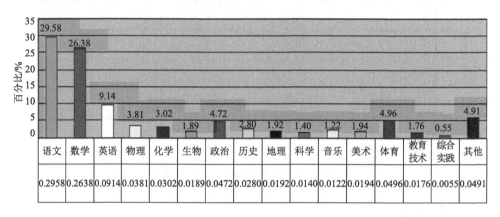

	语文	数学	英语	物理	化学	生物	政治	历史	地理	科学	音乐	美术	体育	教育技术	综合实践	其他
	0.2958	0.2638	0.0914	0.0381	0.0302	0.0189	0.0472	0.0280	0.0192	0.0140	0.0122	0.0194	0.0496	0.0176	0.0055	0.0491

图 6-33　西南地区教师学科（专业）结构

图 6-34 显示，各省（自治区、直辖市）专任教师队伍学科（专业）结构虽有差异，但在结构上均向语文、数学主要学科倾斜，其余学科略低。

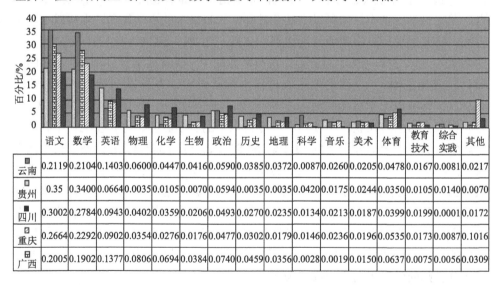

	语文	数学	英语	物理	化学	生物	政治	历史	地理	科学	音乐	美术	体育	教育技术	综合实践	其他
云南	0.2119	0.2104	0.1403	0.0600	0.0447	0.0416	0.0590	0.0385	0.0372	0.0087	0.0260	0.0205	0.0478	0.0167	0.0081	0.0217
贵州	0.35	0.3400	0.0664	0.0035	0.0105	0.0070	0.0594	0.0035	0.0035	0.0420	0.0175	0.0244	0.0350	0.0105	0.0140	0.0070
四川	0.3002	0.2784	0.0943	0.0402	0.0359	0.0206	0.0493	0.0270	0.0235	0.0134	0.0213	0.0187	0.0399	0.0199	0.0001	0.0172
重庆	0.2664	0.2292	0.0902	0.0354	0.0276	0.0176	0.0477	0.0302	0.0179	0.0146	0.0236	0.0196	0.0535	0.0173	0.0087	0.1016
广西	0.2005	0.1902	0.1377	0.0806	0.0694	0.0384	0.0740	0.0459	0.0356	0.0028	0.0019	0.0150	0.0637	0.0075	0.0056	0.0309

图 6-34　西南地区各省（自治区、直辖市）整体教师队伍学科（专业）结构对比

1. 小学教师学科结构偏向语文与数学，其他学科偏低

图 6-35 显示,西南地区农村小学样本校专任教师队伍中,语文教师占 39.54%,

数学教师占 35.05%，英语教师占 4.49%，政治教师占 2.51%，科学教师占 2.61%，音乐教师占 2.49%，美术教师占 2.49%，体育教师占 4.32%，教育技术教师占 0.89%，综合实践教师占 1.89%，其他教师占 3.72%。

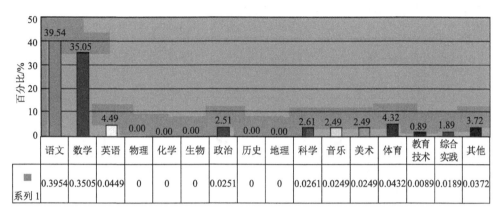

图 6-35　西南地区总体小学教师学科（专业）结构

2. 初中教师学科结构偏向语文、数学与英语

图 6-36 显示，西南地区农村初中样本校专任教师队伍中，语文教师占 18.88%，数学教师占 17.26%，英语教师占 15.55%，物理教师占 7.05%，化学教师占 4.31%，生物教师占 3.46%，政治教师占 7.43%，历史教师占 5.08%，地理教师占 3.59%，音乐教师占 2.22%，美术教师占 1.88%，体育教师占 5.85%，教育技术教师占 1.41%，综合实践教师均占 1.11%，其他教师占 4.92%。

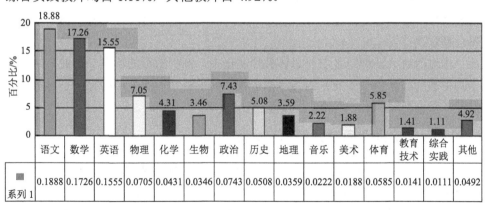

图 6-36　西南地区初中教师学科（专业）结构

3. 高中教师学科结构偏向语文、数学与英语，术科偏低

图 6-37 显示，西南地区农村高中样本校专任教师队伍中，语文教师占 16.36%，

数学教师占 16.36%，英语教师占 15.66%，物理教师占 8.77%，化学教师占 8.03%，生物教师占 5.54%，政治教师占 6.15%，历史教师占 5.63%，地理教师占 5.37%，音乐教师占 1.35%，美术教师占 1.31%，体育教师占 5.06%，教育技术教师占 1.40%，综合实践教师占 0.83%，其他教师占 2.18%。

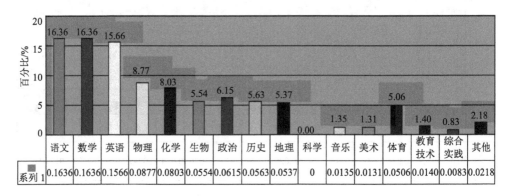

图 6-37　西南地区高中教师学科（专业）结构

4. 小结

西南地区农村总体教师队伍的学科（专业）结构不够合理，小学教师队伍学科结构偏向语文、数学两门学科；初中及高中的教师队伍学科结构均偏向语文、数学、英语等主要学科。总体英语教师比例比总体语文教师比例低近 20 个百分点，比总体数学教师比例低 16 个百分点，其余副科的教师比例略低，尤其是音乐、美术、教育技术与综合实践比例太少。不明确学科归属的"其他教师"比例占 5.91%，除了语文、数学与英语外，此比例比其余学科的教师比例都高，呈现不合理状况。

相对而言，西南地区农村总体教师队伍中，高中教师的学科（专业）结构好于初中教师的学科（专业）结构，初中教师的学科（专业）结构好于小学教师的学科（专业）结构。

（四）教师培训全面铺开但力度尚需加强

图 6-38 显示，西南地区农村多数中小学教师参加各种规格的培训。总体教师队伍中，参加县市级教师培训的人数占专任教师的比例为 69.64%。参加省级培训的教师人数占专任教师的比例为 19.78%。参加国家级培训的教师人数占专任教师的比例为 10.58%。

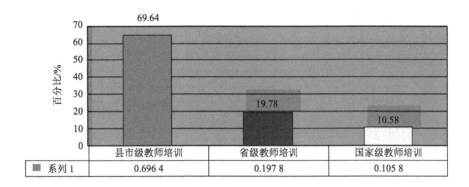

图 6-38　西南地区教师培训情况

	县市级教师培训	省级教师培训	国家级教师培训
■ 系列 1	0.696 4	0.197 8	0.105 8

图 6-38　西南地区教师培训情况

图 6-39 显示，西南地区各省（自治区、直辖市）教师参加县市级培训、省级培训与国家级培训的情况各有差别。中小学教师（小学、初中、高中）参加县市级培训比例最高的省份是云南，比例为 145.01%。参加省级培训云南领先所占比例为 50.19%。参加国家级培训重庆领先所占比例为 22.53%。

	县市级教师培训	省级教师培训	国家级教师培训
■ 云南	1.4500	0.5019	0.0601
■ 贵州	0.6066	0.3235	0.1324
□ 四川	0.8533	0.0935	0.1379
□ 重庆	0.5552	0.2759	0.2253
■ 广西	0.8333	0.2079	0.1081

图 6-39　西南地区教师培训对比情况

1. 小学教师参加县市级培训近七成，省级培训近二成，国家级培训超一成

图 6-40 显示，西南地区农村小学教师队伍，参加各种规格的培训情况各有差别。小学总体教师队伍中，参加县市级教师培训的人数占专任教师的比例为 66.55%。参加省级培训的教师人数占专任教师的比例为 17.61%。参加国家级培训的教师人数占专任教师的比例为 11.05%。

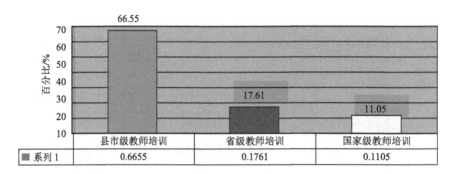

图 6-40　西南地区农村小学教师培训人数占专任教师比例

2. 初中教师参加县市级培训近九成，省级培训超一成，国家级培训超一成半

图 6-41 显示，西南地区农村初中教师队伍，参加各种规格培训的人数情况不一样。初中总体教师队伍中，参加县市级教师培训的人数占专任教师的比例为88.38%。参加省级培训的教师人数占专任教师的比例为11.28%。参加国家级培训的教师人数占专任教师的比例为16.02%。

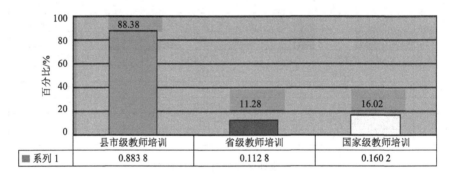

图 6-41　西南地区农村初中教师培训人数占专任教师比例

3. 高中教师全员参加县市级培训，省级培训达六成，国家级培训近三成

图 6-42 显示，西南地区农村高中教师队伍，参加各种规格培训的教师人数情况不一样。总体教师队伍中，参加县市级教师培训的人数占专任教师的121.01%。参加省级培训的教师人数占专任教师的60.94%。参加国家级培训的教师人数占专任教师的27.04%。

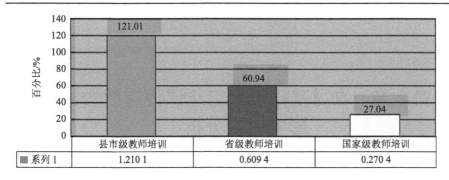

图 6-42　西南地区高中教师培训人数占专任教师比例

4. 小结

（1）西南地区农村教师培训全面铺开，情况较好的是县市级培训，其次为省级培训、国家级培训。在小学、初中、高中三种类型的教师队伍中，高中教师受到的培训强于初中与小学教师，高中教师参加的县市级培训、省级培训、国家级培训的比例均领先于初中与小学教师在相应层次参加的培训。虽然小学教师队伍在 10 年前课改之初就进行了培训，但教师参加培训的人数比例还是比初中与高中低。高中课改起步比较晚，但受重视程度高，因此高中教师参加各种层次的培训均好于小学教师与初中教师。高中教师参加县市级培训比例为 121.01%，部分教师参加了第二次培训，比初中、小学教师培训比例分别高出 32.63 个百分点、54.46 个百分点。参加省级培训的教师中，高中教师参加培训的人数达六成，也遥遥领先初中与小学，初中教师参加省级培训的情况最差仅占 11.28%。参加国家级培训情况，是高中教师领先，参加人数近三成，最差为小学教师。小学教师、初中教师的省级培训、国家级培训的参加人数不到二成，组织培训的空间还比较大。

（2）西南地区各省教师培训情况各有差别。中小学教师（小学、初中、高中）参加县市级培训比例最高的省份是云南，占 145.01%，理论上每名教师都受到了培训，接近一半的教师还参加了第二次培训。参加省级培训比例最高的省份也是云南省，比例较低为四川。参加国家级培训比例最高的省份是重庆，比例较低为云南。

综合以上调研数据分析可知，西南地区农村教师队伍整体上，学历基本达标且占优势：小学教师专科以上学历超过八成，初中教师本科以上学历接近七成高中教师本科以上学历超过九成，高于全国平均值。教师学科（专业）结构主要偏向主要科目（语文、数学或英语），其余学科教师稍少。教师年龄结构与全国平均值相比略显老化。教师培训能全面铺开，但省级培训、国家级培训的参加人数还不到二成，组织培训的空间还比较大，教师参加高层次培训还需要继续加强。除以上情况外，从访谈中还获悉，教师队伍还存在地域分布不均衡、城乡配备不合理，主要流向城镇等异样的状况。

第七章 农村基础教育三级课程有效实施影响因素分析

前文从三级课程文本的理解与认同、三级课程实施的主体、三级课程实施的环境与支撑体系等多个方面对基础教育三级课程体系现状进行了阐述。就教师来说，直观感受的是三级课程体系的客观存在，而事实上，三级课程首先是一个政策文本，其实施可视为政策制度落实的过程，这也是本书在核心概念界定中为什么要从不同角度对三级课程进行定义的缘故。接下来本书还是从教师的视角来探讨三级课程的实施受到哪些因素的制约，以及制约影响的程度如何。在研究设计部分已经介绍了三级课程实施影响因素调查问卷的设计框架，不再赘述。本章立足制度和非制度因素的分析框架，明晰影响基础教育三级课程实施的制度因素和非制度因素。

一、影响基础教育三级课程实施的制度因素

依据前文的限定，本书所考虑的制度因素主要是 4 个方面，即有关三级课程实施的法规制度、组织制度、运行机制和保障机制。以下是这 4 个方面的调查结果及分析。

（一）教育法规制度

三级课程的实施本身是教育法规制度的要求，同时相关的法规制度确保三级课程得以施行。就法律来说，有关三级课程实施的法律有《中华人民共和国义务教育法》和《中华人民共和国教育法》等，而法规则更多，有中央、教育部等出台的《中共中央关于教育体制改革的决定》《基础教育课程改革纲要（试行）》等，此外还有各级行政部门出台的有关课程实施的制度规定等。这些法律法规对在基础教育阶段实施三级课程，并对三级课程设置的目的、比例等进行了规定，那么教师是如何看待这些的呢？见表 7-1。

从表 7-1 来看，"三级课程的实施需要相关的教育法规来保障"均值最高，为 3.85，说明认同程度在本维度中最高；"国家课程、地方课程和校本课程的比例划分是合理的"均值最低，为 3.64，说明在本维度中认同程度最低。经方差分析，不同省（自治区、直辖市）教师就教育法规制度对三级课程实施的影响认识

无显著差异（$F=2.542$，$P>0.05$）。

表7-1　教育法规制度维度各项目均值及标准差

维度	项目	均值	标准差
教育法规制度	三级课程的实施符合当前教育发展的需要	3.79	0.947
	国家课程、地方课程和校本课程的比例划分是合理的	3.64	1.013
	地方课程主要服务于地方经济和社会的发展	3.80	0.988
	校本课程主要服务于学生的兴趣和特长发展	3.72	1.104
	三级课程的实施需要制定相关的教育法规来保障	3.85	0.941

教师对各项目的认同程度见表7-2～表7-6。

1. 教师认为三级课程制度的实施符合教育发展需要

从调查的5个省（自治区、直辖市）的数据来看，超过六成教师认为三级课程制度符合教育发展需要，总体"基本同意"和"完全同意"比例之和为61.6%，各省（自治区、直辖市）也均在50%左右，其中重庆比例最高，为66.3%，贵州相对较低，为42.1%。经检验，各省（自治区、直辖市）教师认识差异显著（$\chi^2=28.504$，$P=0.028<0.05$）。具体比值见表7-2。

表7-2　教师对"三级课程符合教育发展需要"的认同程度　（单位：%）

程度	省份					总计
	云南	贵州	四川	重庆	广西	
完全不同意	3.4	5.3	0	0.6	0	0.9
基本不同意	17.2	15.8	5.2	6.1	4.8	7.3
说不清	27.6	36.8	32.3	27.0	42.8	30.2
基本同意	27.6	10.5	30.2	41.1	47.6	35.4
完全同意	24.2	31.6	32.3	25.2	4.8	26.2

2. 教师基本认同三级课程的比例及价值追求

在国家基础教育课程方案中，对三级课程的比例进行了规定，同时对地方课程和校本课程的价值也进行了说明，那么教师是如何认识的呢？总体来说，超过50%的教师认为三级课程的比例划分是基本合理的，见表7-3。

表 7-3　教师对"三级课程比例划分是合理的"的认同程度　　（单位：%）

程度	省份					总计
	云南	贵州	四川	重庆	广西	
完全不同意	3.4	5.3	0	3.7	0	2.4
基本不同意	27.6	5.3	8.3	8.0	14.3	10.1
说不清	13.8	47.4	32.3	29.4	47.6	31.1
基本同意	38.0	31.6	29.2	37.4	28.6	34.1
完全同意	17.2	10.4	30.2	21.5	9.5	22.3

从表 7-3 来看，虽然总体上有 56.4% 的教师"基本同意"和"完全同意"三级课程的比例划分，但是各省（自治区、直辖市）差异较为显著，其中重庆为 58.9%，而广西只有 38.1%，这也与检验的结果相符（$\chi^2=29.08$，$P=0.023<0.05$）。

就对地方课程和校本课程的价值认识来说，教师基本认同有关课程政策对地方课程和校本课程的定位，均有超过六成的教师"基本同意"和"完全同意"对地方课程和校本课程的价值定位。教师对地方课程价值的认同程度见表 7-4。

表 7-4　教师对地方课程价值的认同程度　　（单位：%）

程度	省份					总计
	云南	贵州	四川	重庆	广西	
完全不同意	3.4	5.3	3.1	3.1	4.8	3.4
基本不同意	6.9	10.5	3.2	5.5	14.3	5.8
说不清	6.9	47.4	26.0	20.9	23.8	22.8
基本同意	41.4	31.5	47.9	42.3	38.1	43.0
完全同意	41.4	5.3	19.8	28.2	19.0	25.0

从表 7-4 来看，各省（自治区、直辖市）"基本同意"和"完全同意"的比例之和均较高，其中云南达 82.8%，其余大部分省（自治区、直辖市）也在 60% 左右。教师对校本课程价值的认同程度与对地方课程价值的认同程度差异不是很大，见表 7-5。

表 7-5　教师对校本课程价值的认同程度　　（单位：%）

程度	省份					总计
	云南	贵州	四川	重庆	广西	
完全不同意	0	5.2	3.1	3.0	4.8	2.9
基本不同意	27.6	15.8	13.5	12.3	4.8	13.8
说不清	10.4	36.8	16.7	21.5	14.2	19.5
基本同意	44.8	21.1	42.7	31.9	38.1	36.1
完全同意	17.2	21.1	24.0	31.3	38.1	27.7

从表 7-5 来看，各省"基本同意"和"完全同意"的比例之和均较为接近，且无显著差异（χ^2=19.485，P=0.244＞0.05）。

总之，教师对三级课程的比例规定及价值定位较为认同。

3. 教师认同三级课程的实施需要健全相关教育法规

三级课程本身作为课程政策，其实施需要相关的法规予以保障，通过对教师的调查发现，超过六成的教师基本同意这一观点，具体结果见表 7-6。

表 7-6　教师对"三级课程实施需要相关教育法规保障"的认同程度　（单位：%）

程度	省份					总计
	云南	贵州	四川	重庆	广西	
完全不同意	0	5.2	3.1	3.0	4.8	2.9
基本不同意	27.6	15.8	13.5	12.3	4.8	13.8
说不清	10.4	36.8	16.7	21.5	14.2	19.5
基本同意	44.8	21.1	42.7	31.9	38.1	36.1
完全同意	17.2	21.1	24.0	31.3	38.1	27.7

从表 7-6 来看，总体上 63.8%的教师"基本同意"和"完全同意"这一观点，各省（自治区、直辖市）差异不显著（χ^2=19.709，P=0.234＞0.05），这说明，绝大部分教师都认同三级课程的实施需要健全相关的教育法规，使课程实施有法可依，有序实施。

（二）教育组织制度

三级课程的实施离不开相关的组织制度，因为其"对教育政策执行起到强大的规约作用，不仅是由于其为教育政策提供制度平台，而且本身就是教育政策执行的产物和结果，同时反过来影响教育政策的有效执行。"①组织制度包括相关的组织机构及其功能的发挥。我国的教育组织机构主要是相关的教育行政部门，从高到低依次为教育部、省（自治区、直辖市）教育厅（教委）、市（区）教育局、县教育局，最末端为各中小学校，呈现科层式管理状态。从调查结果来看，教师认为我国有着较为完善的组织机构，同时认为目前的这种科层式管理体制有利于三级课程的实施，这从组织维度调查的两个项目的均值可以看出，具体结果见表 7-7～表 7-9。

表 7-7　教育组织制度维度各项目均值及标准差

维度	项目	均值	标准差
教育组织制度	实施三级课程有着完善的组织机构	3.66	0.980
	科层式管理体制（目前的行政管理体制）有利于三级课程的实施	3.76	0.947

① 邓旭. 教育政策执行研究：一种制度分析的范式[M]. 北京：教育科学出版社，2010：124.

从表 7-7 来看，组织制度维度的两个项目的均值都较高，接近 4，尤其大部分教师认为科层管理模式有利于三级课程的实施。对于各个项目来说，其结果有以下两点。

1. 半数教师认为三级课程实施组织机构完善

从统计的数据来看，总体上 55.2% 的教师基本同意三级课程有着较为完善的组织机构，但各省（自治区、直辖市）存在差异，见表 7-8。

表 7-8　教师对"三级课程实施组织机构完善"的认同程度　　　　　（单位：%）

程度	省份					总计
	云南	贵州	四川	重庆	广西	
完全不同意	0	0	1.0	2.5	9.5	2.1
基本不同意	6.9	31.6	6.3	6.7	0	7.6
说不清	37.9	36.8	33.3	33.7	47.6	35.1
基本同意	31.1	21.1	32.3	34.4	33.4	32.6
完全同意	24.1	10.5	27.1	22.7	9.5	22.6

从表 7-8 可以看出，"基本同意"和"完全同意"比例之和最高的为四川，是 59.4%，最低的为贵州，只有 31.6%，卡方检验发现，各省差异显著（χ^2=29.197，P=0.023＜0.05）。这说明，教师认为四川三级课程实施的组织机构较为完善，而贵州认为完善的还不足三分之一，需要加强组织机构建设。

2. 接近 60% 教师认为科层式管理体制有利于三级课程实施

我国的教育管理体制为科层式管理模式，教师对这一体制是如何看待的呢？总的看来，59.8% 的教师是"基本同意"和"完全同意"的。其具体数据见表 7-9。

表 7-9　教师对"科层式管理体制有利于三级课程实施"的认同程度　　（单位：%）

程度	省份					总计
	云南	贵州	四川	重庆	广西	
完全不同意	0	5.3	2.1	1.2	0	1.5
基本不同意	10.3	10.5	3.1	6.7	0	5.8
说不清	20.7	47.4	32.3	30.7	57.1	32.9
基本同意	34.5	26.3	32.3	36.2	38.1	34.5
完全同意	34.5	10.5	30.2	25.2	4.8	25.3

从表 7-9 来看，"基本同意"和"完全同意"比例之和最高者为云南，达 69%，接着依次是四川 62.5%、重庆 61.4%、广西 42.9%、贵州 36.8%。总体看来，各省（自治区、直辖市）教师都认同科层式的管理体制。

（三）教育运行机制

"教育机制是教育现象各部分之间的相互关系及其运行方式。"①在现实政策实施中，主要存在"行政——计划机制"、"指导——服务机制"和"监督——服务机制"三种样态②，我国的教育政策实施正在逐渐从"行政——计划机制"向"监督——服务机制"转变，并且目前以"行政——计划机制"为主。本维度的项目基本兼顾了这三种取向，但也带有明显的"行政——计划"倾向，那么教师是如何认识的呢？见表7-10。

表7-10 教育运行机制维度各项目均值及标准差

维度	项目	均值	标准差
教育运行机制	三级课程宣传不到位	3.73	0.950
	三级课程执行监管不够	3.74	0.985
	采取行政命令的方式能更有效地实施三级课程	3.45	1.105
	对三级课程实施得好的学校予以奖励有利于更好实施三级课程	3.89	0.953
	对三级课程实施不力的学校予以惩戒有利于更好实施三级课程	3.67	1.038
	三级课程得到很好实施	3.04	1.171

从表7-10来看，各项目的均值都较高，尤以"对三级课程实施得好的学校予以奖励有利于更好实施三级课程"教师的认同度最高，基本接近中立状态的是"三级课程得到很好实施"。经方差分析，不同省（自治区、直辖市）教师就教育运行机制对三级课程实施的影响认识有着显著差异（$F=3.021$，$P=0.018<0.05$）。以下进行详述。

1. 行政命令有效，但宣传监管不够

从调查数据来看，各省（自治区、直辖市）教师均认为行政命令的方式有利于更好地实施三级课程，这与教师普遍认为科层式管理体制有利于实施三级课程是直接相关的。具体来看，各省（自治区、直辖市）教师的认同结果见表7-11。

表7-11 教师对"行政命令方式有利于三级课程实施"的认同程度（单位：%）

程度	省份					总计
	云南	贵州	四川	重庆	广西	
完全不同意	20.7	5.3	7.3	4.3	4.8	6.7
基本不同意	10.3	21.1	10.4	10.4	4.8	10.7
说不清	10.3	47.4	28.1	30.7	66.6	31.4

① 吴遵民. 学校转型中的管理变革——21世纪中国新型学校管理理论的构建[M]. 北京：教育科学出版社，2007：110.
② 孙绵涛，康翠萍. 教育机制理论新诠释[J]. 教育研究，2006，(12)：22-28.

程度	省份					总计
	云南	贵州	四川	重庆	广西	
基本同意	48.4	15.8	36.5	33.1	19.0	33.5
完全同意	10.3	10.4	17.7	21.5	4.8	17.7

从表 7-11 来看，总的来说 51.2%的教师"基本同意"和"完全同意"行政命令的方式是有效的，"基本不同意"和"完全不同意"的比例均较低。这说明，超过半数的教师还是寄希望于通过行政推动的方式来实施三级课程。但教师普遍同意行政部门对三级课程的宣传和监管不够，我们先看一下就"三级课程宣传不到位"教师的调查结果，见表 7-12。

表 7-12　教师对"三级课程宣传不到位"的认同程度　　　（单位：%）

程度	省份					总计
	云南	贵州	四川	重庆	广西	
完全不同意	3.4	5.3	1.0	2.5	0	2.1
基本不同意	13.8	0	6.3	6.7	4.8	6.7
说不清	13.8	63.2	21.9	31.2	38.1	29.3
基本同意	44.8	10.4	47.9	38.7	33.	39.9
完全同意	24.2	21.1	22.9	20.9	23.8%	22.0

从表 7-12 来看，总体上 61.9%的教师"基本同意"和"完全同意""三级课程宣传不到位"，从各省（自治区、直辖市）来看，"基本同意"和"完全同意"比例之和由高到低依次是四川 70.8%、云南 69.0%、重庆 59.6%、广西 57.1%、贵州 31.5%。这说明，大部分省（自治区、直辖市）的教师均认为三级课程的宣传不够，访谈中发现，大部分教师不知道何谓三级课程？甚至许多校长对三级课程含义的认识也较为模糊。

就三级课程的监管来说，教师也普遍认为监管不够，调查的数据见表 7-13。

表 7-13　教师对"三级课程执行监管不够"的认同程度　　　（单位：%）

程度	省份					总计
	云南	贵州	四川	重庆	广西	
完全不同意	6.9	5.3	3.1	2.5	0	3.0
基本不同意	17.2	5.3	1.0	6.1	4.8	5.5
说不清	13.8	68.4	25.0	28.2	52.4	29.9
基本同意	34.5	10.5	44.9	38.7	23.8	37.5
完全同意	27.6	10.5	26.0	24.5	19.0	24.1

从表 7-13 来看，总体上 61.6%的教师"基本同意"和"完全同意"三级课程

执行监管不够。"基本同意"和"完全同意"比例之和由高到低依次是四川 70.9%、重庆 63.2%、云南 62.1%、广西 42.8%、贵州 21%。由此看来，绝大多数教师认为三级课程执行监管不力，尤以四川、云南、重庆三省（直辖市）更为严重。

2. 奖惩措施可行，三级课程总体实施效果不好

教育运行机制要逐渐从行政指令走向监督和服务，这缺少不了相关的监督和服务措施，而奖惩措施为有效的方式之一，得到了教师的认可，这从调查的数据可知，见表 7-14、表 7-15。

表 7-14　教师对"三级课程实施得好的学校予以奖励"的认同程度　　（单位：%）

程度	省份					总计
	云南	贵州	四川	重庆	广西	
完全不同意	3.5	0	3.1	0.6	0	1.5
基本不同意	6.9	5.3	4.2	9.2	0	6.7
说不清	17.2	42.1	14.6	23.4	33.4	22.0
基本同意	55.2	26.3	44.8	38.0	33.3	40.5
完全同意	17.2	26.3	33.3	28.8	33.3	29.3

表 7-15　教师对"三级课程实施差的学校予以惩罚"的认同程度　　（单位：%）

程度	省份					总计
	云南	贵州	四川	重庆	广西	
完全不同意	6.9	0	4.2	1.2	14.8	3.4
基本不同意	6.9	15.8	11.4	6.1	0	7.9
说不清	17.2	31.6	27.1	34.4	47.6	31.4
基本同意	24.2	36.8	30.2	36.2	23.3	32.6
完全同意	44.8	15.8	27.1	22.1	14.3	24.7

从表 7-14、表 7-15 来看，总体上 69.8% 的教师"基本同意"和"完全同意"对三级课程实施得好的学校应予以奖励，57.3% 的教师"基本同意"和"完全同意"对三级课程实施得不好的学校应予以惩罚。当然各省（自治区、直辖市）教师在这一问题的认识上存在一些差异，但绝大部分省（自治区、直辖市）的教师均认同应采取奖惩措施。

总的来说，绝大多数教师认为，当前三级课程实施不够理想，具体数据见表 7-16。

表 7-16　教师对"三级课程已得到很好实施"的认同程度　　（单位：%）

程度	省份					总计
	云南	贵州	四川	重庆	广西	
完全不同意	20.7	26.3	10.4	7.4	19.0	11.3

续表

程度	省份					总计
	云南	贵州	四川	重庆	广西	
基本不同意	44.9	36.8	24.0	12.3	9.5	19.8
说不清	6.9	31.6	33.3	41.7	38.1	35.4
基本同意	17.2	5.3	17.7	23.9	28.6	20.7
完全同意	10.3	0	14.6	14.7	4.8	12.8

从表 7-16 来看，总体上仅有 33.5%的教师"基本同意"和"完全同意"三级课程已得到很好实施，就各省（自治区、直辖市）来看，重庆"基本同意"和"完全同意"的比例之和最高，为 38.6%，但不到四成，贵州仅有 5.3%的教师基本同意。可见，三级课程的实施很不理想，其运行机制有待改善。

（四）保障机制

三级课程的实施离不开相关的条件和资源作为保障，具体来说包括人、财、物及配套的评价制度。从调查的数据来看，教师对这一维度中各项目的认同程度都较高，均值都超过了 4，由此也可见保障制度的重要性。以下是这一维度的均值和标准差，见表 7-17。

表 7-17　保障制维度各项目均值及标准差

维度	项目	均值	标准差
保障机制	三级课程实施缺乏配套的师资	4.09	0.888
	三级课程实施缺乏相应的经费支持	4.17	0.853
	三级课程实施缺乏配套的课程资源	4.21	0.824
	三级课程的有效实施有赖于教育评价制度的变革	4.06	0.915

从表 7-17 来看，教师对"三级课程实施缺乏配套的课程资源"认同程度最高，均值为 4.21，这与实地调查中发现农村普遍缺乏课程资源是相符的。以下进行详述。

1. 人、财、物制约农村基础教育三级课程实施

农村基础教育三级课程的实施，需要有配套的师资、相应的经费支持，以及配套的课程资源，这在前文中谈三级课程实施存在的问题时已经提到，但缺乏相关的数据予以佐证，在这里笔者通过对教师的调查发现，绝大多数教师对农村义务教师三级课程实施的配套师资是缺乏的，经费是短缺的，资源是匮乏的，是持较高认同的。具体数据见表 7-18～表 7-20。

表7-18　教师对"三级课程实施缺乏配套师资"的认同程度　　　（单位：%）

程度	省份					总计
	云南	贵州	四川	重庆	广西	
完全不同意	0	5.3	0	0.6	0	0.6
基本不同意	3.4	10.5	3.1	2.5	0	3.0
说不清	10.3	26.3	17.7	23.3	47.6	22.3
基本同意	27.7	26.3	24.0	43.5	28.6	34.5
完全同意	58.6	31.6	55.2	30.1	23.8	39.6

表7-19　教师对"三级课程实施缺乏相应经费支持"的认同程度　　　（单位：%）

程度	省份					总计
	云南	贵州	四川	重庆	广西	
完全不同意	0	5.3	0	1.2	0	0.9
基本不同意	3.5	5.3	0	1.2	0	1.2
说不清	10.3	26.2	14.6	22.1	38.1	20.1
基本同意	24.1	31.6	33.3	39.9	33.3	35.7
完全同意	62.1	31.6	52.1	35.6	28.6	42.1

表7-20　教师对"三级课程实施缺乏配套课程资源"的认同程度　　　（单位：%）

程度	省份					总计
	云南	贵州	四川	重庆	广西	
完全不同意	0	0	0	1.2	0	0.6
基本不同意	0	5.3	0	0.6	0	0.6
说不清	6.9	31.6	16.6	20.2	42.9	20.1
基本同意	31.0	15.8	34.4	37.5	38.1	34.8
完全同意	62.1	47.3	49.0	40.5	19.0	43.9

从表7-18~表7-20来看，总体上教师"基本同意"和"完全同意"缺乏师资、缺少经费、匮乏资源的比例依次为74.1%、77.8%和78.7%，其比例是非常之高的。尤以资源的匮乏认同度最高，有些省（自治区、直辖市）"基本同意"和"完全同意"的比例之和甚至超过了90%，如云南达93.1%。这说明师资、财力、课程资源是影响三级课程的重要因素，尤其是课程资源，这与前面的调查结果是遥相呼应的。

2. 教育评价制度同样制约农村基础教育三级课程有效实施

人类的活动都是有目的性的，三级课程的实施最终需要对其进行科学的评价，但是目前评价制度的改革并没有发生显著的变化，因此教师认为要使三级课程得以有效实施，有赖于教育评价制度的改革，使之配套。从调查的数据来看，教师对这一观点也是较为认可的，"完全不同意"的各省（自治区、直辖市）教师比

例均为 0，总体上 70.4% 的教师"基本同意"和"完全同意"这一观点，具体结果
见表 7-21。

表 7-21　教师对"三级课程有效实施有赖教育评价制度变革"的认同程度（单位：%）

程度	省份					总计
	云南	贵州	四川	重庆	广西	
完全不同意	0	0	0	0	0	0
基本不同意	10.4	10.5	3.1	2.5	14.3	4.6
说不清	6.9	57.9	15.6	27.0	47.6	25.0
基本同意	31.0	15.8	25.0	34.4	28.6	29.9
完全同意	51.7	15.8	56.3	36.1	9.5	40.5

　　从表 7-21 可以发现，大部分省（自治区、直辖市）教师同意三级课程的有效
实施有赖于教育评价制度的变革，其中云南和四川"基本同意"和"完全同意"
的比例之和均超过了 80%，分别为 82.7%、81.3%，重庆为 70.6%，而贵州和广西
的比例则较低，分别只有 31.6% 和 38.1%。各省（自治区、直辖市）差异较为悬
殊，总体来说，评价是瓶颈，改革势在必行。

　　以上是对正式制度各因素的调查结果的呈现与分析，大致看来，教师普遍对
三级课程的有关法规政策是较为认可的，认为其组织机构较为健全，但运行机制
和保障机制严重制约三级课程的有效实施。以下对非制度因素进行分析，在本章
末尾再进行详细的整体分析。

二、影响基础教育三级课程实施的非制度因素

　　同样的，依据前文的限定，本书中非制度因素主要涵盖教育信念、非权力影
响力、人际关系等因素。以下分别予以呈现调查结果，并进行分析。

（一）教育信念

　　教育信念是一个较为新颖的概念，但其内涵大家并不陌生，在《教育大辞典》
中，教育信念指的是"对一定教育事业、教育理论及基本教育主张、原则的确认
和信奉"[①]。一般认为"教育信念就是积淀于教师心智结构的价值观念，常作为一
种无意识或先验假设支配者教师的教育行为"[②]。可见，教育信念对自己的教育行
为具有潜移默化的指导作用，有时教师自己都可能不易察觉。当前对于教师来说，
影响最大的教育理论或观念非"素质教育理念"和"全面发展理论"莫属，因此，

---

① 教育大辞典编纂委员会. 教育大辞典（增订合编本）[M]. 上海：上海教育出版社，1998：785.
② 陈向明. 实践性知识：教师专业发展的知识基础[J]. 北京大学教育评论，2003，(1)：104-112.

在调查教师信念维度时主要选择了这两个项目。

从获得的数据来看，两个项目的均值都较高，说明教师比较认同这两个观点，具体的均值及标准差见表 7-22。

表 7-22　教育信念维度各项目均值及标准差

维度	项目	均值	标准差
教育信念	坚定为了学生全面发展的信念有利于实施三级课程	4.09	0.870
	全面实施素质教育理念有利于实施三级课程	4.09	0.901

从表 7-22 来看，两个项目的均值均超过了 4，且数值大小相同，说明教师都认同"坚定学生全面发展的信念"和"坚持全面实施素质教育理念"。具体从每个省（自治区、直辖市）来看，两个项目的调查结果见表 7-23、表 7-24。

表 7-23　教师对"坚定为了学生全面发展的信念有利于实施三级课程"的认同程度（单位：%）

程度	省份					总计
	云南	贵州	四川	重庆	广西	
完全不同意	0	5.3	0	0	0	0.3
基本不同意	10.3	5.3	2.1	0.6	4.8	2.4
说不清	17.3	68.4	14.6	23.9	42.9	24.5
基本同意	37.9	15.7	33.3	35.0	33.3	33.5
完全同意	34.5	5.3	50.0	40.5	19.0	39.3

表 7-24　教师对"全面实施素质教育理念有利于实施三级课程"的认同程度（单位：%）

程度	省份					总计
	云南	贵州	四川	重庆	广西	
完全不同意	0	0	0	0.6	0	0.3
基本不同意	10.3	5.2	3.1	4.3	4.8	4.6
说不清	13.8	68.4	10.4	20.9	38.1	21.0
基本同意	48.3	21.1	31.3	36.2	28.5	34.5
完全同意	27.6	5.3	55.2	38.0	28.6	39.6

从表 7-23、表 7-24 可以发现，总体上对于"坚定为了学生全面发展的信念有利于实施三级课程"的认同程度，"基本同意"和"完全同意"的比例之和为 72.8%，云南、贵州、四川、重庆、广西各省（自治区、直辖市）比例依次为：72.4%、21.0%、83.3%、75.5%、52.3%，除贵州比例较低以外，其余各省（自治区、直辖市）的比例都较高。"全面实施素质教育理念有利于实施三级课程"总体上教师的"基本认同"和"完全认同"比例之和为 74.1%，云南、贵州、四川、重庆、广西各省（自治区、直辖市）比例依次为：75.9%、26.4%、86.5%、74.2%、57.1%，同样地贵州的认同比例较低，其余各省（自治区、直辖市）都相对较高，尤其以四川比例最高，两个项目的"基本同意"和"完全同意"的比例之和均超过了 80%。

这说明在教师看来，教育信念对课程实施的影响较大，因此在课程实施中，应重视对教师教育信念的养成和提升。当前实施三级课程，重在树立"素质教育理念"和"全面发展观念"，这是教育发展的根本追求。

（二）非权力影响力

教育组织机构的运行依赖的更多是权力，而事实上也存在大量的非权力影响力。"非权力影响力也叫自燃性影响力。它不是靠行政命令发生作用而产生影响，它是由领导者的人格因素引起的，为被领导者认可，以内驱力的形式影响和改变被领导者心理与行为的一种力量。"①就三级课程实施来说，非权力影响力主要是专家学者的意见，以及相关教育领导者（尤其是校长）的人格魅力和亲和力。非权力影响力维度各项目的均值及标准差见表7-25。

表7-25　非权力影响力维度各项目均值及标准差

维度	项目	均值	标准差
非权力影响力	教育（课程）专家、学者意见对三级课程执行有很大影响	3.73	1.036
	教育领导者的人格魅力和亲和力比采取强制手段更有利于实施三级课程	3.95	0.976

从表7-25来看，教师更认同领导者的人格魅力和亲和力对三级课程实施的影响大（3.95＞3.73），专家、学者的意见次之，总体上，都认同非权力影响力影响三级课程的实施，各省的具体数据见表7-26、表7-27。

表7-26　教师对"教育（课程）专家、学者意见对三级课程执行有很大影响"的认同程度（单位：%）

程度	省份					总计
	云南	贵州	四川	重庆	广西	
完全不同意	17.2	0	5.2	0.6	0	3.4
基本不同意	10.3	0	4.2	9.3	14.3	7.6
说不清	27.6	36.8	22.9	27.6	42.9	27.7
基本同意	27.6	26.4	37.5	38.0	23.8	35.4
完全同意	17.3	36.8	30.2	24.5	19.0	25.9

表7-27　教师对"教育领导者的人格魅力和亲和力比采取强制手段更有利于实施三级课程"的认同程度　（单位：%）

程度	省份					总计
	云南	贵州	四川	重庆	广西	
完全不同意	0	0	0	1.8	0	0.9
基本不同意	34.5	10.5	4.2	4.9	9.5	7.9
说不清	20.7	47.4	15.6	20.2	23.9	20.7

---

① 万有林. 简论"非权力影响力" [J]. 中共南京市委党校南京市行政学院学报，2005，(6)：60-61.

续表

程度	省份					总计
	云南	贵州	四川	重庆	广西	
基本同意	17.2	21.0	35.4	39.9	47.6	36.0
完全同意	27.6	21.1	44.8	33.2	19.0	34.5

从表 7-26、表 7-27 来看，总体上，61.3%的教师"基本同意"和"完全同意""教育（课程）专家、学者意见对三级课程执行有很大影响"。云南、贵州、四川、重庆、广西每个省（自治区、直辖市）比例依次为：44.9%、63.2%、67.7%、62.5%、42.8%，可见，贵州、四川、重庆三个省（自治区、直辖市）均有超过六成的教师认为专家、学者的意见对自身影响很大。就"教育领导者的人格魅力和亲和力比采取强制手段更有利于实施三级课程"来说，总体上"基本同意"和"完全同意"的比例之和为70.5%，云南、贵州、四川、重庆、广西每个省（自治区、直辖市）比例依次为：44.8%、42.1%、80.2%、73.1%、66.6%，由此可见，总体上超过七成的教师认同领导者的人格魅力和亲和力比强制手段影响大，四川的比例甚至超过八成。这也与实践中调查结果是相符的，一所课程实施较好的学校，必定有一个较优秀的校长，当前中小学实行的是校长负责制，校长的一言一行都影响着教师的思想和行为，教师更期待的是具有人格魅力、亲和力的民主的校长，而非专制的领导，强制手段只能管得了一时，不能发挥长时效用。

（三）人际关系

除了教育信念、非权力影响力以外，人际关系同样深深影响着三级课程的实施。人是社会关系的总和，人际关系大多被定义为"个体与他人之间的心理距离和行为倾向"[①]，简单地说，是指社会个体之间的各种关系。就学校教育领域来说，更多地体现为教师与教师之间的关系，这不外乎合作与封闭两种状态，因此在调查中主要考虑了这两个因子，从调查的结果来看，两个因子的均值均超过了 4，说明教师的认同度较高，人际关系维度的均值及标准差见表 7-28。

表 7-28　人际关系维度各项目均值及标准差

维度	项目	均值	标准差
人际关系	教师之间的通力合作有利于三级课程实施	4.13	0.846
	封闭的教师文化氛围不利于三级课程有效实施	4.10	0.798

从表 7-28 来看，教师均认同教师之间通力合作有利于实施三级课程，相应地，封闭的教师氛围不利于有效实施三级课程。这与当前我国倡导形成合作的教师文

---

① 杨宜音. 试析人际关系及其分类——兼与黄光国先生商榷[J]. 社会学研究，1995，(5)：18-23.

化是不谋而合的，教师在内心当中也认同通力合作更有利于实施三级课程。两个项目的详细数据见表 7-29、表 7-30。

表 7-29　教师对"教师之间的通力合作有利于三级课程实施"的认同程度（单位：%）

程度	省份					总计
	云南	贵州	四川	重庆	广西	
完全不同意	0	0	0	0	0	0
基本不同意	10.3	0	2.1	1.2	4.8	2.4
说不清	13.8	42.1	14.6	26.4	23.7	22.6
基本同意	20.7	36.8	30.2	37.4	42.9	34.1
完全同意	55.2	21.1	53.1	35.0	28.6	40.9

表 7-30　教师对"封闭的教师文化氛围不利于三级课程有效实施"的认同程度（单位：%）

程度	省份					总计
	云南	贵州	四川	重庆	广西	
完全不同意	0	0	0	0	0	0
基本不同意	0	0	0	0.6	0	0.3
说不清	17.2	36.8	20.8	27.6	42.9	26.2
基本同意	41.4	52.7	28.2	37.4	42.8	36.3
完全同意	41.4	10.5	51.0	34.4	14.3	37.2

从表 7-29 和表 7-30 来看，总体上，"基本认同"和"完全认同""教师之间的通力合作有利于三级课程实施"的比例为 75%，达四分之三，云南、贵州、四川、重庆、广西每个省（自治区、直辖市）比例依次为：75.9%、57.9%、83.3%、72.4%、71.5%，各省（自治区、直辖市）教师认同的比例都很高，其中四川超过了 80%。就"封闭的教师文化氛围不利于三级课程有效实施"来说，总体上"基本认同"和"完全认同"的比例之和为 73.5%，云南、贵州、四川、重庆、广西每个省份比例依次为：82.8%、63.2%、79.1%、71.8%、57.1%，各省（自治区、直辖市）教师的认同比例同样很高，云南超过了 80%。可见，教师认为人际关系对三级课程的实施影响很大。

以上从教育信念、非权力影响力、人际关系三个维度对三级课程实施的非制度因素进行了分析，从调查结果来看，教师认为人际关系和教育信念的影响更大，非权力影响力次之。

三、小　　结

综上，本书从正式制度和非正式制度两个方面 7 个维度对三级课程实施影响因素进行了分析，从中反映了一些端倪，但还不能从整体上看哪个影响因素教师最为认同,不过,可从 7 个维度的均值得出结论,7 个维度均值及标准差见表 7-31。

表 7-31　三级课程实施影响因素维度均值及标准差

	维度	均值	标准差
制度因素	教育法规制度	3.76	0.673
	教育组织制度	3.71	0.858
	教育运行机制	3.59	0.660
	保障机制	4.13	0.713
非制度因素	教育信念	4.09	0.813
	非权力影响力	3.84	0.875
	人际关系	4.12	0.713

从表 7-31 来看,各维度均值大小由高到低依次是:保障机制 4.13、人际关系 4.12、教育信念 4.09、非权力影响力 3.84、教育法规制度 3.76、教育组织制度 3.71、教育运行机制 3.59。由此可以得出如下结论。

1. 三级课程有效实施最重要的因素为保障机制

依照前文的限定,保障机制包括师资、经费、课程资源等,尤以课程资源为课程实施最为急需。这与前面现状调查中所反映的问题是一致的,因此,推进农村基础教育三级课程的有效实施,重在建立有效的课程实施保障机制,尤其要重视课程资源开发与利用,后面的对策建议中将详细展开论述。

2. 三级课程有效实施的非制度因素比制度因素更为重要

从表 7-31 中均值的大小来看,排在前五位的有三个是非制度因素,并且排名靠前。这说明政策制度本身固然重要,但更为重要的是有关政策制度实施的理念和环境,政策制度实施中的实施者!在三级课程实施中,教师认为对自身影响较大的除相关资源外,人际关系、教育信念、非权力影响力也非常值得注意。因此,进一步推进三级课程的实施,不能只关注正式制度的建设,更应该看重非制度因素的影响,着重教师信念教育和合作文化建设。

3. 三级课程有效实施不能忽视制度的有效运行和监管

虽然教育组织制度和教育运行机制的均值都相对较小,但不能被忽视。前文已经提到我国虽然明确提出实施三级课程,总体上基础教育阶段国家课程能做到开齐课程,开足课时,但小学,尤其是村小很多课程没有按要求开设,尤其是个别专业教师比较缺乏,如音乐、体育、美术、科学等课程,一般都由语文、数学教师兼任,在实际上这些课时,都变成了语文、数学课。在地方课程和校本课程的开设方面,教育行政部门基本上也是"睁一只眼闭一只眼",因为有关的评价制度还未涉及地方课程和校本课程，出现监管不力。因此，应加强教育行政管理部门的监督和服务，切实有效推进三级课程。

总之，制度因素和非制度因素都影响和制约三级课程的有效实施，实践中，尤其要关注非制度影响因素，重视农村基础教育保障制度建设，注重课程资源开发与利用，加强师资队伍建设，增加经费投入。

第八章 农村基础教育三级课程实施典型案例与经验

综观前几章对农村基础教育课程改革实施相关状况的调研与分析，虽然存在种种问题，但总体是平稳的，而且还有很多做法值得肯定。例如，新课程改革理念在农村基础教育受到了较高的认同；三级课程得到贯彻落实：国家课程基本开齐开足，地方课程开发受到重视，类型多样，校本课程开发多种多样……也正是如此，在调查过程中笔者发现一些农村基础教育三级课程实施的典型案例与经验，值得探索、总结、推广。

一、典 型 案 例

（一）重庆市綦江县"区域整体推进农村课程改革"

綦江县地处重庆南部山区，紧邻贵州，面积 2182 km²，人口 95 万，其中农村人口 75 万，人均财政收入居全市中下水平，属经济欠发达地区。全县有学校 113 所，在校学生近 14 万人，其中 90%就读于乡村学校。新课程改革前，全县义务教育质量不高，学生辍学现象突出，近三成学生学业不合格，高中招生困难；全县8000 多名教师每年有 200 多名转岗或流失。面对困境，县教委深刻认识到落后的教育严重制约素质教育的全面推进和办学水平的全面提高，决定以整体推进课程改革为突破口，以课堂教学改革为着力点，深化素质教育，全面提高教育质量，从而整体推动綦江县教育又好又快地发展。

1. 政府高度重视，积极落实课程改革保障措施

课程改革是国家行动，推进课程改革是县级政府的重要职责。县委、县政府将课程改革上升为县级发展战略，先后出台了《进一步加快教育改革与发展的若干意见》《推进课程改革的实施意见》等系列文件，统筹规划城乡教育改革与发展，整体设计学前教育、义务教育、高中教育的课程改革；制定了 2001～2003年启动准备、2004～2008 年全面实施和 2009～2012 年总结深化的三期课改规划。落实了课程改革的组织、制度、物质、师资四项保障措施。

加强组织保障，成立了以分管县长任组长，县教委、县人事局、县财政局等部门领导为成员的课程改革领导小组；县教委成立了以教委主任为组长，各科室、

县教科所负责人为成员的课程改革中心。

落实制度保障，县政府出台课程改革相关文件，落实部门职责，定期召开联席会议，定期督查课程改革推进情况，定期解决课程改革中涉及的宏观规划、教师编制、经费投入、社会宣传、督导评估等重大问题。

落实物质保障，千方百计改善办学条件，安排专项课改经费用于课程改革。

强化师资保障，每年补充教师200名，5年来共补充教师1000多名，占全县教师总数的1/8，改善了教师结构，缓解了教师紧缺的状况；制定了全县教师培训中长期规划，以5年为周期，对全县教师进行了一次提高教育教学能力的全员培训。

2. 统筹城乡教育，整体推进，全面发展

1）统筹城乡教育发展

城乡教育发展不均衡主要表现在两个方面：一是办学条件等硬件指标不均衡；二是办学水平等软件指标不均衡。随着"以县为主"教育管理体制的实施，真正免费义务教育的实现，农村地区学校的办学条件得到了很大改善，城乡学校之间硬件指标的差距有所缩小。因此，綦江县在推进新课程改革的过程中，建立并完善农村学校校本培训、校本教研、评价体系、课堂教学管理制度等现代学校管理体制、机制及制度，缩小城乡学校之间办学水平的差距、统筹城乡教育均衡发展，提高农村学校教育质量。城乡教育均衡发展得到显著改善，提升了农村学校办学理念，提高了农村学校课堂教学效益，促进了城乡学校教育的均衡发展。城乡学生学业成绩合格率差距由课程改革前的近40个百分点缩小到10个百分点。课程改革前的42所农村薄弱学校已有30所获得过全县教育质量增量评估或督导评估一等奖，成为硬件不优但教育质量优的学校。2009年11月，綦江县被教育部评为首批92个"全国推进义务教育均衡发展工作先进地区"之一。

2）整体推进，破解难题

采取"城乡联动，学区互动，基地校带动"策略。以初中为承接点，助推高中，指导小学，辐射幼教。幼儿教育反对"小学化"，突出生活习惯养成教育；小学教育突出学习习惯培养，带领学生快乐学习；初中教育突出学习方法培养，引领学生自主学习；高中教育突出学习能力培养，主导学生个性发展和规划人生。构建县、学区、校三级教研网络，实施"行动研究"，项目推进，解决专业支撑不平衡难题。实行"巡回走教""骨干支教"，保证农村学校开齐开足课程，解决音乐、体育、美术、综合实践活动课等专业教师不足难题。建立数字化共享课程资源库，每所学校有数字化校园、数字化教研室、数字化备课工作室；教师上传资源到学校供全校教师共享；学校上传资源到县资源库供全县教师共享，从而

解决课程资源不足难题。

3）全面实施素质教育

经济欠发达的农村区县，教育的底子薄、观念落后，能否实施素质教育，摆脱落后状况，一直困扰着农村教育。新课程改革顺应了国际教育发展的潮流，全面体现了党的教育方针，是实施素质教育的核心，是实践素质教育的最好渠道，新课程改革科学的质量观就是素质教育的质量观，素质教育只有进入到课程改革层面，由课外进入课堂，才能取得实质性进展。綦江县坚信农村地区尽最大限度实施好新课程改革，就是最大限度地实施素质教育。

4）课程改革在农村区域推进并取得成功

超大容量班额和落后的教育硬件是课程改革不容忽视的制约因素，农村落后的师资队伍更是课程改革的"瓶颈"。课程改革不能"等、靠、要"，有条件要上，没有条件创造条件也要上。探索适合农村地区的新课程改革课堂教学方式及策略，以课堂教学改革实践促进教师专业发展，以教师的专业发展促进课程改革的深入推进，以课程改革促进学校提高教学质量。全国名校洋思中学、东庐中学、杜郎口中学就是很好的证明。基于此，綦江县部分学校通过课程改革也取得了跨越式发展。实践证明，课程改革可以在农村区域有效推进并能够取得成功。

5）改革评价，正确导向

实施素质教育质量发展性增量评价，"以入口定出口""从起点看变化"，首先，用增量考核教师、学校教育质量，农村学校有了奔头，调动了教师、学校参与课改的积极性。其次，设立课程改革专项验收制度，分批进行过程验收，将验收结果纳入督导评估。再次，稳步实施"指标全部到校、综合素质评价、学生学业成绩等级表达、多元录取"的中考录取制度改革。将高中学校计划内招生指标划分为综合录取、特长录取、诚信推荐录取三类，各占88%、10%、2%。普通高中综合录取计划内指标100%均衡地分到初中学校，指标分配适当照顾偏远农村学校。此举有利于深化课程改革，有利于全面实施素质教育，有利于全面提高教育质量，有利于促进城乡教育均衡发展。

3. 学校认真贯彻，积极落实课程改革

綦江县推动课程改革，促进学校特色建设、发展，教学质量显著提高，学生在幸福中学习成长，教师在幸福中教学生活，整个綦江县教学逐步走向生气勃勃的良性发展。

1）促进特色学校建设

办出特色是教育发展的较高层次，办学理念是学校办出特色的灵魂，推进课

程改革促使校长再思考办学理念，办学理念的升华和提升为特色学校建设打下了坚实基础。校本课程和综合实践活动课有利于发挥学校办学的主动性和积极性，有利于学校结合自身实际办出特色。新课程改革采取多元的评价方式，发展和张扬学生个性，主张学生多方面成才，为学生个性发展、特长发展提供了可能。綦江县在这些理念的指导下，认为区域扎实推进课程改革可以促使大面积的学校办出特色。

2）实施教学改革，促进学生发展

借鉴全国课程改革的典型经验，如先学后教、以学论教、多学少教、学生教学生等，根据师资、生源、硬件设施等实际情况进行本土化改造，将传统与现代、继承与创新结合起来，创造了10多种适合学校实际的新型高效课堂。将课前预习、课堂教学、课后练习三个阶段整体设计，合理安排；将教材、教案、教辅资料校本化、生本化、师本化，生成学案或教案。让每位学生找到属于自己的学习起点，解决属于自己的学习问题，分享同伴的学习成果，获得充分的情感体验。隆盛中学"多学少教，不教而教"的"四步六段式"课堂教学模式，原生创造，独树一帜，方式独特，开放度大，课堂效益高。东溪镇中的"四导"课堂教学策略，利用小黑板"移动展示平台"，自制教学实验仪器，学生自学质疑，教师启发引导，师生共同探究，训练当堂完成，课堂有效性强。古南中学整合教材，再生课程资源，拒绝教辅资料，生成"导学图"，融"教""学""练"为一体，减轻学生课业负担，让学生快乐学习。綦江中学"问题式"教学改革，秉承发现一个问题比解决一个问题更重要的理念，改变知识呈现方式，采用启发式教学，大大提高了课堂教学效益。石角中学继承和发展了陶行知"教学做合一"教育思想，践行"立德树人，知行合一"的办学理念，以"三步合作互助式"生活课堂改革为突破口，正在形成"新生活教育"的办学特色。三会小学、书院街小学、永乐小学、升平学校、尚书村小的生活化、活动化课堂，从生活中来，到生活中去，在活动中求知，在求知中活动，生动活泼，符合儿童身心特点和认知规律。整合体艺、科技、综合实践活动等课程资源，采取课内与课外相结合、必修与选修相结合的策略，实施2+X拓展课程，满足学生个性、特长发展需求，促进学生全面发展。其中2是培养伴随学生终身的两项体育技能，X是培养包括艺术特长、创新能力、劳动技能和阅读习惯在内的各种素质。

3）学生在幸福中学习成长

自主的课堂变革了学习方式，丰富的课程资源激发了学生学习兴趣，多元评价给予了学生发展自信。学生由胆怯、封闭、自卑、厌学变得大胆、开放、自信、乐学。敢于质疑，发表见解；敢于超越教材，挑战教师；敢于探究，创造性地解决问题。幸福地享受着新课程改革带来的快乐。同时，在推进课程改革过程中，綦江县也不放弃学业成绩的提高，应试也是一种素质，更是一种需求。

与过去比，全县教学质量整体提升。2003 年全县 12 000 多名初中毕业生参加学业水平考试，750 分为满分，400 分以上不到 2000 人，不足 150 分的近 5000 人；2009 年同样的人数参加考试，总分 400 分以上的达 7500 多人，不足 150 分仅 500 人左右，仅为 2003 年的 1/10。从现在看，中考成绩全面提高。2009 年中考，全县低分段人数明显下降，高分段人数大幅上扬，600 分以上考生占总数的 26%。全县基础教育的质量与规模大幅提高，义务教育阶段学生辍学率由近 3%降到 0.2%，高中阶段入读率从 2003 年 47%增加到 90%以上。

4）教师在幸福中教学生活

课程改革促使教师树立了先进的教育理念，从被动工作向主动投入转变，从机械重复劳动向创造性教书育人转变。教师在与学生共同成长的过程中追求人生幸福，获得个人尊严，实现人生价值。一份在全县范围内对不同层面的 300 名教师抽样调查研究显示：对现行师生关系满意的达 90%，比改革初提升了 29 个百分点；坚持撰写文章的教师占 78%，比改革初提升了 53 个百分点；把教学问题研究成为日常工作的教师达 65%，比改革初提升了 34 个百分点。学生的幸福成长让教师享受到从教的快乐，新课程改革的探究激发了教师工作的激情，反思、互助促进了教师的专业发展。

4. 总结与反思

綦江县政府推动课程改革中，体现了科学发展观的要求，坚持发展为第一要务，统筹城乡教育发展，整体推进，全面发展。作为农村大县，綦江县充分认识自己，积极推动农村课程改革的发展及其考核评价，不断提升学校特色建设，加快教学方式转变，促进学生良好发展。课程改革中取得了阶段性成绩，并受到了外界广泛好评。与此同时，还需要冷静思考，积极应对新的挑战，课程改革没有停止，綦江县的课程改革也应该不断地发展，继续巩固已取得的课程改革成绩并不断创新。新形势下，教育发展的效率与公平受到高度重视，綦江县在统筹城乡教育发展中还需要继续思考如何更好地协调二者的关系，在政府统筹城乡发展的同时恩泽教育的发展。

（二）云南省依托"三生教育"全面推动地方课程实施

新课程改革下，云南省积极响应号召，贯彻落实课程改革，认真分析、积极开发地方课程——"三生教育"（《生命 生存 生活》）。

1. "三生教育"的概况

教育必须面对人生的问题，"生命教育""学会生存生活"已经写入《国家中长期教育改革和发展规划纲要（2010-2020年）》。从2008年秋季学年开始，云南省各级各类学校在全国率先开展生命、生存、生活教育，确定了"三生教育"的内容。

"三生教育"即生命、生存、生活。"生命教育"，让每一位教师和学生"认识生命、尊重生命、珍爱生命，关心自己和家人"；"生存教育"，强调"学习生存知识，保护珍惜生态环境，关心社会和自然，强化生存意志，提高生存的适应能力和创造能力"；"生活教育"，提倡"珍视生活，了解生活常识，掌握生活技能，养成良好生活习惯，关心他人和集体，树立正确的生活目标"。

2."三生教育"的意义与目的

云南省自主开发的地方课程"三生教育"具有明确的时代意义和长远价值。首先，该课程理念积极体现了科学发展观的重要思想，是科学发展观在教育层面的实践结晶，体现"以人为本"的核心思想。其次，该课程理念不局限于云南省地方教育的需要，全国各地都可推广和学习借鉴。再者，该课程理念不局限于基础教育阶段的需要，可推广至整个教育领域，整个人的发展，不仅是学生的课程，也值得教师及其他行业人员的学习与认识。最后，"三生教育"作为地方课程，与思想品德课程相互照应、相互补充。

3."三生教育"课程开发情况

云南省教育厅重视积极开发"三生教育"，以"学生的发展"为一切开发的出发点与落脚点，以《生命　生存　生活》教材为"三生教育"的载体。

1）教育部门：省厅重视，积极开发，扩大宣传

《生命　生存　生活》作为云南省的地方课程教材备受云南省教育部门的高度重视。

首先，厅长作主编，带头实施课程改革。"三生教育"的地方课程教材是《生命生存生活》，由时任云南省教育厅厅长罗崇敏为主编，身先力行带领团队推动云南省课程改革。座谈会上，作为主编的罗崇敏厅长明确领会时代发展的潮流，深入认识学生发展的需要，清晰懂得"三生教育"的意义，极力推动地方课程的开发与实施。

其次，借课程改革之机遇，全面推广理念。课程改革既是挑战，也是机遇。云南省教育厅视挑战为机遇，将基础教育阶段的地方课程"三生教育"面向全体学生开设，从幼儿园、小学、初中、高中，甚至到大学都覆盖，并设为必修课。借基础教育课程改革之春风，下至幼儿园，上至大学，系统地阐述与推广"三生教育"。

最后，大力宣传"三生教育"，深入课程改革。云南省视"三生教育"为云

南省教育名片，大力打造，积极宣传，专门开设了三生教育网、三生教育研修班等，促进"三生教育"的发展。通过宣传三生，促进地方课程的实施，加强各方面的监督与指导（尤其是社会），通过社会各界对"三生教育"理念的认识、讨论、反馈，甚至批评来帮助"三生教育"的发展，这是深入课程改革可持续发展的一种方式（图 8-1、图 8-2）。

图 8-1 三生教育研修班

图 8-2 三生教育网

2）课程教材：内容和谐，科学编制，意义长远

为了适应各级各类学校开展"三生教育"的需要，在现代课程教学理论的指导下，云南省教育厅组织团队编写了"三生教育"系列教材一套 10 册，分别供幼儿园、小学、初中、普通高中、中等职业学校、高等学校选用。

首先，主题和谐鲜明，紧跟时代步伐。"三生教育"之生命、生存、生活，主题鲜明，以人为本，体现"人与社会""人与自然"的和谐相处，体现了是以科学发展观的要求，是"可持续发展"的重要教育实践。作为地方课程改革，"三生教育"的出发点和落脚点是非常具有现实意义和长远价值的。

其次，依据年龄特点，编写科学教材。《生命 生存 生活》义务教育阶段分为 2、3、4、5、7、8 年级，根据学生的成长特点，教材内容、结构、呈现形式等方面逐渐变化。从各册主题内容、教材容量、呈现方式三个方面分析如下。

（1）各册主题和谐，学生持续发展。各册内容相互衔接，注重内容的递进与发展关系，生命、生存、生活之间相互独立又十分紧密地联系在一起。主题紧密联系学生年龄特点及其发展需要，如以小学 3、4、5 年级各册教材中知识内容为例，见表 8-1。

表 8-1 小学 3、4、5 年级各册教材内容

年级	生命	生存	生活
3	生命只有一次 小猫流浪记 一片叶子落下来 昂起头来真美	安全万花筒 机智与勇敢的对话 合作中的快乐 神奇的作文机	养成好习惯 美美和妞妞 山谷的回音 张开想象的翅膀 换一种方式想一想

续表

年级	生命	生存	生活
4	生命的瞬间 运动让生命精彩 发现自己 平等的我们 每天在成长	相信我能行 下定决心 珍惜水资源 火灾发生时 童眼看网络	生活真美好 节俭的生活 生活中的礼仪 做诚信的人 编制的记忆
5	我们的成长 尊重你我他 我们在一起 谢谢你的爱	编织金色的梦 生存中的规则 赏识的力量 合作的团队 危险来临时 环境在变化	积极的心态 学会竞争 学会交往 创造新天地 与幸福同行

　　义务教育低段（3 年级）以主题活动的方式编写，以童话故事偏多，如《小猫流浪记》，内容基本属于正面题材的理想主义，体现生命、生存、生活的"真善美"；中段（4、5 年级）主题逐渐贴近现实，逐步培养学生认识现实社会，了解生命与成长，了解生存与发展，感受生活（5、6 年级培养学生认识社会非常重要，对于学生进入青春期的心理状况有重要的意义）。

　　（2）各册形式多样，容量逐渐增加。

　　首先，结构体例多样化。如义务教育低段（3 年级）中每一部分均有"活动园地""童言畅谈""故事屋""心语点灯""行动舞台"四大板块，对于教学的引导既有活动实践，又有交流倾听，还有知识提炼；又如中段（5 年级）中版块设置相对灵活，用"启发式"的语句作为板块标题，如第一节"我们的成长"：1.我从哪里来（活动体验）；2.我们在成长（资料导读，分析讨论）；3.父母从哪里来（分析讨论）；4.他们到哪里去了（活动体验，分析讨论，感悟与评价）。

　　其次，伴随学生的成长，年级的增高，教材知识容量也逐渐增加，如表 8-2 的统计数据。

表 8-2　各年级知识容量情况

年级	3	4	5	8
页数/页	58	58	68	112
字数/千	60	65	92	119

　　最后，根据学生的心理特点，教材中的配图也逐渐变化，适合学生的心理特点：低段（3 年级）教材中的图画全部是卡通人物；高段（5 年级）教材中的图画不仅有卡通人物，也有真实的场景（图 8-3、图 8-4）。

图 8-3　3 年级教材

图 8-4　5 年级教材

（3）教学要求明确，循序渐进教学。《生命　生存　生活》（小学 3 年级）在教学过程中，应充分体现学生认知、体验和感悟的环节，每个活动不要急于在一个课时内完成，尤其是课外拓展部分，应该让学生亲历实践，充分发挥家庭、校园和社会三者在"三生教育"中的整合作用。教材中的故事部分由教师讲解，更容易让学生接受，还要注意与现行其他教材中的相关内容结合使用。《生命　生存　生活》（小学 4 年级）通过哲理故事和典型活动，引领学生解决生命、生存、生活中遇到的具体问题。《生命　生存　生活》（小学 5 年级）注重校外实践和社会体验，在轻松和快乐的活动中，构建正确的人生价值观，培养良好的行为习惯。义务教育阶段高段（初中）的教学要求将更高，如 8 年级中明确提到"将生命、生存、生活中的问题摆在现实和理想中进行拷问，通过认知、体验、感悟的过程，让同学们以一个健康的、饱满的生命姿态走进生活。"

（4）认识不断提高，教材不断更新。"与时俱进"是不断发展的要求，教材不仅符合学生的成长需要，同时紧跟时代步伐不断更新。作为素质教育基础工程系列教材的《生命　生存　生活》已经是第四版，云南省不仅重视教材开发，同时关注教材的发展，通过调研不断更新，不断完善。

4. 实施的效果

本书调研组 2011 年 11 月 13 日～15 日先后在云南省宜良县、寻甸县和芒市展开了调研，共调研小学 9 所，初中 6 所，问卷访谈人数见表 8-3。

表 8-3　参加问卷访谈的师生数

	校长	教师	学生
问卷	15	180	1285
访谈	15		

　　调查过程中，对于地方课程"三生教育"的实施情况总体较好，也存在一些问题亟待解决。

　　调研中，95.2%的教师在问卷中显示有必要开设地方课程，访谈中对于"三生教育"的理念及教材《生命　生存　生活》的内容表示积极的态度，相关调查问卷数据见图8-5～图8-8。

　　（1）教师知道"三生教育"，却不清楚"地方课程"。问卷中，有46%的教师仍然认为"地方课程就是过去的乡土课程"，而"三生教育"作为地方课程并非乡土课程，这显示出这部分教师对于地方课程的理解还相对滞后；16%的教师不清楚地方课程与乡土课程的包含与被包含关系；38%的教师比较清楚地方课程的指向意义。

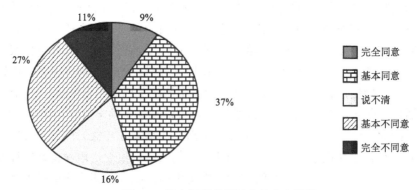

图 8-5　地方课程就是过去的乡土课程

　　问卷后的访谈中，教师们对"三生教育"比较了解，对于《生命　生存　生活》表示欢迎与支持，认为"三生教育"不仅有利于学生的成长，也对教师教育有积极促进作用，同时还有利于家庭、社会的教育。

　　（2）非常认可包括"三生教育"在内的地方课程的开发与实施，观念、师资、经费问题受关注。问卷数据显示只有2%的教师认为地方课程的开发与实施不适合。

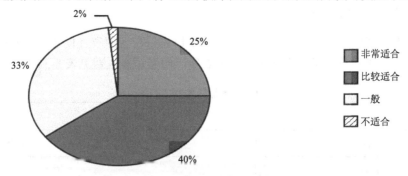

图 8-6　地方课程的开发与实施

与此同时，33%的教师处于不清楚状态也给"三生教育"的推动提供了宝贵的启示。以下问卷显示，课程实施的首要问题主要针对观念、师资和经费，访谈的情况与问卷相符，教师认为"三生教育"的开发得好不能完全代表实施得好，关键在于教师观念的是否转变，师资是否跟上，经费是否充足。

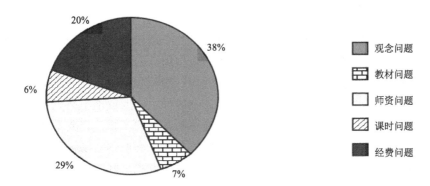

图 8-7　在地方课程实施中首先要解决的问题

访谈中，教师们根据自身的经历认为伴随课程改革，教学观念在不断改变，更多的关注学生的发展，"三生教育"从人的本质出发给了大家更多的启示；与此同时，教师们也谈到"师资紧缺"是当前地方课程保障实施的核心问题，缺乏专职教师讲授"三生教育"，基本全是兼职教师任课（初中普遍是文科类教师，小学主要是班主任）。

（3）《生命　生存　生活》广泛好评，学生喜欢，教师赞扬。问卷数据显示，认为课程实施的首要问题是"教材问题"的教师只占6%，同时问卷数据显示48%的教师认为地方课程最应该由地方教育行政部门来开发，这说明云南省教育厅主持编写的《生命　生存　生活》备受一线教师认可，当然这本书的编写包含地方教育行政部门、高校、教育科研机构、专家学者、教研员等的共同心血。

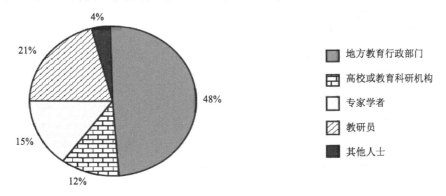

图 8-8　地方课程由谁来开发最合适

访谈中学生对于《生命　生存　生活》的图品、内容都很感兴趣，尤其是义务教育中段的小学生能够谈出生命的重要意义，能谈到通过自己对"生命、生存、生活"的学习将一些知识传递给家人，让他们了解，一位 5 年级小学生谈到"谢谢你的爱"教会大家学会感恩，学会帮助其他需要帮助的人。

5. 总结与反思

云南省"三生教育"是新课程改革背景下的一道风景线，是彩云之南的一张教育名片，对西南地区课程改革有积极的模范作用。云南省的地方课程在云南省教育厅的高度重视下，快速推广，"三生教育"的理念很快拓展开来，取得的成绩是决策者正确、领导开发者、睿智思考、一线师生实践反馈不断完善的成果，是值得推广借鉴的典范。当然，课程改革是不断发展的产物，需要不断巩固和创新，"三生教育"应该积极落实与学生发展的关系，真切落实以学生为本，提升学校、教师的认识，不断改进"三生教育"的教学方式，好的理念需要好的教学方式作保障，好的评价制度作为教学反馈的重要方面，云南省应该积极着手开展有效的地方课程、校本课程教师培训，加强课程理念认识及其教学方式的转变。只有以教育发展为先，以国家发展为重的原则，促进社会和谐发展，促进教育和谐发展，才能真正走向推动课程改革的道路上来。

（三）广西柳江县"三三式"校本教研推动课程改革

为实现教学研究的重心下移到学校，促进学校成为一种真正意义上的学习型组织，基于学校实际问题的解决来推动教师专业的自主发展，提高教师的专业化水平，实现学校教育教学质量的提高和学校整体办学水平的不断提升，2005 年，柳江县向柳州市教育局课改办申报"创建以校为本教研制度建设项目基地"项目，并被确立为柳州市首批实验基地县。通过 4 年的探索与实践，创建了柳江县校本教研制度建设管理、评价的运行机制，完善了县城带动农村、城乡联动、整体推进的校本教研网络，形成了具有柳江特色的"三三式"（三级网络、三级评估、三级平台）校本教研模式。

1. "三三式"校本教研的理论模式

"三三式"校本教研模式见图 8-9。

1）三级管理

为确保项目的顺利实施，柳江县以行政为主导，构建"县－乡－校"三级管理网络，建立校本教研工作新机制（图 8-10）。

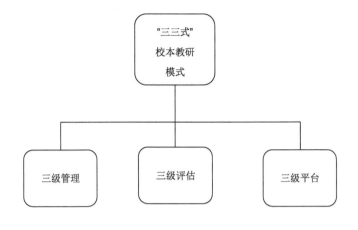

图 8-9 "三三式"校本教研模式图

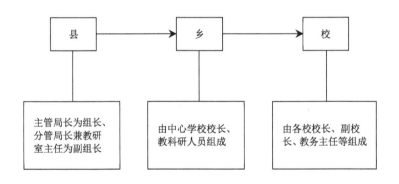

图 8-10 三级管理图

在项目启动初期,柳江县成立了由主管局长为组长、分管局长兼教研室主任为副组长的校本教研制度建设基地县项目领导小组,宏观指导全县的校本教研工作。各乡镇由校长、教科研人员成立了乡镇一级的校本教研项目领导小组,同时学校内部也建立有相应的领导机制,做到"精心策划、狠抓落实、注重反思、不断提高",将开展校本教研制度建设作为中小学教师继续教育的主要任务,切实抓紧抓好。

为了进一步强化乡镇中心校对辖区小学课改工作的统筹、协调、管理和辐射带动作用,2004 年 9 月,柳江县成立了乡镇小学课改培训与业务指导工作领导小组,由乡镇中心校校长担任组长,中心校第一副校长做副组长,成员由中心校教导主任和教学专干组成。同时,将乡镇小学课改中心组调整为乡镇小学课改专家组,在乡镇小学课改中心组的基础上调整充实专家组成员。并进一步明确领导小组和专家组的职责和任务，专家组在领导小组的组织领导下开展本乡镇小学的课改培训与业务指导工作，同时，负责组织本乡镇小学的校本教研活动。

2）三级评估

为强化校本教研工作的过程管理，柳江县充分发挥督导评估的导向作用和激励作用，建立有效的三级督导评估机制（图 8-11），始终坚持把校本教研作为课改工作的重要指标，纳入乡镇政府和中小学年度工作目标管理考核的范畴，并进行总结表彰。

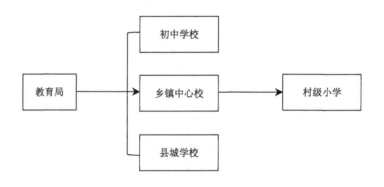

图 8-11　三级评估图

2005 年，柳江县专门制定下发了《柳江县中小学课改实验工作评估方案》，将校本教研纳入督导评估的重要内容。每学年教育局坚持对初中学校、县城小学及乡镇中心校的课改和校本教研进行一次专项检查，同时要求乡镇中心校对所辖村级小学开展检查。2006 年，柳江县依据这个方案，通过听取汇报、查阅档案材料、随堂听课、召开座谈会、发放调查问卷等方式，从组织与管理、教师培养与培训、课程开发与管理、教学研究与指导、教学过程、评价与考试、社会动员、实验成效等 8 个方面进行了全面评估，并召开全县课改工作阶段性总结表彰大会，对课改先进学校、先进个人予以表彰奖励。通过评估表彰，进一步加强了对学校课改与校本教研工作的跟踪、监控与指导，在全县范围内初步形成了城乡之间、乡镇之间、学校之间课改工作赶、帮、带的良好局面，为柳江县课改工作向纵深协调发展奠定了良好的基础。

3）三级平台

柳江县构建了小学"县—乡—校"、初中"县—片—校"三级教研网络平台（图 8-12），形成上下联动、平行互动的课改教研新格局。

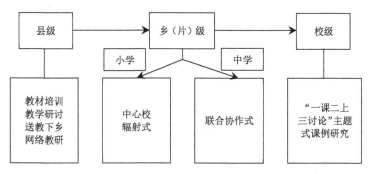

图 8-12　三级教研网络平台图

县级：成立了以教研员为组长、各学科骨干教师为成员的县级课改学科中心组。县中心组除了组织开展全县性的教材培训、教学研讨、送教下乡等活动外，还在广西基础教研网和都乐网主持开展系列网络教研活动，推动了校本教研的深入开展。

乡（片）级：在小学，柳江县采取"中心校辐射式"校本教研方式，充分发挥各乡镇中心校的管理和引领作用；在中学，柳江县以片学科中心组为龙头，推行"联合协作式"教研方式，密切校际间的沟通与协调。这使得柳江县有组织、有计划地定期开展教研活动，达到全面提高，共同进步的目的。

校级：学校中心组开展理论学习、问题探讨、实践尝试、深入反思、行为跟进等一系列理论研究和实践探索活动，此外以课例研究为载体，开展主题式"一课二上三讨论"课例研究活动。通过开展这些活动，促进教师不断反思，提升自我，加强了教师之间的平等交流与有效合作，使全体参与教师都能对如何提高教学的有效性有更进一步的认识，从而提高了课堂教学的质量。

2."三三式"校本教研模式的积极意义

1）教研方式发生深刻变化，教科研力量得到整合和加强

经过在课改中的探索与实践，柳江县创建的"三三式"校本教研模式，形成了"全县一盘棋"的校本教研整体推进格局，教研力量空前加强。一是教研队伍壮大，县教研室专职教研员只有 13 人，成立了中小学县、乡、校三级课改中心组后，689 名课改中心组成员成为全县教研中坚力量；二是更为注重团队协作、集体智慧，形成合力推进课改教研，在全县范围内初步形成了城乡之间、乡镇之间、学校之间教研工作赶、帮、带的良好局面，促进了柳江县课改教研工作深入全面协调发展。

在课程改革实验推广工作中，柳江县树立了"问题即课题"的理念，采取"以科研带动课改"的策略，抓住课程改革过程中遇到的具体问题加以研究，把课改

实验引入科研课题研究的过程中。2001年全县中小学仅有5个在研课题，而且都集中在县城学校，乡镇学校科研课题为零。在课改实验推动下，针对实验任务及实验过程中产生的问题，柳江县确立了"新课程理念下语文（数学）课堂教学模式、策略、方式的研究""运用激励策略，提高农村中小学学困生自信心的研究""基于目标教学的课堂教学创新研究""基础教育教师素质提升综合改革实验"等90多项区、市级课题，参与课题研究教师1300多人，开创了"科研兴教"的良好局面。到2011年，全县所有县城学校和乡镇中心小学及70%的乡镇初中均有立项在研课题，乡镇中心校的教育科研对辖区村级小学起到了很好的辐射带动作用，部分村小也积极参与到科研工作中，开展了立项研究。柳江县把教育教学中的问题作为课题来研究解决，有效地促进了教学质量的提升，充分发挥了课题研究对课改实验的理论提升和实践引领作用。

2）教师培训广度、力度不断加大

第一，通过专家引领、立足实践，构建校本教研、校本培训一体化的研训机制。以校为本的培训依托县、乡、校三级教研网络蓬勃开展，针对教师实际需求进行针对性的即时培训，有效地解决了教师在课改实践中的操作技能适应与提高问题。

第二，走出一条"做中学、做中研"的教师专业成长道路，教师的教育观念、学习方式及教学行为方式发生了深刻的变化。教师把学生作为学习的主人，给学生提供个性发展的空间，鼓励并尊重学生的个性化发展。教师在教学中注重学生如何学，自觉地引导学生进行自主、探究、合作学习；不仅关注知识的传授和技能的掌握，还关注学生在情感、态度、兴趣等方面的养成。

教师在课改实验中迅速成长，教师队伍整体素质得到全面提高。据不完全统计，实施后三年柳江县中小学教师撰写了大量的教育教学论文、案例、教学设计、教育故事等，其中2300多篇获国家级、区级、市级奖励，参加各级赛教课获市级以上奖励170人次，获奖等次及人数在同类县区中名列前茅；有广西"21世纪园丁工程"培养对象116人，柳州市教坛明星、一二三级平台培养对象、学科带头人等共50多人，柳江县专业技术拔尖人才、"十佳"创业者20多人。

3）开发出一批富于学校特色的校本课程

柳江县引导学校利用自身所处的地区优势，开发出许多富有学校特色的课程资源，如柳江中学的"研究性学习"、柳江二中的"科技活动月"、拉堡小学的"小主人乡村体验周"、壮校附小的"壮民俗文化研究"、百朋中心校等6所学校的"中华优秀经典古诗文诵读"、基隆开发区小学和壮校附小的"数学日记"、拉堡二小和穿山中心校的"三笔字"课程开发等。这些校本课程的开发有力促进了学生的实践性学习和探究性学习，为学生的主动发展和全面发展奠定了坚实的基础。比如，拉堡小学的案例"小主人乡村体验周"获全国、全区未成年人思想道德建设创新案例一等奖，案例"柳江县返村孩子的新课堂"获未成年人思想道德建设创新案例全国三等奖、全区一等奖。

3."三三式"校本教研的社会反响

近年来，《人民日报》《光明日报》《人民教育》《班主任》《中国德育报》《中国少年报》《广西日报》《广西课改实验工作通讯》《柳州日报》等刊物先后对柳江县的课改工作经验进行了专题报道。广西壮族自治区教育厅、柳州市教育局等单位先后 4 次组织专家到柳江县进行专题调研和阶段性评估。2006 年 12 月，广西壮族自治区课改工作评估调研组在对柳州市的课改评估反馈会上，三次点名表扬了柳江县，"今后各地的课改工作如果都能像柳江这样扎实地抓，我们大家就放心了"。2007 年 10 月，"柳州市、桂林市校本教研联合研讨活动"选取柳江县作为现场展示点，在会上柳江县作了《点面结合，区域联动，整体推进校本教研制度建设》的经验介绍；2007 年 12 月，柳州市教育局在柳江县举行了"柳州市第二次课改工作推进会"， 500 多位与会领导及专家对柳江县课改工作取得的成绩给予了高度评价与赞扬。2011 年 10 月，在"柳州市教育特色展示周"活动中，柳江县作为承办点之一，以"构建'三三式'模式，创特色校本教研"为主题，从"县、乡、校"三个层面，面向全区展示了柳江县的教科研特色。

4. 总结与反思

"三三式"校本教研只是西南地区农村基础教育课程改革中的一个缩影，通过课程改革加强研究能力，通过校本教研推动课程改革，从"县、乡、校"三个层面，面向全区展示了柳江县的教科研特色，体现了统筹发展，促进课程改革在各层面的发展。从政府到学校，从教师到学生，立体性较强，全方位推进课改。

（四）四川省中和中学以校本课程开发和实施促进学校发展

四川省资阳市雁江区中和中学原是一所濒临倒闭的农村薄弱高完中。农村薄弱高完中的共性是办学条件差，学生需求呈现多样性，教师教学水平不高，师资队伍不稳，招生困难，面临严重的生存危机。为了改变这一现状，中和中学致力于兴趣课程、技能课程、拓展课程的开发，满足了不同层次学生的不同发展需求，既为新农村建设培养了技术人才，又为高校培养了合格新生，还改变了学校薄弱落后面貌，值得大批农村薄弱高完中（仅资阳市，农村高完中就占60%）借鉴，解决其面临的生存危机，改变学校薄弱面貌。中和中学以"多样性需求的校本课程开发" 为突破口谋求学校的发展为同类学校谋求发展出路提供了一个成功范例。

1. 中和中学多样性需求的校本课程开发的背景

1）学生需求呈现多样性

中和中学是一所十分薄弱农村高完中，办学条件差，招生困难，面临严峻的生存危机，学生存在明显的个体差异，学生的需求呈现出明显的多样性，主要体现在以下方面。

（1）学生有培养兴趣特长的需求，学校却缺乏兴趣课程。

（2）学生有学习职业技能的需求，学校却缺乏技能课程。

（3）升入大学的需求。

2）教师需求呈现多方面

中和中学作为一所农村薄弱高完中，年轻教师多，学历低，教师流动大。2000年9月，从学校教师的问卷调查中发现，教师的需求表现为三个方面。

（1）课程意识淡薄，提高课程意识的需求。

（2）课程开发能力不强，提高课程开发能力的需求。

（3）研究水平不高，提高研究水平的需求。

3）薄弱面貌改变需求呈现多元化

中和中学是一所面临倒闭的农村薄弱高完中，办学条件差（缺少运动场、篮球场、乒乓台、音乐器材、美术室、报栏等基本的设施设备），师资力量弱，学生人数少，招生困难，办学水平不高，校风、学风、教风较差。校园内杂草丛生，其薄弱面貌改变呈现两个方面的需求。

（1）改变学校落后面貌，化解生存危机的需求。

（2）改变学校薄弱状况，促进快速发展的需求。

2. 中和中学多样性需求的校本课程开发的情况

根据差异性教学、课程开发等理论，中和中学主张：遵循"学生个体间和个体内的差异"，结合传承"农科教"办学，开发"以生为本"的兴趣、技能和拓展课程，走"普职并举"的综合高中之路，最大限度地满足学生多样性发展的需求，构建满足学生差异需求的综合高中课程体系。

1）国家课程

主要是按国家课程标准要求开设的必修课程。

2）艺体兴趣课程

主要是在国家课程基础上以学生兴趣为基础开发的音、体、美课程。实施步骤：问卷调查→编制课程目录→编写读物→自主选择课程→分班开课。

3）职业技能课程

主要是为增强学生动脑动手能力，并为学生今后就业打基础而开发的课程。具体做法是：第五学期在初三、高三分流后，学生自主选择课程，教师实行分类指导、分层教学的技能课程主要有：《农村实用养殖与种植技术》《醋·砖·水》等 6 门课程。

4）补差拓展课程

为有学习困难的学生弥补知识漏洞，为学有余力的学生补充拓展知识，提高学生学习能力开发的课程。学校利用第六学期的时间集中开设的补差拓展课程主要有：《高中数学拓展教程》等 8 门。

3. 中和中学多样性需求的校本课程开发的成效

1）学生兴趣、就业、升学的多样性需求得到了全面满足

通过校本课程的开发与实施，学生的艺术特长得到了培养，就业技能得到了培训，高考升学人数和比例逐年提升，学生对学校的满意度明显提高，学生的行为发生了可喜的变化。

2）教师课程意识明显增强，课程开发能力显著提升，研究水平和教学技艺大幅提高

课题研究前教师把教材作为唯一的资源，只是一味地教教材。现在，通过校本课程开发，教师不再把教材作为唯一的资源，能根据学生实际对教材进行一定的补充、增删，能以学生的发展为本对校本课程进行研究。教师的教学观念、教学能力、研究水平和工作作风都发生了翻天覆地的变化。

3）校本课程开发彻底改变了学校落后面貌

校本课程开发满足了学生、教师、学校的需求，学生"进得来，留得住，静得下，出得去"了，解决了学校面临的生存危机，改变了学校落后面貌，为学校"起死回生"找到了出路。随着校本课程开发的不断推进，学校迈上了超常发展的快车道，学校的办学规模得以扩大，办学水平得以提升，教师科研能力得以加强，领导作风得以改变。

4. 总结与反思

1）基于学生需求的农村中学校本课程开发能改变农村学校薄弱面貌

农村薄弱高完中的共性是办学条件差，学生需求呈现多样性，教师教学水平不高，师资队伍不稳定，招生困难，面临严重的生存危机。基于学生需求的农村

中学校本课程开发，满足了不同层次学生的不同发展需求，既为新农村建设培养了技术人才，又为高校培养了合格新生，还改变了学校薄弱落后面貌。

2）基于农村学生多样性需求的校本课程开发可以促进高中课程改革

面对新一轮高中课程改革，不少教师和学校都十分茫然，以学生多样性需求为着力点的校本课程开发实践无疑是一次成功的尝试，对高中课程改革大有裨益。校本课程开发可以有效地增强教师的课程意识，提高教师的课程开发能力，有力地推进高中课程改革。

3）基于学校发展的校本课程开发可以促使农村教育的均衡发展

校本课程开发有效利用教育资源，有效实施分层教学、分类指导，走"普职并举"的综合高中之路，促进了农村高完中、城市高中的协调发展，可以促进农村教育均衡发展和可持续发展。

（五）贵州省六堡畲族女子学校将民族民间文化引入学校

贵州省黔东南苗族侗族自治州麻江县杏山镇六堡畲族女子学校是贵州省唯一的一所少数民族女子小学，曾被州委、州政府评为"全州民族团结进步模范单位"。学校创建于1989年，现有学生127人，有教师8人，开设1～6年级6个班，学校除了按国家规定开足开齐九年义务教育课程外，还开设了编织、刺绣和农业技术等地方课程，学校还把民族民间歌舞融入到第二课堂活动中，大大吸引了女童入学，入学率达到100%。六堡畲族女子学校是全州51所民族民间文化进校园学校之一，2010年被评为全州科普示范学校。

1. 民族民间文化进学校活动的背景

2002年，为了传承好民族文化，贵州省教育厅下发了《关于在全省各级各类学校开展民族民间文化教育的实施意见》，要求全省中小学特别是民族地区中小学校要将优秀的民族民间文化作为素质教育内容，将当地人民喜闻乐见的民族音乐、绘画、舞蹈、体育、文学、传统手工艺等列入教学活动中。

六堡畲族女子学校所在的六堡村距县城18 km，2005年底，全村有303户，1331人，99%是畲族。畲族是贵州省世居民族之一，原称东家人，在党和国家领导人的关怀下，于1996年10月认定为畲族。学校所在的六堡村是一个畲族聚居的山村，也是畲族文化保存最好的山村之一。但随着现代文明的冲击，原有的古朴、原始、独特的民族文化正在被外来文化无情地侵染、同化，很多人不再说本民族语言，民歌也在逐年减少，民族舞蹈鲜有人跳，民族文化面临着后继无人的巨大危险。六堡畲族女子学校作为全省唯一的一所畲族女子小学，为了促进女童入学，把民族民间文化引进课堂，请当地的民间艺人来传授技艺，让女童入学的同时，也能学到本民族的技艺，从而让畲族文化得以保存，还使女童教育取得了巨大的发展。

2. 民族民间文化进学校活动开展情况

（1）把民族文化引进课堂，聘请当地民间艺人传授民间文化技艺。学校除了开设国家规定的课程外，还要增加本民族（歌舞、刺绣等）特色课，每周五下午上二节课，排进课表，弘扬本民族文化的课程，培养学生不忘本民族文化，同时又开设英语课、计算机课等，培养学生的自信心。

（2）开展畲族语言辅助教学。在小学低年级教学用语都采用"双语言"辅助教学，帮助畲族儿童克服语言困难，提高教学质量，弘扬民族文化，增进民族团结等。

（3）编写畲族文化进校园教材。通过首批开展民族民间文化进校园活动，学校在民族民间文化进校园方面探索出一些经验，为编写教材提供了基础。

（4）建设校园民族踩歌堂、舞蹈室等综合设施。

（5）建设一支稳定的民族民间文化进校园的教师（辅导员）队伍，提高待遇，促进民族文化教学质量的提高。

3. 民族民间文化进学校活动取得的成绩

（1）民族民间文化进课堂取得可喜的成效。短短几年，通过学校的开发和挖掘，畲族传统的粑槽舞（汉译为《姑梦》）2005年荣获黔东南苗族侗族自治州第十届少数民族文艺汇演一等奖，2006年畲族粑槽舞被列为省级非物质文化遗产保护。畲族凤凰装申报国家级非物质文化遗产保护，畲族的民间刺绣作品远销省外。

（2）学校的民族民间文化进课堂工作受到外界的广泛关注。2005年底，黔东南电视台在学校拍摄了专题片《畲族女校》，该片在贵州获得专题片三等奖。贵州电视台《发现贵州》栏目曾在学校拍摄了《畲族粑槽舞》《被遗落的凤凰装》等节目。

（3）学生参加2006年"多彩贵州"旅游形象大使比赛，毕业生赵通秀进入省级决赛。2006年该校30名学生以民族歌舞参加黔东南苗族侗族自治州建州50周年大庆，2007年又有50名学生带着本民族歌舞参加"中国凯里原生态艺术节"活动。

（4）建立了一支稳定的教师队伍。通过几年的民族民间文化进课堂探索，该校建立了由校内2名兼职教师、校外5名兼职教师所构成的、稳定的教师队伍。同时每年学校确保投入经费3000元，每位教师上课每节课有5元的补助，进一步保证了教师队伍的稳定。

（5）民族民间文化进课堂工作形成体系。除了制定方案、规划外，学校有计划、有安排、有总结、有教材，每班学生都参加活动，并组建了学校文艺队。

（6）探索出一种学校发展的新模式。六堡畲族女子学校立足当地实际谋发展，把民族民间文化引进校园，开展"双语言"辅助教学，率先在全县农村小学开设英语课，利用远程教育资源开展教学实践，努力探索出一条创建民族特色学校的创新思路。

（7）民族民间文化进课堂对当地的经济社会发展有一定的带动作用。开展民族文化进课堂工作以后，学校所在的六堡村被县委、政府列为民族旅游文化村寨，通过旅游带动了当地经济社会的发展。

4. 总结与反思

民族民间文化是西南地区教育发展的重要部分，有效地融入民族民间文化是推动西南地区基础教育课程改革的重要体现。六堡畲族女子学校以课程改革为机遇，传承传统民族文化，并丰富了课程资源，有利于继承与发扬文化传统并推动课程改革。与此同时，应该积极探索校本课程与地方课程、国家课程的关系，促进相互之间的协调，促进三者紧密联系、向前发展。

二、农村基础教育三级课程实施的基本经验

（一）各地政府重视课程改革，积极推动课程改革实施

政府高度重视课程改革，制定政策，身先力行推动课程改革实施。在调研过程中发现，各级政府对于基础教育课程改革都给予了高度的重视，有专门的领导挂牌负责督导。普遍把教育摆在优先发展的战略地位，持续加大投入，着力深化改革，从政策制定到实施都给予了充分的说明与肯定。例如，重庆綦江县以政府为主导，落实职责，充分认识课程改革是国家行动，并将"推进课程改革"视为县级政府的重要职责，县委、县政府将课程改革上升为县级教育发展战略，先后出台了《进一步加快教育改革与发展的若干意见》《推进课程改革的实施意见》等系列文件。又如，云南省"三生教育"、四川省"生命生活与安全"备受省教育厅高度重视，政府部门积极组织教科所、教科院、师范院校等教育机构参与规划、开发与实施。其中，"三生教育"的地方课程教材《生命　生存　生活》，由云南省教育厅厅长担任主编，身先力行带领团队推动云南省课程改革。此外，贵州省、广西壮族自治区、四川省等地均从省级教育部门出发，带头推动课程改革，积极促进国家课程顺利实施，地方课程、校本课程的积极开发与实施。通过政府部门的先锋示范带头作用，促进地方课程的顺利开发，有效地推动地方课程的实施。

政府高度重视课程改革，加大投入，积极推动教育改革发展。云南省委、省

政府高度重视教育工作，采取一系列重大措施，推动教育事业取得长足进步。5年间，全省教育累计投入超过 1700 亿元，财政教育经费投入年均增长 23%。仅 2010 年就达到 374.7 亿元，占财政总支出的比重达 16.4%，财政教育支出的增长均较大幅度地超过了财政经常性收入增长，多渠道拓宽教育经费来源成效明显。四川省拓宽经费来源渠道进一步加大财政教育投入，2001～2010 年，全省财政教育投入从约 85 亿元增加到约 541 亿元，年均增长 22.8%，高于同期财政经常性收入年均增长幅度；教育支出占财政支出的比重从 14.3% 提高到 15.7%。但四川省教育发展还存在很多薄弱环节，部分市（州）、县（市、区）教育投入未按有关规定全部落实到位，多渠道筹集教育经费的机制还不完善。为拓宽经费来源渠道，多方筹集财政性教育经费，省政府决定足额征收教育费附加，足额征收地方教育附加，从土地出让收益中按比例计提教育资金。四川省政府 10 月 24 日出台《关于进一步加大财政教育投入的意见》，并提出"确保到 2012 年按可比口径计算的全省各级各类财政性教育支出占全省财政支出的比例达到 18%，以后年度随着财力的增长进一步提高"目标任务的具体举措之一。西南各省（自治区、直辖市）均不断加大教育投入，尽力保障教育经费，推动课程改革的顺利实施。

政府积极推动课程改革，促进教育公平、均衡、全面发展。西南各地方政府对课程改革的重视和支持，有力推进了地方课程的开发与实施，使课程改革顺利开展。例如，重庆綦江县统筹规划城乡教育改革与发展，整体设计学前教育、义务教育、高中教育课程改革；制定了 2001～2003 年启动准备、2004～2008 年全面实施和 2009～2012 年总结深化三期课改规划。落实了课程改革的组织、制度、物质、师资四项保障措施。又如，云南省教育厅视挑战为机遇，将基础教育阶段的地方课程"三生教育"面向全体学生开设，从幼儿园、小学、初中、高中，甚至到大学都覆盖，并设为必修课。再如，四川省委省政府高度重视和直接领导，以民族地区和农村地区义务教育为重点，加大统筹力度，特别是在灾后重建中统筹城乡学校规划布局，统一城乡学校建设标准，极大改善了灾区农村学校和薄弱学校办学条件，进一步促进了城乡教育均衡发展，取得了显著成绩。四川省义务教育普及成果更加巩固，城乡之间、学校之间办学差距进一步缩小，整体发展水平不断提高。以建立义务教育保障机制、实现义务教育全面免费为契机，初步形成了有利于推进义务教育均衡发展的投入机制和政策导向，形成了促进义务教育均衡发展的良好氛围。各地党委、政府和有关部门的大力支持，为推进义务教育均衡发展提供了强有力保障。此外，贵州省从省情实际出发，认识课程改革思路，开发出"既实在，又价值"的地方课程，对于本省的教育发展、农村社会发展都有积极现实的意义。2004 年前后，贵州省每年有大约 60 万初中毕业生，其中能够升入普通高中和各类中职校的学生不到一半，大部分初中毕业生将直接走入社会。由于学无所长，成天无所事事。贵州省各县及县以下初中要逐步开设《农村实用科技》地方课程，使农村初中学生在学习文化知识的同时，系统学习农村实用科技知识，让大部分不能升入高一级学校的毕业生能够有一技之长，成为一能种、二能养、三能务工办工厂的"三能人才"。各省（自治区、直辖市）通过课程改革，努力缩小地区间的教育差距，促进教育公平；建立义务教育经费保障机制，促进均衡发展；努力加大教育投入，改善学校办学条件；加强教师队伍建设，提升师资水平；抓好"两基"巩固提高工作，提高基础教育的质量和水平等成了基础教育课程改革的共同追求目标。

（二）改善办学条件改善，整合教育资源

课程改革有效推动了学校办学条件、办学理念的改变，各省（自治区、直辖市）、各学校纷纷借助课程改革的"东风"，改变落后的硬件设施，提升学校的品次，并充分发挥优质教育资源优势，大力推进素质教育和教育创新，改革兴校。随着新课程改革的实施、推进，各地普遍立足学校实际，努力发挥各自优势，创先争优，积极促进学校师资水平与教育教学质量的提高。在云南、重庆、四川等地，随着课程改革力度的逐步加大，新的教学方法、教学模式不断涌现，一批学校悄然屹起。

课程改革改变了学校硬件设施，改善了农村学校和薄弱学校办学条件。近年来，中央、省和各级地方政府安排专项资金，先后启动"农村留守学生寄宿制学校建设工程""农村初中改造工程"、《民族地区教育发展十年行动计划》，"新农村卫生新校园工程""中小学校舍安全工程"、教育灾后恢复重建项目工程等基础教育重大工程项目。与此同时，各地将农村学校和薄弱学校建设、改造纳入当地新农村建设和灾后重建总体规划，并从实际出发分别实施了"农村学校配套建设工程""农村合格学校建设工程"" 学校标准化建设工程""化解大班额工程"等。这些项目工程主要面向农村学校、民族地区和薄弱学校，有效改善了广大农村中小学办学条件，为城乡教育均衡发展创造了比较好的物质基础。

借助区域优势，整合协调各种教育资源，提升学校层次。例如，四川郫县团结学校所处的团结镇区域内教育资源丰富，周边高校麋集，有西南交通大学、四川师范大学成都学院、四川科技职业学院、西华大学等著名高校。他们充分利用周边资源发展学校特色，提升学校品次。自从新课程改革以来，团结学校一直与周边高校有着密切的联系与协作，通过周边高校开展具有特色的各项活动，同时学校又作为周边高校的教育教学实践基地。一方面为该校与外界的交流搭建了平台，另一方面提升了学校知名度与品质。

转变办学理念，实施科研兴校战略，走内涵式发展道路。围绕学校的办学理念，在学校发展过程中，各地不断调整自己的办学定位，充分发挥优质教育资源优势，使学校内涵建设与外延发展相结合。例如，广西柳州地区民族高中，用科

研眼光审视学校长远发展，谋划学校发展新思路，提高办学质量。他们采取紧密结合学校整体和教师个人工作实际，采取切合校情的组织方法与实施措施，服务于提高教育教学质量的目的，解决学校现实发展的重大问题。提高全体教师科研意识的同时，制定一套教研科研管理制度或工作常规，出台若干激励教研科研发展的配套政策。积极和科研部门及高校协调，采用挂靠形式承担课题研究，交流研究成果和经验，取长补短。学校以科研促教研，以教研提质量，创建了广西柳州地区民族高中的办学特色，同时促进了教师的专业化发展。

在本书调研中发现，学校普遍注重内涵发展，普遍以"一切为了学生的和谐发展"为办学思想，以提升教育教学质量为宗旨。强调坚持质量立校、科研强校，发展自身优势，打造学校品牌，在课程改革进程中提升、发展。

（三）加强教师培训，提升教师素质

课程改革有力推动教师培训的展开，教育新思想、新理念通过教师培训不断传播，不断提高了教师的专业素质和深化课改理念。从课程改革之初到进一步深化的过程中，各地普遍遵循着"先培训、后上岗，不培训、不上岗"的要求，加强教育队伍建设，加强教师培训，各地都建立了多种多样的不同的教师培训模式，从校长主管到一线骨干教师，分批分次地进行新课程改革培训。

参加国培、省培、市培等教师培训，促进教师发展，深化课程改革。新课程改革以来，特别是 2010 年教育部、财政部开始实施的旨在提高中小学教师特别是农村教师队伍整体素质的重要举措，西南农村一部分教师迎来了免费学习的良好机遇，通过国培计划，了解国家基础教育走向，深化新课程改革理念，并对带动地方教学展开有积极意义。例如，贵州省组织举办了全省中小学教师师德经验交流会和师德论坛，着力建立完善师德建设长效机制，促进了师德建设工作的常规化、制度化和规范化。实施国家和县级"特岗计划"，招聘特岗教师 7012 名；实施中小学教师继续教育工程，举办中小学教师各类省级培训 60 余期，培训教师20 000 余人；实施"农村教师素质提升工程"，完成对全省 16 个国家扶贫开发重点县农村中小学开展校长及骨干教师培训 17 期，培训骨干教师 2300 余人；实施"骨干教师队伍建设百千万工程"，选拔、培训、认定省级教育名师 95 人，省级骨干教师 429 人；完成中小学校长省级培训 1012 人次；实施"万名中小学班主任远程培训计划""教育技术能力远程培训计划"，分别培训骨干班主任 10 600 人、学科骨干 2200 人。认真开展"教育部援助贵州省中小学骨干教师国家级培训"工作，培训农村义务教育阶段教师 1000 名。完成 1100 名农村初中音体美教师的省级集中培训。又如，重庆加强教师队伍建设，师资水平显著提高，积极创新教师队伍建设机制。一是从管理体制上加强。师资调配充分尊重教育部门的意见，逐步建立了中小学干部教师有序流动机制和新提任校长、新增教师满足农村、边远、薄弱学校发展需要的补充机制，坚持农村教师配置优先、培训优先、待遇优先、职称评聘优先，促进了城乡学校干部教师水平逐步均衡。重庆、贵州、四川等地的众多农村教师曾参加"中小学教师示范性培训项目"和"中西部农村骨干教师培训项目"，与专家面对面，深化课改理念，提高教学效益，学习教学新思想、新方法，积极宣传培训内容，使得更多的教师受惠，更多的学生得益。本书调研时，接受培训的教师普遍认为国培计划对于农村教师学习是一个良好的计划，并希望越多越好，同时希望在注重理论的同时关注教学实践的可能性。

教研科研联动整合，促进教师专业水平，提高教师科研能力。西南各省（自治区、直辖市）的很多地区、学校均有重视教研与科研联合起来的培训模式，在培训中把理论研修与课题研究结合起来，大大提升了教师培训学习的效果。例如，云南省教育主管部门对教师培训工作非常重视，建立了多样化的系列培训模式，集中培训、远程学习与实践教学研究相结合，通过反思、寻找存在问题，制定解决方案；撰写教学研究论文、参加论文答辩，并对培训效果进行考核，培训目标的设定突出解决实际教学问题，注重将培训引入校本、导入课堂，设置了"新课程教学""教育技术能力""教育科研"若干模块及若干专题性课程等培训模式。又如，广西壮族自治区开展多种培训活动，如举办由各市分管教学的教育局长、基教科长和校长、教师骨干参加的高级培训班；组织专家进行巡回指导、深入各实验区进行有效的培训和指导等。采取多种培训方式，如"教研科研联动整合"的培训方式；城乡"大手拉小手"的培训方式；巡回讲学的培训方式等。大力加强建设骨干教师队伍，采取"送出去、请进来"的策略，在组织各级骨干教师参加国家级培训的同时，邀请国内的专家学者及利用自治区内的培训力量，扎实开展各级骨干教师培训。再如，重庆市针对国培计划提出"四阶段"培训模式："理论研修、影子研修、反思研修、实践研修。"围绕课程改革和学科知识，采取主题讲座、课例研究、论坛讨论等方式，促进参训学员的专业发展；通过专题讲座、汇报展示、课题研究，将研修培训延伸到实际的教育教学情境之中，落实国培计划的示范引领要求，推动农村教师专业素质的整体提升，最终实现城乡教育的优质均衡发展。

转岗、顶岗、置换，合作互助共同发展。近些年来，随着课程改革的进一步深入，各地教育部门普遍重视与高等师范院校结合，手拉手结对。通过组织师范生到农村中小学校进行教育实习，在一定时期内顶替现职农村学校教师的岗位，让被置换出的农村教师参加脱产培训。例如，广西针对新补充或转岗到学校的教师开展转岗培训，培训内容主要包括教育学、教育心理学、课程教学论等内容。又如，四川省加强农村教师队伍，建设提升农村师资水平。仅 2006～2009 年，四川省就招聘特岗教师 8632 人，覆盖 86 个县（市、区），1000 多所学校。2008年，四川省教育厅制定下发了《关于进一步推进城镇教师支援农村教育工作，加快中小学教师城乡交流的意见》，推动城乡教师互动交流。各地结合实际，探索建立了城区教师到农村和薄弱学校支教制度、城镇教师到农村学校任教服务期制度、县域内教师城乡岗位定期交流制度、区域内骨干教师巡回授课和紧缺专业教师流动教学制度等，同时省和各地积极开展农村教师的培训工作，着力提高农村教师专业素质。再如，各区域高校积极协助推动课程改革，西南大学、四川师范大学、贵州师范大学、云南师范大学、广西师范大学、西华师范大学等西南众多师范院校的学生参与了这一行列，高校学生通过参与提高师范技能，促进西南农村基础教育发展；校方认为这一模式给予农村教育新的活力，给予农村教师学习的良好机会，有机整合高校与农村一线教学的关系，共同推进课程改革实施。

总之，各地通过从课程理念、课改要求、课程目标等方面对教师进行培训指导，经过教师结合理论、实践的不断学习与领悟，都达到了不错的培训效果，促进教师发展与教学转变，深化课改实施。

（四）注重地方特色和民族特色，丰富地方课程和校本课程资源

地方课程、校本课程在开发过程中，充分融合区域特色和民族特色，具有典型的区域性和民族性特点。如与民族、民间文化相结合，与当地经济发展相结合，等等。

融合民族民间文化，丰富地方课程、校本课程，继承发扬中华文明。中国是多民族国家，尤其是西南地区聚集着很多民族，各个民族的风俗传统各具特色，新课程改革中西南地区地方课程、校本课程呈现出了鲜明的民族特色。例如，云南寻甸县民族中学教师亲身到民族村寨实地学习、考察，在深入了解民风民情特色的基础上，自编了两本校本教材——《民族团结教育教材》和《民族传统体艺教材》。学校将校本教材分为了必修与选修：必修要求每个学生必须会唱三个民族的山歌，会跳三个民族的舞蹈。选修为自主选择一些民族的技艺，如在民族传统体育 5 个项目（射弩、双拐、陀螺、抢花炮、秋千）中，可以结合自身爱好选学。学校曾派代表参加各类有关活动，成绩斐然。又如，云南省德宏傣族景颇族自治州芒市风平民族中学将傣族孔雀舞作为校本课程开发，社会反响强烈。此外，贵州麻江县杏山镇六堡畲族女子学校在办学中，把畲家歌、畲族粑槽舞、芦笙舞、腰鼓舞和畲族刺绣引入课堂，聘请当地畲族民间艺人到校担任民族民间文化辅导员，传授技艺。通过深入地方收集民族民间文化，组织教师开发校本教材，西南少数民族地区中小学校以此为载体，宣传民族民间文化，并受到学生、教师、家长的欢迎。

展示地方特色风貌，丰富地方课程、校本课程，培养热爱家乡的情感。地方课程、校本课程的开发与实施在于地方教育部门与学校，很多区域以此为契机，展示、宣传地方历史、地理、人文等特色风貌，展示地方地理、地方历史人文等，

更为关键的是培养学生热爱家乡，为家乡建设奉献力量的意识。例如，重庆綦江县东溪古镇以"千年古镇东溪"为校本课程教材；云南宜良六中校本课程教材《人文狗街》，以资源、特色（小吃、旅游、农庄）、人文（历史人物、名胜古迹）等为内容；四川泸州泸县玄滩小学直接以"爱我家乡"为校本教材，分为"话说玄滩""亮丽新农村""兴盛的工商业""独具特色的乡土文化"4 个主题，介绍了玄滩镇的总体概况和工农业发展情况，还涉及了玄滩镇的一些地方特色及文化；还有广西、贵州（如龙山情韵）等地地方课程都频频有宣传的地方，展示家乡的内容。深入调查研究，查阅相关资料，收取素材编写课程教材，对于教师和学生很亲切、很熟悉、很自然，能激发教师、学生的自豪感，能培养学生热爱家乡的情感，这是培养学生情感态度的良好形式。

体现经济发展趋势，丰富地方课程、校本课程，培养建设家乡的意识。西部大开发，教育、经济大发展，教育发展离不开经济的繁荣，各地因地制宜的发展龙头产业带动地方经济又好又快向前发展，与此同时融合于地方课程当中，既是知识宣传普及，又是丰富课程资源。例如，四川省郫县唐元小学将当地的经济作物韭菜种植搬进了校园，作为校本课程的一部分，有利于让当地小学生了解家乡经济发展，有利于培养学生在学校劳动实践的能力。又如，重庆武隆县以旅游为支柱产业，从政府出发积极推动地方课程与旅游资源结合，开发教材宣传武隆旅游，培养学生热爱家乡宣传家乡的意识。再如，贵州省各县及县以下初中开设《农村实用科技》地方课程，使农村初中学生在学习文化知识的同时，系统学习农村实用科技知识，让大部分不能升入高一级学校的毕业生能够有一技之长，成为一能种、二能养、三能务工办工厂的"三能人才"。此外，还有贵州遵义县龙坪中学以养兰花为校本课程内容，开发了《兰花基础知识》教材。地方政府、学校认真思考，组建课程开发团队，从中小学生的发展出发，从社会发展的角度出发，有利有节地选择了结合当地经济发展为主题，从学生阶段培养学生建设家乡的意识，有利于学生进一步系统的认识家乡，了解农村家乡的致富之路，树立建设家乡的理想，这将有利于学生学习动机激发。

（五）积极倡导教学方式转变，提高课堂教学质量

区域教学方式整体布局，全面推动课程改革，提高课堂教学质量。地方教育部门积极认识课程改革方向，积极促进教学方式的转变。例如，重庆綦江县虽然是经济欠发达的农村区县，教育的底子薄、观念落后，但在新课程改革中，顺应了国际教育发展的潮流，推动素质教育进入到课程改革层面，由课外进入课堂取得实质性进展。作为农村地区尽最大限度实施好新课程改革，就是最大限度地实施素质教育。

探索教学方式新道路，深化课程改革理念，提高课堂教学效益。西南地区众

多学校积极吸收课程改革理念，自主创新，研发了一系列适合自身学校课堂教学的新方法、新模式。例如，重庆武隆中学的"双组四步"，隆盛中学"多学少教，不教而教"的"四步六段式"课堂教学模式，云南宜良县第二中学的"自导合学"教学模式，等等，都是新课程改革以来呈现的校本模式。以云南宜良县第二中学为例，其"自导合学"的含义是："自"是指自主学习；"导"指以导学案为抓手；"合"是指合作学习；"学"指学生学会（不仅学会知识，更重要的是学会做人，学会做事），会学（掌握学习的方式方法，提高效率），善学，乐学（才能够情感上，内心愿意积极主动的去进行思考，分析问题）。经过教学模式的探索，学校成绩很多科目的成绩都在本市同级同类学校前列。这些归功于新课程改革，经过新课程改革，教师的教学观念有了较大转变。通过对教师的培训和自我培养，教师逐步树立了全新的教学观、学生观和评价观，不断从单一的知识传授者向组织者、引导者、参与者、激励者、研究者的角色转变，全体参与改革的教师积极进取、乐于奉献，使得自主高效课堂在短期内能顺利实施并取得良好的进展。

（六）通过教育科研，深化课程改革

　　课程改革中，地方教育部门及学校高度重视科学研究与课程改革的关系，以科研带发展，深入推进课程改革。积极开展校本课程研究，大力推进课程改革。随着课程改革的推进，建立校本教研制度是新时代的现实要求和紧迫任务，是深化教学研究改革的方向和重点，是全面推进基础教育课程改革的实际需要。在西南地区五省（自治区、直辖市）调研、访谈中了解到这一点已经达成共识。以课题促课改，以课改促发展。例如，重庆市沙坪坝区为了促进教学方式与学习方式的变革，促进教师专业发展。建立了由高校、科研院所专家参加，教育科研管理人员和中小学骨干校长参与的研究班子，深入课堂，调研、筛选学科存在的共通性问题，在学术支持专家及区教师进修学院的指导下，在全区中小学广泛开展了实验研究，组织全区学科教师开展"课堂案例研究"，促进了中小学学科教学质量的提高，促进了教师教学水平的提高。同时，骨干学校纷纷出台自己的校本教研研究方案和课题研究方案，带动区内一批薄弱中小学通过校本教研及课题的开展，迅速获得了长足发展。

　　课题牵动区域推进，强化教育科研，推进新课程改革。在贵州和四川，许多学校坚持以教育科研提高质量，以兴校强校为指导思想，扎扎实实地做了大量工作，求实稳妥地促进了学校的发展。他们以立项的省教科研课题为主研课题，又将其分解为若干个子课题，由县、区教研室实行规范化、全过程的直接管理。根据各校的特色，由学校选择申报研究子课题进行重点研究，有效地组织全区课改推进和课题研究工作。学校和参与科研的教师基本实现了校校有课题，人人搞研究，科科有专题。为保证课题研究的深入，区县教研室教研员直接参与各子课题的研究工作，他们既是课程改革的指导者，又是课程改革的研究者，他们把课程改革工作纳入科研轨道，促进教师以科研的态度和精神对待课程改革，同时也促进基层科研与教研的有机结合，积极推进了新课程改革向纵深方向的发展。

第九章 农村基础教育三级课程有效实施的策略

前文对农村基础教育三级课程实施的现状及其资源保障情况进行了调查，指出了存在的问题，分析了影响因素，并对一些典型案例与基本经验进行了总结。不难看出，三级课程的实施是一个庞大的系统工程，必然受到诸多因素的影响。本章试图针对所指出的问题提出相应的策略。

一、加强课程管理，保证三级课程有效运行

有学者指出，课程管理被引起重视与三级课程实施密切相关。"真正对课程管理研究予以重视，则与我国三级课程管理体制的建立有关。由于国家、地方、学校三级课程管理体制的确立，学校一方面要保证国家课程、地方课程的有效实施，另一方面又要进行校本课程的开发。这样一来，学校工作就要涉及课程编制、课程实施、课程评价等问题，课程管理研究便引起了广大理论工作者与实践工作者的普遍关注。"[①]这一说法不无道理。课程管理"系指基于达成目标之需求，对于课程组织、课程实施、课程评价等过程建立管理机制并发挥影响力，已达成预期目标的过程。"[②]可见，课程管理对于三级课程实施的目标达成，价值实现具有重要意义。本章重点从三级课程的组织建设、校长责任意识和课程教材建设方面提出建议。

（一）建立健全三级课程实施组织，加强监管

三级课程无论是作为课程体系，课程政策，还是课程管理体制，其实施都离不开相关的组织机构。目前我国的教育行政体系是以科层式管理体制为主，因此有与之相关的科层式管理机构。从前面的现状描述来看，国家层面、省级、市县级教育管理机构对三级课程的实施都较为重视，这从出台的各种有关三级课程实施方案、制度可见一斑，尤其是各省级教育行政部门和机构积极投入了国家课程的实施、地方课程的开发与实施，这些都值得肯定，但是具体到学校层面，尤其是广大农村学校，其组织和实施则十分不理想。虽然第七章在因素分析中发现组

---

① 季诚钧. 课程管理与课程领导辨析——兼与靳玉乐先生商榷[J]. 教育研究，2009，(3)：98-102.
② 张佳琳. 课程管理——理论与实务[M]. 台北：五南图书出版股份有限公司，2004：28.

织与运行机制并不是最重要的原因，但也是影响因素之一。要更好地推进三级课程实施，需要做到以下几点。

第一，加强三级课程实施的监管组织与机制建设，促使三级课程切实实施。从前面的现状描述中可以看出，国家课程各省（自治区、直辖市）基本做到开齐开足，地方课程开发呈现方兴未艾趋势，校本课程也在努力尝试，并取得一定成绩，但是实际进入学校以后发现，有些国家课程、地方课程和校本课程只是存在于方案中，并没有真正落实到课堂，具体落实是大问题。因此，建立三级课程实施的监管组织与机制非常重要。目前，各省（自治区、直辖市）虽然有课程改革的相关组织机构，但更多的是由教育系统内部人员组成，这必然出现既当教练员又当裁判员的现象，不能很好地实施三级课程，应更多地加强外部监督组织的建设。同时，对于三级课程实施应形成定期检查与随机抽查的督促机制，严格按照课程方案实施，不能浮于表面，或者偷梁换柱，对于未按要求实施的有关部门或学校应问责，并限期整改。督促检查是三级课程实施的重要环节。

第二，重视省级以下课程管理组织建设，增强课程地域性和实效性。三级课程作为亮点，其主要是增加了地方课程和校本课程的比例，因此在三级课程实施中，地方课程和校本课程自然成为关注的亮点，尤其是地方课程更被各级教育行政管理部门所注意。但从前面的现状描述中可以发现，各省（自治区、直辖市）重视地方课程的开发与建设，事实上更多的是突出省级教育行政管理部门的作用和贡献，把地方完全等同于了"省"，认为开发与建设地方课程主要是省级教育行政部门的责任，这是完全错误的。从前面对地方课程的界定中知道，地方课程的开发与管理主体除了省级部门以外，还包括以下的市县（区）级教育行政管理部门。因此，地方课程开发与实施除了彰显省级教育行政部门的影响外，还应重视市县（区）级教育行政部门的作用，因为重视市县（区）的作用得到强化，更能体现地方课程的地方性，而不是像现在有些地方课程为了照顾省内大多数地区，开发的课程完全是放之四海而皆准的课程，如生命教育、安全教育，这些内容完全可以渗透到其他学科课程中，这样一来，地方课程就失去了地方特色和为地方经济和社会发展服务的价值。因此，重视省级以下教育行政管理部门的职责尤为必要。

第三，建立健全学校课程开发、实施与评价组织，保证三级课程切实实施。三级课程的实施最终落实到学校，学校是最后一环，也是最重要的一环。调查发现，农村学校基本上没有规范的课程开发、实施与评价的相关组织，即使有，也仅体现在一些为了应付检查的方案中。缺乏相关的课程组织在农村村小更为严重，这与当前我国的村小管理模式直接相关，导致村小处于被忽视的状态。大多数省（自治区、直辖市）实行的都是"县→中心校→村小"的管理模式，这在本意上是通过中心校的统筹来实现教育均衡发展，结果不仅没能消除差距，反而使村小日趋衰落。因为村小基本没有任何独立的权力，如财政、师资、课程设置等，这严重制约和影响了村小的发展，三级课程的全面落实也只能成为幻想和泡影。因此，加强学校一级独立的课程开发、实施与评价组织非常必要，这样才可能因地制宜地促进国家课程、地方课程的校本化实施，才能真正开发体现学校特色、符合本校学生发展需要的校本课程。

总之，加强三级课程实施的监管，重视省级以下课程开发与实施组织建设，建立健全学校课程相关课程组织建设对于三级课程的全面落实非常重要，可以说是先决条件。

（二）树立三级课程实施校长第一责任人意识

学校是三级课程实施的关键一环，而中小学实行的又是校长负责制，因此应重视和关注校长的权责意识，实行三级课程实施的校长第一责任人制度。

校长负责制是在我国中小学管理体制实践中逐步完善的，在《国家中长期教育改革和发展规划纲要（2010-2020 年）》中也明确提到要进一步完善学校校长负责制。校长负责制，其实强调的就是"校长全面负责"[①]，具体来说包括："第一，决策权。校长对学校行政工作的重大问题，有最后决定权。第二，指挥权。校长对外代表学校，对内统一领导、统一指挥全校工作，负责统筹和合理利用学校的人财物资源，确保高效运转。第三，人事建议权……第四，财经权。"[②]虽然没有明确的字眼提到课程，但这四大权力归根结底都是为学校课程实施服务的。在教育部最新颁布的《义务教育学校校长专业标准（试行）》中明确提出了校长所具备的几大能力，其中一项为"领导课程教学"，具体包括"了解课程编制、课程开发与实施、课程评价的相关知识和教材、教辅使用的政策以及国内外课程教学改革的经验。""有效统筹国家、地方、学校三级课程，确保国家课程、地方课程的落实，推动校本课程的开发与实施，为学生提供丰富多样的课程教学资源。"等，第一次明确提出作为一名专业的校长，对三级课程实施所必须具备的能力，事实上也是一种权责要求。由此可以看出，三级课程的全面实施校长具有不可推卸的责任，校长应树立三级课程实施的第一责任人意识。

有学者指出校长是中小学实施素质教育的第一责任人，其理由有 4 点："其一，中小学校长是学校的法人和最高行政负责人，要对学校教育教学行为和学校的工作全面负责……其二，素质教育实施主要在学校教育领域，而在学校教育领域，校长当然是实施素质教育的决策者和引领者……其三，实施素质教育应体现在学校教育的全过程，只有校长才有统筹学校各方面共同营造实施素质教育的学校氛围的能力。其四，只有校长才能决定实施素质教育的学校办学定位，才能确

---

① 何华宇. 近十年我国中小学校长负责制研究述评[J]. 中小学校长，2009，(3)：31-34.
② 郑文捷. 完善中小学校长负责制的路径探析[J]. 中小学校长，2010，(9)：26-28.

定学校办学应立足学生发展，提高育人质量，而不是片面追求升学率。"①从这 4
个理由可以看出，学校的办学定位与发展与校长密切相关，三级课程能否顺利实
施其关键也在校长。可以说，当前学校的重点工作即是实施素质教育，深入推进
实施新课程改革，而新课程改革的亮点和重点即三级课程的实施，因此，作为第
一责任人，有责任和义务推进三级课程的实施，对未按要求实施三级课程的学校
校长可以进行行政问责，甚至免职。

（三）切实有效地推行课程教材多样化

　　"教材多样化"作为一项国策从 20 世纪 80 年代提出，但实施并不理想，调
查中也发现西南地区三级课程实施中存在"教材多样化"流于形式的问题，这不
利于有效推进三级课程实施。

　　就国家课程实施来说，推行"教材多样化"，而不仅停留在"教材多本化"。
调查发现，西南地区的许多国家课程确实推行了"教材多样化"，同一门课程选
择了不同版本的教材，但是仔细阅读发现，这些教材并没有本质的不同，都存在
一个问题，即"城市化"倾向较为严重，教程中许多背景、问题情境多为城市主
题，农村学生不熟悉，如科技馆、博物馆等，导致学生理解困难。因此，在教材
多样化的前提下，应更多地编写适宜西南地域文化的国家课程教材，甚至专门的
农村题材教材。

　　就地方课程实施来说，推行"教材多样化"，主要是激发市县（区）级教育
行政管理部门的地方课程教材开发热情。从西南地区地方课程教材建设的实际情
况来看，更多的是省级教育行政部门开发建设的教材，由省级教育行政部门的统
一管理，统一实施，地方课程教材必然走向单一化，如有些省（自治区、直辖市）
开设《农村实用技能》的地方课程，编写了相应的教材供全省使用，实际上全省
范围内的农村差异较大，一些实用技能并不能满足全省各地区的实际需要，教材
的针对性和适应性就大打折扣。因此，"教材多样化"背景下为市县（区）级教
育行政管理部门扩权显得尤为必要。

　　就校本课程实施来说，推行"教材多样化"，主要是打破传统的纸质形态教
材单一观念。调研中发现，许多教师把校本课程开发理解为教材编写与出版，或
者教学材料的编写，只有看见纸质形态的"教材"才认为这是一门课程，这是不
科学的。校本课程的开发并不一定需要开发纸质教材，它可以是活动、游戏、仪
式等，它的实施场所不一定是课堂，因而它的存在形态是丰富多彩的。

　　此外，"教材多样化"应避免教育行政部门和教研机构参与教材的编写与开
发，因为这些部门和机构的参与，会导致"教材多样化"受行政力量和经济利益

---

① 于波，宋乃庆. 中小学校长在实施素质教育中的办学角色定位[J]. 教育研究，2011，(6)：23-27.

的羁绊，不能有效推行，而应鼓励高校和其他社会教研机构出版教材，只有课程教材开发的专业化才能有效推进"教材多样化"，进而有效推进三级课程实施。

二、精简国家课程科目，有效整合三级课程

三级课程具体实施为一些学科课程、活动课程和体验课程，给教师和学生的直观感觉三级课程只是课表中的一些科目而已，对于教师来说，还能分清楚哪些属于国家课程，哪些是地方课程和校本课程，而对于学生来说基本不会思考这个问题，因此，在进行调研的时候更多地只能从教师角度去获取信息，当然通过访谈也可以侧面从学生那里获得一些信息进行验证。在前面的现状描述中可以发现，存在三级课程比例不达标，任务重，甚至有些课程内容重复等问题，因此，应对国家课程科目进行精简，有效整合三级课程。

（一）精简国家课程科目

前文指出的三级课程比例大部分省（自治区、直辖市）不达标的问题，在本质上体现为国家课程科目和内容多，地方课程和校本课程萎缩，因此解决的主要办法是精简国家课程科目。

精简国家课程科目的首要途径自然是减少科目数量。从教育部的《义务教育课程设置实验方案》（教基〔2001〕28号）中可以发现，小学阶段国家课程科目至少8门，而大部分地区是9门（艺术依然是分科课程，即美术和音乐）；初中阶段国家课程科目至少9门，而绝大部分地区是13门（因为所有拟设置的综合课程最后都依然是过去的分科课程）。很显然，学生需要学习的国家课程科目是较多的。近年来英国、美国、澳大利亚等一些国家也加强了国家课程的建设，在它们的课程标准中，国家课程通常只有4门左右，即语文（母语）、数学、外语和科学。相比之下，我们的国家课程科目是它们的两倍甚至还多，这不得不引发我们的思考：有没有必要开设这么多科目？相关的科目能否有效进行整合和渗透？部分国家课程的价值和功能能否通过地方课程和校本课程来实现？回答应该是肯定的。同时，之所以提出减少国家课程科目，还有另一个原因是大部分教师认为国家课程科目太多，学生学习负担较重。虽然这是从教师角度调查的结果，但对于学生的学习情况，教师是最有发言权的，调查的结果见图9-1。

从图9-1可以发现，"基本同意"和"完全同意"的比例之和为62%，"完全不同意"和"基本不同意"的比例之和仅为21.1%，很显然赞同的比例大大超过反对的比例，这从现实的角度也反映国家课程科目减少的必要性。

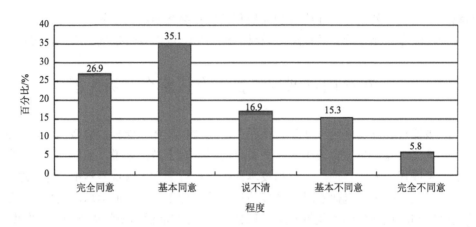

图 9-1 教师对"国家课程科目多，学生负担重"的认同程度

其次，精简国家课程的主要途径是切实推行和落实综合课程。在知识爆炸的时代，寄希望于学校教育学习所有的知识文化已经不可能，因此只能撷取最为重要的一些内容和要素，促使学生掌握基础知识和基本能力，这也是基础教育的主要目的所在。同时，由于我们面对的问题变得越来越复杂多变，需要多方面知识的支撑，因而学校教育课程的综合化趋势成为世界各国基础教育的共同追求。事实上，我国《义务教育课程设置实验方案》中也设置了诸多综合课程，一方面为精简科目，另一方面为提高学生综合能力服务。但实施很不理想，调研中西南各省（自治区、直辖市）农村学校基本没有开设综合课程，仍按分科进行。甚至据媒体报道，教育发展水平较高的一些城市，如北京、深圳等，其科学、历史与社会等综合课程仍回归过去的分科状态，因为"课程调整无人叫好，家长老师均不满意"[①]，家长和老师关注的更多是升学考试，追求的更多是近期目标的达成。是不是应该一味地满足家长和老师的这种要求呢？值得反思。从整个国际的课程改革趋势和时代发展要求来看，基础教育阶段增设综合课程是必要的，也是必需的。当前最主要的应是创造条件去实施综合课程，而不是遇到问题就折回，原地踏步。

总之，减少数量，落实综合课程是精简国家课程科目的必由之路。

（二）三级课程有效统整，走向学校课程

国家课程、地方课程和校本课程最终形成以学校为主体的学校课程体系，三级课程最终通过学校课程实现。但"学校课程"这一概念并没有引起研究者过多的注意，当然学校课程规划和管理近来关注者教多，只是这些研究成果中的学校课程更多地等同于校本课程。本书的学校课程是指由国家课程、地方课程和校本

---

① 陈广琳. 科学课程调整无人叫好老师家长均不满意[EB/OL]. http://roll.sohu.com/20110707/n312677826.shtml，2013-03-10.

课程等不同层次课程构成的体系①，而不是孤立地关照某一级课程。三级课程只有有机整合才能更有效地发挥课程的价值和功能，才能避免科目多，校本化程度低的问题。三级课程有机整合是一种统整，而不是融合，把三级变为一级，强调的是三级有序排列组合，虽然三级课程的目标和价值不一样，但最终目的都是为学生发展服务，因此，三级课程统整是基于更好服务于学生发展的整合。

那么该如何对三级课程进行整合呢？有研究者提出了三种方式：即内生模式、外引模式和分化模式。内生模式是"在充分了解学校基本状况的基础上，通过探索和创新来生成学校独特的课程规划。其基本环节包括：组织构建—收集资料—确定目标—收集资料—构建预备方案—进行审核—修改方案—描述方案。"②外引模式"主要是通过引进其他学校的课程规划方案来构建本校的课程规划。其基本环节有：收集方案—构建审议团队—形成筛选标准—方案评价—初次筛选—方案补充—描述方案。"③分化模式"主要指将学校课程分为多个模块，如基础性课程、拓展性课程和研究性课程，然后根据学校的实际情况使一部分模块的课程规划由学校自主生成，而另一部分模块的课程规划借鉴于其他的学校。"④这事实上是内生和外引模式的结合。

以上三种模式可为实践提供指导，但最根本的是学校要有课程统整的意识，并建立相关的组织，付诸行动。可喜的是在本书调研中发现，有些农村学校已经开始探索和实践，并取得了一定的成效。表 9-1 是一所农村初中学校对国家课程和地方课程进行整合方案的部分内容。

表 9-1　某学校七年级地方课程和国家课程整合方案（部分）

地方课程（生活生命与安全）					国家课程	
单元	课节	题目	科目	册数	单元主题	教学内容
呵护生命	1	奇妙的生命世界	生物 思想品德	7 年级 上册 8 年级 上册	一、生物和生物圈	1.认识生物
	2	珍爱生命				2.生物圈是所有生物的家
	3	守护生命				3.做大自然的朋友
健康心理	4	适应新学校生活	思想品德	7 年级 上册	一、扬帆起航	1.走进中学
	5	掌握事半功倍的秘诀	思想品德	7 年级 上册	二、学会学习	4.工欲善其事　必先利其器
	6	健康生活从"心"开始		7 年级 上册	三、成长中的我 二、情感世界	8.正视自我　成就自我 4.多彩情绪 5.缤纷情感
	7	我的情绪我做主	思想品德	8 年级 上册		
	8	不合理的事情我不做				

---

① 丁念金. 学校课程统整中的课程结构设计[J]. 课程·教材·教法, 2008, (11): 3-7.
② 靳玉乐, 董小平. 论学校课程的规划与实施[J]. 西南大学学报（社会科学版）, 2007, (9): 108-114.
③ 同②。
④ 同②。

续表

地方课程（生活生命与安全）					国家课程	
单元	课节	题目	科目	册数	单元主题	教学内容
成长的感觉	9	青春序曲	思想品德	7年级上册	三、成长中的我	7.成长的烦恼
	10	走进青春期				
	11	个体差异				
	12	生命的诞生	生物	7年级下册	四、生物圈中的人	1.人的由来
	13	萌动的性				
	14	相约在花季	思想品德	8年级上册	二、友谊的天空	5.男生女生之间
手工制作	15	陶器的制作	美术	7年级上册		4.生动的小泥人
	16	食品雕刻初步				5.塑造自己的形象
	17	礼品包装				14.宣传品的设计制作
	18	棒针编织基础				10.学习服装搭配

从表 9-1 可以看出，该校主要是把地方课程与国家课程的思想品德、生物、美术等科目的相关内容进行整合，也许这显得较为初步，但说明了三级课程的整合具有现实的可操作性，并且学校和教师已经迈出了坚实的一步，这虽然只是星星之火，但必将形成燎原之势。当然学校三级课程的统整最关键在于校长和教师的素质，对于校长在前文已经提到，后文将对教师如何提高课程开发与整合能力提出对策。

三、努力开发和建设配套的课程资源

课程资源匮乏是农村基础教育面临的重要问题，也是影响三级课程实施最重要的因素，因此，这一问题的解决对积极推进三级课程的实施意义重大。课程资源的内涵和存在形态都较为丰富，前文指出了课程资源存在物质和条件资源缺乏，师资资源不足的问题，这里主要立足物质和条件资源提出对策建议，有关师资资源的对策在后面的师资队伍建设中再具体阐述。

（一）加强农村地区本身的课程资源开发与利用

课程资源的开发与利用首先必须立足农村本身。在调查时教师普遍反映农村课程资源匮乏，根本在于许多教师缺乏课程资源意识，认为农村没有课程资源可以开发，而城市由于办学条件较好，又有图书馆、科技馆、博物馆等资源，蕴藏着丰富的课程资源，这种观念是欠科学的。虽然农村没有城市一样的办学条件，也没有博物馆等资源，但农村蕴藏着丰富的独特课程资源，是城市不具备的。具体来说，开发和利用农村课程资源可从以下几个方面入手。

第一，积极开发和利用农村乡土自然资源。西南地区地域广阔，地形复杂，花草树木，虫鱼鸟兽都可以作为学生学习的重要素材和资源，这些资源具有重要独特的价值，一方面各学科联系乡土自然资源，可以使学生觉得更亲近，更有学习的兴趣，而且这些资源是学生所熟悉的，学习起来也觉得更容易。另一方面，融合乡土自然资源的教育，可以培养学生热爱家乡的观念，激发学生关心家乡建设，唤醒保护家乡生态环境的意识。乡土自然资源是农村地区独特而重要的课程资源，而恰恰被我们忽视和边缘化。

第二，积极开发和利用农村民间文化资源。西南地区民族众多，"每个民族都有自己的语言、传统和民族习俗，这些各具特色的民族传统、生活习俗、民间神话传说、民间节日、民歌歌谣、民间戏曲、民间工艺、民间服饰、民间饮食、乡规民约、道德伦理等都是重要的课程资源，具有极大的课程挖掘潜力"①。这些是现代城市所不具备的。学校课程融入这些民间文化资源，一方面可以弘扬民族文化，另一方面丰富了学生的精神文化生活，这是许多其他课程材料难以替代的。

第三，积极开发和利用农村实践活动资源。农村实践活动资源形态和价值同样是独特的，"农村学生经常要帮家里人做农活，如耕地、播种、插秧、施肥、浇水、杀虫、收割庄稼、喂养牲畜等，通过这些劳动实践，学生不仅能形成某些劳动技能、掌握农业常识，还形成勤劳、吃苦、坚毅的优良品质"②。可见，农村实践活动资源也同样不能小觑。

此外，农村还蕴藏着其他丰富课程资源，如建筑风格、人际交往等，这些都是隐性的课程资源存在，需要教师不断地去发现和发掘。实际上，在与教师访谈时，询问哪些可以作为课程教学可资开发与利用的资源，教师已经提供了很好的答案，调查所获得的结果见图9-2，题目为多项选择。

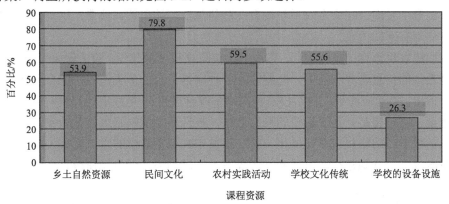

图9-2　教师认为课程实施可资开发与利用的课程资源

---

① 陈家斌. 我国农村课程资源的现状及思考[J]. 教学与管理，2004，(12)：37-39.
② 刘丽群. 农村课程资源开发深层困境：乡村文化边缘化[J]. 中国教育学刊，2009，(7)：63-65.

由此可知，农村地区不是缺乏课程资源，而是缺乏发现课程资源的眼光。相反，农村独特的课程资源，是城市难以比拟的。从图 9-2 可知，在提供答案选择的情况下，教师也更多地选择了符合农村实际情况的可资利用的课程资源，因此，积极开发和利用农村课程资源，教师应首先树立正确的课程资源观念，并付诸行动，积极有效地融入学校课程教学中。

（二）加快农村地区教育信息化进程，开发利用网络信息课程资源

虽然农村具有独特的课程资源，但随着整个世界向城市化、现代化迈进，农村学校教育不能仅停留在狭小的农村空间，还必须与城市对接，逐步实现信息化、现代化。一些研究成果表明，在农村现有办学条件下，能尽快实现城乡教育均衡、一体化发展的有效方式是通过教育信息化来保障①。这是不无道理的。国务委员陈至立也指出"面对急剧变化的世界信息技术教育发展环境，为了争取在新世纪日趋激烈的国际竞争中占据主动地位，我们必须加快在中小学普及信息技术教育，努力实现教育信息化"②。由此可见，西南地区农村为了实现教育的跨越发展，教育信息化是一条不错的选择，这也是解决农村课程资源不足的有效路径。当然，教育信息化并不是一句口号，它需要大量的经费投入才能实现，而我国的教育经费，尤其是西部地区的经费比较欠缺，教育信息化的步伐相对较为缓慢。农村地区调研发现，农村学校的教育信息化还有很长的路需要走。这涉及两个重要方面，一是经费投入，二是教师的信息素养和能力。经费投入可能较好解决，而且当前针对农村有许多教育扶贫项目，如"'世行贷款扶贫项目''国家贫困地区义务教育工程''教育部中小学现代远程教育项目''李嘉诚基金会西部中小学现代远程教育项目''中西部中小学校园网建设和师资培训示范项目'"③等，这些都提供了很好的经费解决途径。因此，关键在于有效提高农村教师的信息素养和能力，调查中发现，在许多农村学校有一些信息资源被闲置和浪费，这与教师不知如何利用有密切关系。

加快农村教育信息化进程，推进网络信息课程资源建设，除了解决经费投入、提升教师的信息素养和能力，还应注意各种网络资源的分类建设，综合利用。有学者指出，当前应注重农村学校三种网络资源建设④：一是注重计算机网络系统资源建设。这主要是立足于学校的网络教学，打造多功能网络多媒体教室，实现学校课堂教学的网络化、多媒体化，这应该是未来课堂教学的主流模式。二是注重闭路电视系统资源建设。虽然网络多媒体是发展趋势，但电视在教育教学中还是

---

① 宋乃庆，杨欣，李玲. 以教育信息化保障城乡教育一体化[J]. 电化教育研究，2013，(2)：32-35.
② 陈至立. 抓住机遇，加快发展，在中小学大力普及信息技术教育[J]. 中国民族教育，2000，(6)：3-7.
③ 杨永双. 农村地区加快发展中小学教育信息化的策略[J]. 中国教育技术装备，2003，(9)：38-39.
④ 刘自新. 农村中小学也要"三网合一"——谈农村中小学校园网络资源平台的建设与管理[J]. 教育信息化，2006，(7)：47-48.

具有不可替代的作用。许多学校都装有闭路电视系统，应注重闭路电视的音频、视频资源库建设，发挥其应有价值。三是注重卫星接收系统的资源库建设。农村有许多学校都有接收中央电教馆的远程教育信息资源，这些资源的针对性都很强，应加以分类整理，并合理利用。除此之外，农村学校还应加强本地区的特色网络资源库建设，一方面可以不断积累本地区的课程资源；另一方面还可以实现资源与其他地区共享，为他人服务。

总之，教育信息化是丰富农村课程资源的有效路径，在加强经费投入、提升教师信息素养和能力的基础上，应注重课程资源的分类建设。

四、加强师资队伍及其支撑体系建设

教育大计，教师为本。缺乏充足的教师，必然会影响课程实施的质量。教师是课程改革的主力军和中坚力量，没有高素质的教师，课程改革的顺利推进只能成为空话。从调查来看，教师队伍的素质也是课程改革的一个薄弱环节，农村学校许多科目缺乏专业的教师。过去我们通常以师生比来确定教师的编制和数量，笔者建议在此基础上，综合考虑农村学校按科目配备教师，或者采取其他途径，而不是以硬性的师生比来划定。同时可从以下几方面入手。

（一）转变教师课程观念，有针对性提升教师业务水平

由前文可知，虽然教师普遍了解新课程改革理念，赞同三级课程的实施，但由于传统的评价方式的制约，有些课程不能有效实施。在教师队伍中，尤其是教师之首——校长的观念非常重要。在访谈校长时，询问地方课程是否就是过去的乡土课程，接近30%的校长认为地方课程就是过去的乡土课程，同时有12.1%的校长回答没有按要求开设地方课程。一些学校校本课程形同虚设，使校本课程的实施过程变成对考试科目辅导的第二课堂，加重了学生的学习负担，与素质教育的思想背道而驰，这严重影响了学生学习的积极性，相应地影响教师的教学。同时由于安全问题的制约，许多学校出于安全的考虑，基于"多一事不如少一事"的态度，许多课程没有有效开展。安全已经成为学校教育的"红线""高压线"，对学校带来了过多的负累，各级部门和主体应该为学校共同 "分担安全压力"，为学校教师教学提供较为宽松的环境。总之，教师应充分认识三级课程的独特价值，改变传统的教育观念，促进学生全面发展。

同时应有针对性地提升教师的业务水平。调查发现，由于历史等各种原因，农村学校教师的业务水平与城市相比，还存在着显著差异，总体呈现不容乐观趋势。在教师"对校本课程开发基本程度了解程度"的调查中得出如下结果，

见图 9-3。

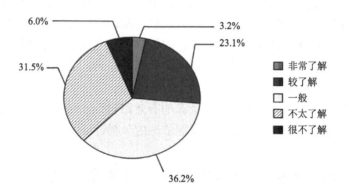

图 9-3　教师对校本课程开发基本程度的了解程度

从图 9-3 可知，教师对校本课程开发的基本程序"较了解"和"非常了解"的比例之和不足 30%。可见，校本课程开发与实施作为三级课程的重要一环，大部分农村教师都不是十分熟悉，何谈有效实施呢？因此，应加强对教师校本课程开发能力的培训和指导。事实上，当前，教师的各种培训和学习项目很多，尤其是国培计划和校本研修等活动的实施，给教师带来了更多的学习机会。对教师近三年来参加各项教研活动的统计见图 9-4。

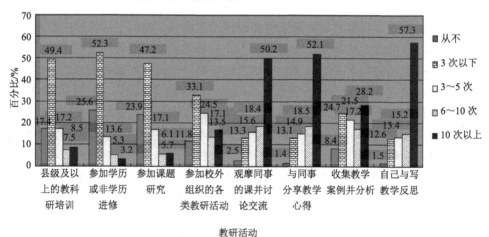

图 9-4　教师近三年参加各项教研活动统计

从图 9-4 可以发现，教师近三年来参加的各项教研活动频次较多，尤其是校本教研和自主学习活动的频次较多，不过农村学校接受县级以上的教研学习机会较少，有一定比例的教师从未参加各种教研活动。因此，对于国家级、省市县各级培训对象应注重下移，尤其是对农村小学教师的倾斜。同时，许多教师反映培训对自己的教育教学作用较少，缺乏针对性，因此应加强培训的针对性，做到有的放矢。那么教师最希望得到的培训是什么呢？调查获得的结果见图9-5。

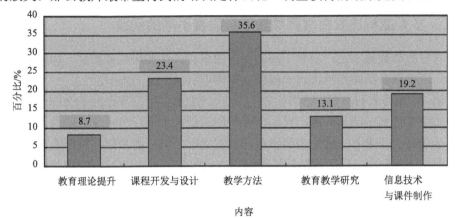

图9-5 教师最希望得到的培训内容

从图9-5可知，教师最希望得到的培训内容依次是：教学方法、课程开发与设计、信息技术与课件制作、教育教学研究、教育理论提升。而在以往的培训中，我们更为注重的是教育理论、教学方法，外加教育教学研究方法之类的课程。此外，在培训的方法上也应注重变革，调研发现教师最喜欢的培训方式见图9-6。

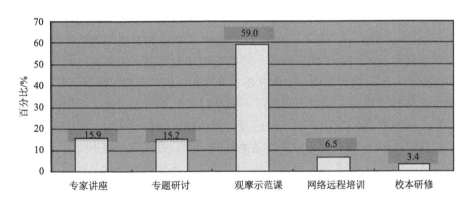

图9-6 教师最喜欢的培训方式

由图9-6可知，教师最喜欢的培训方式依次是：观摩示范课、专家讲座、专题研讨、网络远程培训、校本研修。在实践中我们采取的培训方式更多的是专家讲座、网络远程培训和校本研修，针对这一调研结果是否应该做一些调整。同时校本研修被教师喜欢的比例最低，通过访谈得知，其根本原因在于农村学校教师整体素质不高，缺乏校本研究的组织者和引导者，教师认为研修的作用和效果不明显，因此应加强校本研修的专家引领。

总之，对于农村教师观念和业务水平的提升应做到因地制宜，对症下药，有的放矢。

（二）多渠道解决农村教师数量不足质量不高的问题

农村教师数量不足，质量不高是不争的事实，在加快城乡教育一体化发展过程中，应采取多条路径解决这一问题。具体可从以下方面入手。

第一，实行农村教师"特岗计划"。这一计划事实上国家已经于2006年实施，但在实践中遇到了诸多问题，比如，"特岗教师社会责任与身份认同的矛盾、选拔标准与社会需求不一致、政府承诺与现实状况之间存在差距、特岗教师专业成长的限制因素较多、特岗教师聘任期满后的去留保障不完善等"①。这些问题不解决，特岗教师很难静下心来工作，从而导致特岗教师"下不来，上不去"。因此研究者建议，"在招募特岗教师时，注重对报名者服务农村教育意愿的考查；为特岗教师提供更多的专业成长机会，对其进行职业生涯规划方面的指导；在特岗教师聘任期结束后的保障制度中，适当放宽二次考核对特岗教师的束缚"②。这些措施不失为有效的问题解决途径。

第二，实施"顶岗支教置换培训"计划。"顶岗支教置换培训"计划同样是早已实施，且为农村教师素质的提升做了大量贡献。但调研中也发现了许多问题，例如，农村学校许多教师想去参加培训，但由于农村教师数量少，每人承担的岗位职责很多，因此一般很难被批准参加培训；同时许多年龄稍大的教师不愿远离家乡参加培训。此外，对于师范生来说，参加"顶岗支教置换培训"计划虽然获得了许多实践经验，但由于缺乏指导一般成长也较为缓慢，许多高校对于学生参加"顶岗支教"也是勉为其难。因此有研究者提出，应"高校、政府、支教学校、支教学生"等四方联动，针对不同地区不同学校采取不同方式进行"顶岗支教置换培训"，具体来说，"（1）对于偏远及欠发达地区的教师采用'集中实习，送教下乡'的方式……（2）对于中等发达地区的教师，可采取'集中实习，封闭培训'的做法……（3）配合地方教育行政部门的要求和安排可采用'短期实习，封闭培训'的方法……（4）对于一些经济发达的地区，采用'分散实习，定点培训'的做法"③。这些措施不失为有效对策。

第三，建立合理的城乡教师流动机制。调查发现，农村教师向城市流动较为普遍，但城市教师到农村任教或支教的比例极少，虽然各地均出台了一些城乡教师流动的措施，但成效甚微。城乡一体化发展已然成为趋势，对于教师的管理也

① 孙颖，陶玉婷. 特岗计划的现实困境与破解思路[J]. 中国教育学刊，2012，(7)：14-16.
② 同①。
③ 郑永江，陈志菲.高校师范生"顶岗支教——置换培训"模式探析[J]. 高教探索，2012，(1)：97-101.

应该实行统一管理，统筹安排，促进教师良性流动。可否实行城乡教师定期轮岗，如三年一轮岗；规定城市教师晋升高一级职称必须到农村工作 1～2 年，当然地域跨度不要太大，毕竟许多教师都是拖家带口。当前城乡教师流动取得了一些效果，但还有许多亟待解决的问题，呈现"城市教师、农村年长教师支持教师流动比率低，女教师比男教师低，高级职称比初级职称低，工龄长比工龄短的低"①的"四低"现象。为了解决这些问题，可以尝试采取农村教师特殊津贴计划，改善农村教师生存与发展条件等来逐步解决。

第四，改革高等师范院校人才培养模式，培养适应基础教育发展需要的师资。基础教育新课程改革倡导在小学阶段以综合课程为主，初中以分科和综合相结合，其鲜明导向是增强课程的综合性。但我国的高等师范院校并没有超前地做出预测和调整，没能为基础教育新课程改革培养适用的师资，如前文提到的一些地区由于缺乏科学老师，而重新回归过去的生物、化学、物理等课程。综合课程缺乏师资是当前基础教育阶段师资配备最亟待解决的问题，因此，要改革高等师范人才培养模式，尤其在培养小学教师方面，应突出培养综合性、复合型人才，以满足当前基础教育发展的需求。

五、探索和改革与新课程改革标准匹配的评价体系

课程评价已然成为基础教育新课程改革实施的评价，这似乎已经成为共识，有研究者指出制约课程评价改革的因素很多，"社会发展实际水平是选择适切性课程评价的客观条件，制度化课程管理是课程评价改革的中介性阻碍，教师素质状况是选择适切性课程评价的主观条件，而课程与教学传统则是课程评价改革无法逾越的精神文化事实"②。虽然困难重重，但面对轰轰烈烈的课程改革实践，课程评价必须做出应对，并且应该发挥课程评价应有的引导和激励功能。

（一）摒弃唯分数论的应试教育观念

新课程改革实施以来，调查发现，教师对新课程改革所倡导的评价观念能说出很多，但仅是作为一种知识存在，并没有运用到教师的教育实践中去。"考考考，教师的法宝；分分分，学生的命根"现象依然没有得到根本转变，纸笔测试依然是课程评价的主要形式。应试教育没有得到扭转，相反有愈演愈烈的趋势。

应试教育观念的形成有诸多原因，从大的方面来说，"城乡二元结构和现实差距的不断扩大以及沉重的就业压力，赋予应试教育强大的生命力，从而为课程

---

① 蔡明兰. 教师流动：问题与破解——基于安徽省城乡教师流动意愿的调查分析[J]. 教育研究，2011，(2)：92-97.
② 杨启亮. 制约课程评价改革的几个因素[J]. 课程·教材·教法，2004，(12)：6-11.

评价改革筑起一堵难以逾越的高墙"①。这是社会问题所致，此外"社会公众和相当一部分行政领导孩子照搬工业生产的管理模式，即将学校当成工厂，学生当成原材料和产品，把教育的过程等同于物质生产的过程。把生产上的质量管理、绩效管理、目标责任、末位淘汰等，都照搬到教育管理上来，违反了教育和人的培养规律，也给学校、教师和学生带来了巨大的压力。"②在这种情况下，学校和教师也只好违背意愿，迎合大众需求，追求效率，追求分数。由此，"唯分数论"愈演愈烈，"分数"也被认为是较为公平的评价指标。

因此，摒弃应试教育观念，首先要从解决相关的社会问题入手。教育并不是孤立的事件，与其他许多社会活动相关。农村自然条件差，在成长发展过程中，家长、教师、社会都灌输观念，要想"跳出农门"唯有读好书，而读好书的要求就是考取好的成绩，从而陷入追求高分数、好成绩的怪圈。因此可从改善农村生活、发展条件，增加就业机会等方面为学校教育减压。

第二，摒弃应试教育观念更为重要的是改变家长和社会的评价观念。教育实践中发生了许多"怪事"，比如，有的学校提出减轻学生负担，不考试，不布置课外作业，结果家长不满意，媒体也大肆批评，说是教师偷懒。这让教师情何以堪。因此，观念的转变并不是教师一方的事情，家长和社会的观念更应该转变，且家长和社会的观念更难以转变。

总之，根深蒂固的应试教育观念成为课程评价改革的羁绊，必须摒弃。

（二）切实建立和完善发展性评价体系

摒弃应试教育观念，相应地应树立素质教育观念。在新课程改革背景下，树立素质教育观念，推进课程评价改革，主要是切实推动以学生学业成就为中心的发展性评价体系的建立。

随着新课程改革的推行，发展性评价观念已经为大家所熟悉，"发展性评价是以充分发挥评价对学生学习和发展的促进作用为根本出发点，以融合教学与评价为基础和核心，以教师运用评价工具不断开展行动研究和反思，从而改进其教学和课程设计为中介或途径，并最终促进学生、教师教学以及课程三方面共同发展的评价"③。简单来说，发展性评价是为学生发展为根本目标，旨在促进学生主动发展、全面发展和个性发展。

首先发展性评价在评价主体上，应坚持多元主体共存。虽然我们提出多元主体评价的观念已有一段时日，但实施并不理想。完整的教育是学校教育、家庭教育和社会教育的结合，对学生的评价理应结合学校、家庭和社会等多个主体的意

---

① 段作章. 课程评价改革的困境与超越[J]. 教育科学，2007，(4)：27-31.
② 高凌飚. 评价改革与观念的更新[J]. 考试研究，2011，(2)：67-71.
③ 于开莲. 发展性评价与相关概念辨析[J]. 当代教育论坛（宏观教育研究），2007，(3)：36-38.

见，但现实中我们更看重的是学校的意见。近年来发生了许多未成年人的恶性案件，已经使得更多的人开始关注家庭和社会教育，这是一个好现象，也许只有血淋淋的现实代价才能唤醒世人的警醒。多个主体参与评价，能增强各主体的责任心和使命感，从而更好地共同促进学生发展。

其次，发展性评价应着重于学生实践活动能力的考察，而不只是关注书本知识。在人们的观念中，评价似乎就是纸笔测试，似乎就是考我们所学的字词、概念、定理、规律等，很显然这些是不够的。对于人的发展来说，僵死的书本知识其用处是微小的，重要的是具备独立的生存和发展能力、人际交往能力等，这些才是评价应该关注的。而人的生存和发展能力、人际交往能力等又很难在短时间通过纸笔测试考察出来，这就要求我们的评价应更关注学生的学习成长过程，通过其参与性活动表现来评价。过程性评价、表现性评价等应成为发展性评价体系的一部分。

最后，发展性评价应注重过程、多维度关照。发展性评价，从字面上理解发展是一个过程，因此在评价的过程中应注重过程性，而不能只考虑某一次评价，因此"档案袋评价"等方式被广为推崇。有些研究者提出，对于升学等甄别性评价，应以平时的评价为主，升学考试为辅，引导各主体注重学习的过程，而不是只关注最终考试，毕其功于一役。

评价是瓶颈，也是最难以攻克的堡垒，但是要深入推进实施三级课程，评价改革势在必行。尤其是地方课程和校本课程，重在满足地方和社会发展需要，重在培养学生的兴趣、爱好和特长，更需要相应的评价制度来激励和引导。

综上所述，为推进三级课程的有效实施，必须建立健全相关的课程实施组织机构，并有效运行；应精简国家课程科目，为学生发展提供核心知识，有效推进三级课程整合；应建设和开发独具特色的农村课程资源；应努力提升农村教师队伍素质；应建立和完善发展性评价体系。当然，相应的对策可能还有很多，不能一一枚举，研究的视角所限，本书只从以上方面提出了一些策略。

第十章 余 论

2011年末，义务教育各学科新的课程标准颁布，"实验"二字被去掉，标志着自2001年开始实验的第八次课程改革进入了一个新的周期，三级课程作为第八次新课程改革的亮点和难点，同样地也进入了新的周期。本书资料的收集和分析基本上在2011年末完成，恰恰也选择了这样一个历史拐点，似乎有意而为去总结农村基础教育三级课程实施10年的成效，又似乎是一种巧合。本书最初试图解决的问题有三个，即农村基础教育三级课程实施的现状如何，存在哪些主要问题？影响三级课程实施各因素的作用情况如何？如何进一步地推进三级课程有效实施？在研究不断地前行中，这些问题都寻到了答案。

总体上，农村三级课程实施是平稳的，即使在本身条件不好，地区差异显著的情况下，甚至在遭受严重自然灾害，如"汶川大地震"的条件下，云南、贵州、四川、重庆、广西各省（自治区、直辖市）都积极投入大量的人、财、物推进新课改的实施。新课程改革理念在农村基础教育受到了较高的认同；三级课程得到贯彻落实：国家课程基本开齐开足，地方课程开发受到重视、类型多样，校本课程开发多种多样。但在实施中也暴露了一些问题：只重视国家课程部分科目的实施，音体美、综合实践活动等课程被忽视，地方课程、校本课程则被轻视；课程管理底层组织和机构执行不力，教材多样化落实差；课程资源严重匮乏，教师资源严重不足；教与学方式没能得到根本转变；评价成为了改革的瓶颈。

在了解现状与问题的基础上，本书尝试从制度和非制度的因素分析入手，发现影响三级课程实施最主要的因素是保障机制，包括师资、经费、资源等多个方面；同时发现对三级课程实施影响较大的是非制度因素，包括教师人际关系、教育信念、非权力影响力等方面。此外，相关的组织和运行机制等影响因素也不容忽视。

针对三级课程实施存在的问题，以及影响因素的分析，本书最后提出进一步推进三级课程实施的有效对策，包括：必须建立健全相关的课程实施组织机构，并有效运行；应精简国家课程科目，为学生发展提供核心知识，有效推进三级课程整合；应建设和开发独具特色的农村课程资源；应努力提升农村教师队伍素质；应建立和完善发展性评价体系。

诚然，本书努力尝试从宏观的视野总体关注农村基础教育三级课程的实施状况，尽可能较为真实地反映所存在的问题，用事实说话。但不得不清醒地认识到，本书还存在许多不足，还需要不断地思考和完善。尤其是在核心素养提出的时代背景下，基础教育课程改革将向何处去，又是一个值得思索的问题！

参 考 文 献

巴占龙，2010. 学校教育·地方知识·现代性——一项家乡人类学研究[M]. 北京：民族出版社.

常永才，2007. 文化变迁与民族地区农村教育革新[M]. 北京：中央民族大学出版社.

陈亚鹏，2005. 当前我国增强课程执行力的策略探析[J]. 当代教育科学，(7)：30-34.

陈玉琨，2001. 课程改革与课程评价[M]. 北京：教育科学出版社.

崔允漷，2004. 课程改革呼唤执行力[J]. 教育发展研究，24(9)：32.

邓志伟，2008. 多元文化·课程开发[M]. 合肥：安徽教育出版社.

段俊霞，刘义兵，2009. 课程统整故事模式的理论与实践[J]. 中国教育学刊，(3)：59-61.

樊亚峤，2009. 三级课程管理体制下国家与地方课程权力的博弈[J]. 现代教育管理，(11)：85-88.

范国睿，2010. 教育政策观察. 第2辑. [M]. 上海：华东师范大学出版社.

范国睿，2011. 教育政策的理论与实践[M]. 上海：上海教育出版社.

方宏常，2004. 论我国三级课程政策的运行策略[D]. 长沙：湖南师范大学.

方蕾，王力强，丁念金，2009. 学校课程统整中课程结构的探讨——以上海市新会中学为个案
[J]. 基础教育（上海），6(1)：41-44.

冯新瑞，2010. 完善三级课程管理体制保障综合实践活动课程有效实施[J]. 教育科学研究，(12)：
61-64.

郭晓盛，2004. 三级课程管理与校本课程开发[J]. 山西教育，(20)：4-7.

何军华，2004. 教师与课程实施[D]. 武汉：华中师范大学.

胡东芳，2001. 课程政策研究——对"课程共有"的理论探索[D]. 上海：华东师范大学.

黄显华，霍秉坤，2002. 寻找课程论和教科书设计的理论基础[M]. 北京：人民教育出版社.

霍秉坤，于泽元，徐慧璇，等，2008. 课程与教学：研究与实践的旅程[M]. 重庆：重庆大学出
版社.

简楚瑛，2010. 课程发展理论与实践[M]. 北京：教育科学出版社.

姜荣华，2008. 课程实施程度的评价工具研究[D]. 长春：东北师范大学.

姜荣华，马云鹏，2009.课程实施评定典范：方法论与方法[J]. 教育理论与实践，29(9)：61-64.

金东海，2004. 论三级课程管理体制中的学校课程管理[J]. 西北师大学报（社会科学版），41(3)：
100-103.

金建芳，2011. 统整三类课程优化教学资源[J]. 现代教学，(3)：18-19.

金志远，2008. 民族文化传承与民族基础教育课程改革[M]. 北京：民族出版社.

靳淑梅，2011. 多元文化课程实施途径对课程三级管理体制的启示[J]. 吉林教育·教学，(1)：10.

柯政, 2005. 课程政策的执行与设计[J].教育发展研究, 25(19): 7-9.

雷顺利, 2002. 从钟摆现象看课程管理体制改革的走向——兼论我国三级课程管理体制的产生[J]. 山东教育科研, (11): 13-15.

雷顺利, 2002. 我国三级课程管理体制的发展取向与运行思路[J]. 教育发展研究, (12): 58-61.

李臣之, 2001. 浅谈影响课程实施的六大因素[J]. 教育导刊, (23): 20-21, 28.

李定仁, 徐继存, 2004. 课程论研究二十年（1979—1999）[M]. 北京: 人民教育出版社.

李洪修, 2013. 学校课程改革的冲突与化解路径——基于组织文化的视角[J]. 东北师大学报（哲学社会科学版）, (1): 177-180.

李思明, 2010. 三级课程管理体制的再认识[J]. 现代教育科学·普教研究, (6): 20-21, 107.

李志超, 靳玉乐, 2013. 学校文化重建与课程改革[J]. 中国教育学刊, (2): 22-26.

李子健, 2005. 课程实施研究的障碍与契机[J]. 河南大学学报（社会科学版）, 45(4): 141-144.

李子健, 尹弘飚, 2003. 后现代视野中的课程实施[J]. 华东师范大学学报（教育科学版）, 21(1): 21-33.

廖辉, 2010. 课程政策执行过程中的障碍性因素分析与消解[J]. 课程·教材·教法, (1): 14-19.

刘辉, 2008. 英国国家课程测验框架述评[J]. 全球教育展望, 37(6): 63-68.

刘铁芳, 2008. 乡土的逃离与回归——乡村教育的人文重建[M]. 福州: 福建教育出版社.

罗厚辉, 2002. 课程开发的理论基础[M]. 济南: 山东教育出版社.

马云鹏, 2001. 课程实施及其在课程改革中的作用[J]. 课程·教材·教法, (9): 18-23.

马云鹏, 2009. 基础教育课程改革: 实施进程、特征分析与推进策略[J]. 课程·教材·教法, (4): 3-9.

马云鹏, 唐丽芳, 2002.课程实施策略的选择——课程改革中一个不可忽视的问题[J]. 比较教育研究, (1): 16-20.

孟凡丽, 2008. 多元文化背景中地方课程开发研究[M]. 北京: 中国社会科学出版社.

孟凡丽, 于海波, 2003. 课程实施研究二十年[J]. 西北师大学报（社会科学版）, 40(2): 1-5.

彭虹斌, 程红, 2003. 我国当前课程实施中存在的一些问题及对策[J]. 教育理论与实践, 23(9): 38-42.

钱理群, 刘铁芳, 2008. 乡土中国与乡村教育[M]. 福州: 福建教育出版社.

乔恩·威尔斯, 约瑟夫·邦迪, 2007. 课程开发: 实践指南[M]. 徐学福, 陈静, 译. 第6版. 北京: 中国轻工业出版社.

石鸥, 2005. 关于基础教育课程改革的几点认识[J]. 教育研究, 26(9): 28-30, 96.

石鸥, 2009. 中国基础教育60年（1949—2009）[M]. 长沙: 湖南师范大学出版社.

孙绵涛, 2011.教育政策分析——理论与实务[M]. 重庆: 重庆大学出版社.

孙绵涛, 罗建河, 2008.西方当代教育管理理论流派[M]. 重庆: 重庆大学出版社.

汤慧丽, 2012. 三级课程管理的延伸与有效补充[J]. 现代教育科学（普教研究）, (2): 37-38.

唐丽芳, 尹弘飚, 2007. 我国课程实施过程评价研究进展及走向[J]. 东北师大学报（哲学社会科学版），(2)：129-133.

屠莉娅，2009. 课程改革政策过程：概念化、审议、实施与评价——国际经验与本土案例[D].
　　上海：华东师范大学.

王宝玺，2003. 地方课程政策研究[D]. 重庆：西南师范大学.

王标，宋乃庆，2012. 西南地区农村义务教育三级课程实施现状、问题与对策[J]. 西南大学学
　　报（社会科学版），38(4)：53-62.

王慧霞，2008. 西北民族地区基础教育新课程实施问题研究——以夏河县两所藏族学校为个案
　　[D]. 兰州：西北师范大学.

王嘉毅，赵志纯，2010. 我国农村基础教育课程改革：问题与对策[J]. 教育研究，31(11)：25-30.

王艳玲，2007. 发达国家基础教育课程开发制度：经验与启示[J]. 外国中小学教育，(6)：18-23.

王一军，2008. 三级管理框架内课程能力的生成策略[J]. 当代教育科学，(4)：6-10.

夏雪梅，2008. 课程变革实施过程的研究：学校组织的视角[D]. 上海：华东师范大学.

夏志芳，2008. 地域文化·课程开发[M]. 合肥：安徽教育出版社.

杨振英，张洪玲，2001. 小学三级课程结构改革的探索与实践[J]. 吉林教育科学（普教研究版），
　　(6)：15-18.

杨中枢，2004. 学校课程管理研究[D]. 兰州：西北师范大学.

叶澜，2009. 中国基础教育改革发展研究[M]. 北京：中国人民大学出版社.

叶丽新，2000. "课程实施"的三维理解[J]. 现代教育论丛，(6)：9-13.

尹弘飚，2004. 课程改革中教师关注阶段理论的研究述评[J]. 比较教育研究，(8)：38-43.

尹弘飚，2010. 重新理解课程改革中的教师培训[J]. 教育发展研究，(10)：48-52.

于影丽，孟凡丽，2010. 西北少数民族地区三级课程实施的进一步思考[J]. 当代教育与文化，
　　2(2)：7-10.

张华，1999.论课程实施的含义与基本取向[J].外国教育资料，(2)：28-33.

张男星，2006. 权力·理念·文化——俄罗斯现行课程政策研究[M]. 北京：教育科学出版社.

张天雪，2008. 基础教育改革论纲[M]. 重庆：重庆大学出版社.

张万波，2006. 三级课程管理制度实施的新制度经济学分析[J]. 现代中小学教育，22(10)：18-20.

张相学，2006. 学校如何管理课程——主体论视野下学校课程管理的思考[D]. 南京：南京师范
　　大学.

赵士果，崔允漷，2011. 比恩课程统整的理念及模式建构[J]. 全球教育展望，40(7)：32-36.

钟启泉，2008a. 教育的挑战[M]. 上海：华东师范大学出版社.

钟启泉，2008b. 课程的逻辑[M]. 上海：华东师范大学出版社.

周勇，2008. 传统文化·课程开发[M]. 合肥：安徽教育出版社.

Anderson S E, 1997. Understanding teacher change: Revisiting the concerns based adoption model[J]
　　Curriculum Inquiry，27(3)：331-367

Cheng Y C，1992. A preliminary study of school management initiative： Responses to induction and implementation of management reform[J]. Educational Research Journal，(7)：21-32.

Cheung D，Hattie J，Ng D. Reexamining the stages of concern questionnaire：A test of alternative models[J]. Journal of Education Research，94(4)：226-232.

Chi- Kin Lee J，2000. Teacher receptivity to curriculum chang e in the implementation stage：The case of environmental education in Hong Kong [J]. Journal of Curriculum Studies，32(1)：95-115.

Chiarelott L，2007. 情境中的课程：课程与教学设计[M]. 杨明全，译. 北京：中国轻工业出版社.

Coleman J S，1997. Families and schools[J]. Educational Researcher，(6)：32-38.

Fullan M，2010. 教育变革的新意义 [M]. 武云斐，译. 上海：华东师范大学出版社.

Fullan M，Pomfret A，1977. Reach on curriculum and instruction implementation[J]. Review of Education Research，47(2)：11-27.

Fuller F F，1974. Concerns of Teachers：Research and Reconceptulization[C]. Paper presented at the Annual Meeting of the American Educational Research Association. 59th. Chicago，Illinois.

Goodlad J I，et al.，1979. Curriculum Inquiry：The Study of Curriculum Practice[M]. New York：McGraw-Hill：60-64.

Hall G E，Hord S M，2001. Implementing Change：Patterns，Principles，and Potholes[M]. Boston：Allyn and Bacon：61，68.

Hlebowitsh P S，2006. 学校课程设计[M]. 孙德芳，孙杰，译. 北京：中国轻工业出版社.

Kazlow C，1977. Faculty receptivity to organizational change：A test of two explanations of resistance to innovation in higher education[J]. Journal of Research and Development in Education，10，(2)：87-98.

Kelly A V，2007. 课程理论与实践[M]. 吕敏霞，译. 第 5 版. 北京：中国轻工业出版社.

Tyler R W，2008. 课程与教学的基本原理[M]. 罗康，张阅，译. 北京：中国轻工业出版社.

附录1 基础教育三级课程实施现状调查问卷(教师)

老师，您好！为了解基础教育三级课程（国家、地方和校本课程）实施的有关情况，我们开展此次调研。问卷采用匿名形式，研究过程中将对问卷信息严格保密。答案没有正误之分，请您根据您的真实想法回答问题。衷心感谢您的支持与参与！

1.地区：_____省_____市_____区（县）	2.性别：①男　②女

3.年龄：①25 及以下　②26～30　③31～35　④36～40　⑤41～45　⑥46～50　⑦51～55　⑧56 及以上

4.学历：①专科以下　②专科　③本科　④研究生及以上

5.职称：①未评职称　②初级　③中级　④高级

6.教龄：①1～3 年　②4～6 年　③7～10 年　④11～15 年　⑤16 年及以上

7.学校类别：①农村小学　②农村中学

8.主要任教科目：①语文　②数学　③外语　④物理　⑤化学　⑥历史　⑦地理　⑧政治（思品）
⑨体育　⑩音乐　⑪美术　⑫其他：_____

说明：以下共 18 题，请在您认为符合您的情况的选项数字上打"√"（如无特殊说明每题只选一个答案），请不要漏题，谢谢！。

1. 您对国家基础教育新课程改革的了解程度及对在农村的适切程度的认识

	了解程度					适切程度				
	非常了解	比较了解	一般	很少了解	不了解	非常适合	比较适合	一般	不适合	很不适合
(1)国家基础教育新课程改革理念	□	□	□	□	□	□	□	□	□	□
(2)国家基础教育新课程改革目标	□	□	□	□	□	□	□	□	□	□
(3)国家基础教育新课程改革内容	□	□	□	□	□	□	□	□	□	□
(4)新课程改革倡导的教学方式	□	□	□	□	□	□	□	□	□	□
(5)新课程改革倡导的学习方式	□	□	□	□	□	□	□	□	□	□
(6)新课程改革倡导的评价方式	□	□	□	□	□	□	□	□	□	□

2. 以下对国家课程、地方课程和校本课程的描述，你的意见是

	完全同意	基本同意	说不清	基本不同意	完全不同意
（1）国家课程科目太多,学生负担过重	□	□	□	□	□
（2）地方课程就是过去的乡土课程	□	□	□	□	□
（3）校本课程开发就是编写教材	□	□	□	□	□

3. 您认为当前课程实施最为缺乏的方面是：

□新思想新观念　　□课程资源和条件　　□师资　　□专家支持　　□经费

4. 您认为开设地方课程最主要的目的是

□作为国家课程的补充　□扩大学生的知识面　　□为地方经济建设服务
□扩大学生的就业面　　□应付教育主管部门的检查　□为升学考试服务

5. 您认为地方课程由谁来开发最合适

□地方教育行政部门　　□高校或教育科研机构　□专家学者　　□教研员
□其他人士

6. 您认为开设校本课程最直接的目的是

□作为国家课程和地方课程的补充　□扩大学生的知识面　　□为地方经济
建设服务　□扩大学生的就业面　　□应付教育主管部门的检查　□为升学考试
服务

7. 您了解校本课程开发的基本程序吗？

□非常了解　　□较了解　　□一般　　□不太了解　　□很不了解

8. 您认为校本课程最主要服务于

□学生需要　□教师专业发展需要　□家长需要　□学校需要　□社会发展需要

9. 您认为校本课程由谁来开发最合适

□学校领导　　□教师　□专家学者　□教研员　□家长　□其他人士

10. 您认为地方课程能否发生效益关键取决于

☐开设的课程与地方经济建设联系是否紧密　　☐教师的教学水平
☐学生的学习兴趣　　☐教材的质量高低　　☐是否考试

11. 您认为校本课程能否发生效益关键取决于

☐开设的课程与地方经济建设联系是否紧密　　☐教师的教学水平
☐学生的学习兴趣　　☐教材的质量高低　　☐是否考试

12. 您经常采用哪些方法进行教学？（可多选）

☐查阅大量相关资料，在课堂上展示给学生
☐让学生收集自己所在区的资料，在课堂上与大家分享
☐利用多媒体或挂图、实物增加学生的感性认识
☐组织学生开展活动、实地考察　　☐讲授

13. 您认为课程实施中可以开发与利用那些课程资源（可多选）

☐乡土自然资源　　☐民间文化　　☐农村实践活动
☐学校的文化传统　　☐学校的教学设施

14. 针对贵校的实际情况，您认为开发校本课程最好的方式是

☐自主创新　　☐选用　　☐改编

15. 您认为应该怎样来评价学生的学习（可多选）

☐纸笔测试　　☐作品　　☐学习报告
☐面试　　☐活动表演和展示

16. 近三年您参加以下活动的次数是

	从不	3次以下	3～5次	6～10次	10次以上
（1）县级及以上的教科研培训	☐	☐	☐	☐	☐
（2）参加学历或非学历进修	☐	☐	☐	☐	☐
（3）参加课题研究	☐	☐	☐	☐	☐
（4）参加校外组织的各类教研活动	☐	☐	☐	☐	☐
（5）观摩同事的课并在课后交流研讨	☐	☐	☐	☐	☐
（6）与同事分享经验心得、讨论教学问题	☐	☐	☐	☐	☐
（7）收集整理教学案例与录像，并进行分析	☐	☐	☐	☐	☐
（8）自学与写教学反思	☐	☐	☐	☐	☐

17. 您最希望得到哪方面的培训

□教育理论提升　　□课程开发与设计　　□教学方法　　　　□教育科研与课题研究
□信息技术与课件制作

18. 您最喜欢的培训方式是

□专家讲座　　□专题研讨　　□观摩示范课　　□网络远程培训　　□校本教研

附录2 基础教育三级课程实施影响因素
调查问卷（教师）

老师，您好！为了解基础教育三级课程（国家课程、地方课程和校本课程）实施的有关情况，我们开展此次调研。问卷采用匿名形式，研究过程中将对问卷信息严格保密。答案没有正误之分，请您根据您的真实想法回答问题。衷心感谢您的支持与参与！

1.地区：_____省_____市_____区（县）	2.性别：①男　②女

3.年龄：①25 及以下　②26～30　③31～35　④36～40　⑤41～45　⑥46～50　⑦51～55　⑧56 岁及以上

4.学历：①专科以下　②专科　③本科　④研究生及以上

5.职称：①未评职称　②初级　③中级　④高级

6.教龄：①1～3 年　②4～6 年　③7～10 年　④11～15 年　⑤16 年及以上

7.学校类别：①农村小学　②农村中学

8.主要任教科目：①语文　②数学　③外语　④物理　⑤化学　⑥历史　⑦地理　⑧政治（思品）
⑨体育　⑩音乐　⑪美术　⑫其他：_____

说明：以下共 23 题，请在您认为符合您的情况的选项数字上打"√"，请不要漏题，谢谢！

序号	题目	选项				
		⑤	④	③	②	①
		完全同意	基本同意	说不清	基本不同意	完全不同意
1	三级课程的实施符合当前教育发展的需要	⑤	④	③	②	①
2	国家课程、地方课程和校本课程的比例划分是合理的	⑤	④	③	②	①
3	地方课程主要服务于地方经济和社会的发展	⑤	④	③	②	①
4	校本课程主要服务于学生的兴趣和特长发展	⑤	④	③	②	①
5	三级课程的实施需要制定相关的教育法规来保障	⑤	④	③	②	①
6	实施三级课程有着完善的组织机构	⑤	④	③	②	①
7	科层式管理体制有利于三级课程的实施	⑤	④	③	②	①
8	三级课程宣传不到位	⑤	④	③	②	①

续表

序号	题目	选项				
		⑤ 完全 同意	④ 基本 同意	③ 说不清	② 基本不 同意	① 完全不 同意
9	三级课程执行监管不够	⑤	④	③	②	①
10	采取行政命令的方式能更有效地实施三级课程	⑤	④	③	②	①
11	对三级课程实施得好的学校予以奖励有利于更好实施三级课程	⑤	④	③	②	①
12	对三级课程实施不力的学校予以惩戒有利于更好实施三级课程	⑤	④	③	②	①
13	教师之间的通力合作有利于三级课程实施	⑤	④	③	②	①
14	封闭的教师文化氛围不利于三级课程的有效实施	⑤	④	③	②	①
15	三级课程实施缺乏配套的师资	⑤	④	③	②	①
16	三级课程实施缺乏相应的经费支持	⑤	④	③	②	①
17	三级课程实施缺乏配套的课程资源	⑤	④	③	②	①
18	三级课程的有效实施有赖于教育评价制度的变革	⑤	④	③	②	①
19	坚定为了学生全面发展的信念有利于实施三级课程	⑤	④	③	②	①
20	全面实施素质教育有利于实施三级课程	⑤	④	③	②	①
21	教育（课程）专家、学者意见对三级课程执行有很大影响	⑤	④	③	②	①
22	教育领导者的人格魅力和亲和力比采取强制手段更有利于实施 三级课程	⑤	④	③	②	①
23	三级课程已得到很好实施	⑤	④	③	②	①

附录3 基础教育三级课程实施状况访谈提纲(教师)

访谈时间＿＿＿＿＿＿＿ 访谈地点＿＿＿＿＿＿＿ 访谈者＿＿＿＿＿＿＿

一、基 本 信 息

1.地区：＿＿＿＿省＿＿＿＿市 ＿＿＿＿区（县）　　2.性别：①男　　②女
3.年龄：①25 及以下　　②26～30　③31～35　④36～40　⑤41～45　⑥46～50　⑦51～55　⑧56 及以上
4.学历：①专科以下　　②专科　　③本科　　④研究生及以上
5.职称：①未评职称　　②初级　　③中级　　④高级
6.教龄：①1～3 年　　②4～6 年　　③7～10 年　　④11～15 年　　⑤16 年及以上
7.学校类别：①农村小学　　②农村中学
8.主要任教科目：①语文　②数学　③外语　④物理　⑤化学　⑥历史　⑦地理　⑧政治（思品）
⑨体育　⑩音乐　⑪美术　⑫其他：＿＿＿＿＿＿＿＿

二、参 考 问 题

1. 新课程改革提出三级课程，您怎样理解三级课程？你是否知道国家对三级课程（国家课程占 80%以上，综合实践活动、地方课程和校本课程占 16%～20%）的比例要求？您所在的学校是否达到了这个要求？您觉得能达到这个要求主要保障措施有哪些？如不能达到原因是什么？您有哪些建议？

2. 您任教了哪些科目（包括地方课程）？请分别说说这些科目在实施过程中遇到了哪些问题？（课程内容的难度、多少；课时是否够用；课程配套资源如何；相应的经费支持 ……）

3. 实施新的基础教育课程改革，您的教学发生了哪些变化？（是否适应，能否有效选择、开发和利用课程资源？……）有哪些问题和建议？

4. 实施新的课程改革，您觉得学生学习发生了哪些变化？您是否跟同事一起讨论问题，或者分享经验，如何更好地帮助学生学习，实施新课程改革？

5. 您参与开发和实施了哪些校本课程？在校本课程开发（经费投入、资源开发、师资配备、评价等）方面您有哪些建议？有哪些典型经验并举例说明？存在哪些问题？

6. 实施新的课程改革，您任教的科目在评价上做了哪些改革？存在哪些问题？您有哪些建议？

7. 实施新的基础教育课程改革，您参加过哪些类型的培训，对于这些培训您有着怎样的认识（效果、问题）？您最希望得到哪方面的培训？喜欢怎样的培训形式？

附录 4 部分访谈纪要

（一）

访谈时间：2011 年 12 月 16 日上午 11：00
访谈地点：贵州省遵义市××中学行政办公室
访谈对象：陈校长
访谈者：王标等

1. 国家课程实施情况

××中学由两校合并，因此有两个校区，共 32 个班，1800 多名学生，120 余名教师。

（1）国家课程基本按要求实施，开齐课程，开足课时；

（2）师资力量不强，传统薄弱学科学科专业教师数量不足。音乐只有 1 名专业教师，美术没有专业教师，体育只有 2 名专业教师；

（3）过分强调安全问题，导致许多实践课程、活动无法开展，把家庭、社会等的安全责任全部转嫁给学校，导致教师安全责任重大，苦不堪言；

（4）学生学习内容与生活脱节，不感兴趣，学生缺乏实践，导致四体不勤、五谷不分；

（5）综合实践活动课程是新课程改革实施的亮点，但由于缺乏师资、实践基地，缺乏指导，出去安全考虑等原因，导致实施效果不理想；

（6）评价改革不配套，导致课程实施走样。

2. 地方课程实施情况

（1）地方课程的专题教育实施困难，有些学科难以渗透；

（2）农村实用技术课程结合综合实践活动课程实施，但只有书本知识的学习，缺乏实践。

3. 校本课程开发与实施情况

主要开发了《兰花种植》。此课程结合当地的经济发展需要开设，同时结合教师的兴趣，开发并主要承担本门课程教学的老师为一名语文教师。受金融风暴、经济危机的影响，兰花市场需求较少，因此本门课程的开设受到影响。

4. 新课程改革实施以来的主要变化

（1）课程开设比过去齐全；

（2）教师切实树立了学生全面发展和可持续发展观念，重视各门课程的教学；

（3）学生学习内容更为丰富，知识面变广。

存在的主要问题：

（1）薄弱学科专业教师缺乏；

（2）教学设施不齐全。

5. 经费方面

经费基本到位，但由于两基攻坚历史欠账严重，生均经费其中一部分用来偿还历史欠账，导致学校经费紧张。

经费主要用于：

（1）教师培训，3%～5%；

（2）教学设施设备的购买，如实验仪器、消耗品、办公用品；

（3）历史欠账：两基攻坚、亮丽工程。

6. 教师考核

主要依据：思想（政治学习、心得、爱心捐款等）、出勤、安全、学生管理、后勤管理、教育教学常规、教研工作（课题研究、赛课、论文、获奖）、教学质量（占 1/3）。

基本已形成制度化管理。

绩效工资没有得到真正落实，平均主义、大锅饭思想严重。

（二）

访谈时间：2011 年 12 月 1 日上午

访谈地点：重庆市武隆县××中学校长办公室

访谈对象：黄校长、项副校长

访谈者：王标等

1. 国家课程实施基本情况

（1）严格按照国家课程方案实施国家课程；

（2）国家课程各门学科师资力量较为充足，但地理学科师资比较缺乏，体育教师数量过剩。但其他学校则缺乏；

（3）评价制度成为课程改革的瓶颈，考试成为指挥棒，考什么教什么现象较为严重；

（4）除教育部门以外，其他个有关部门也要求很多内容进课堂，如廉政教育、安全教育、禁毒教育、防艾教育、环境教育、卫生教育、民族团结教育等，课时是有限的，使学校课程内容难以负载，是否可以考虑整合。

2. 地方课程实施情况

（1）学校开设的地方课程主要有重庆地理和重庆历史，以及武隆旅游，但武隆旅游基本上没有开设，只是把教材电子文本挂在网上供学生自学，学生没有纸质教材；

（2）地方课程没有合适师资，制约实施。

3. 校本课程

学校暂时没有校本课程，正在努力开发。
没有的原因主要为：
（1）没有师资，缺乏课程开发能力；
（2）觉得当地缺乏相关的资源，人文底蕴积淀不够。

4. 新课程改革实施以来的主要变化

（1）教师的观念发生变化，对学生主体地位的认识有了更明确的认识；

（2）教师的教学方式发生了变化，感觉新课程改革非常重视学生的学习过程，认为教学就是"用恰当的过程和方法解决知识和技能，在这个过程中注意培养情感、态度和价值观"，在上课结束后，会经常反思，这节课"我是不是讲多了"，这在以前是没有过的，感觉要让学生多参与活动，多自主学习；

（3）学生越来越活跃，自主性增强。

5. 新的课程改革存在哪些问题

（1）评价是瓶颈；

（2）家长以学习成绩为本的观念制约改革；

（3）多元评价受传统伦理型文化影响太深，如推荐等唱出现徇私舞弊，裙带关系等；

（4）与学校教学等无关的检查活动太多，校长60%～80%的时间花在了迎接各种检查活动上，没心思抓教学。学校自主权利太少；

（5）官本位现象严重，严重制约学校个性发展，对上负责的思想影响教育改革。行政对学校干预太多，建议行政只负责硬件建设和经费投入等；

（6）教师培训经费不足，活动经费少，课程开发等基本无经费。

感觉新的教育试图以素质教育达到应试教育的目标。

6. 经费投入方面的情况

从纵向来看，经费投入增多，得到大大改善。但在学校多功能室、计算机、图书室方面建设经费方面还严重不足。

7. 教师评价和专业发展方面

绩效工资不可行，基本还是平均主义。主要还是以学生考试成绩评价教师。

8. 家校合作方面

感觉家长对学校教育的支持度在逐年下降，原因在于教师地位的下降。

归根于教师的经济地位不高，本科学历教师每月才拿 1500 元，与社会其他职业比较起来，戳伤教师工作积极性。

另外是新的读书无用论盛行，家长对读书不够重视,学校学生辍学率达到 5%。

附录5 农村中小学办学条件基本情况调查表

_____县办学条件基本情况调查表

一、高 中

基本情况				校舍面积			配套设施（有/无）		
班数	生数	学校总建筑面积	生均校舍面积	其中			田径场		篮球场
				学生宿舍面积	危房面积		200 m 以上环形跑道	60 m 以上直跑道	

二、农 村 初 中

基本情况				校舍面积			配套设施（有/无）		
班数	生数	学校总建筑面积	生均校舍面积	其中			田径场		篮球场
				学生宿舍面积	危房面积		200 m 以上环形跑道	60 m 以上直跑道	

三、农 村 小 学

基本情况		学校总建筑面积	校舍面积			配套设施（有/无）		
			生均校舍面积	其中		田径场		篮球场
班数	生数			学生宿舍面积	危房面积	200 m 以上环形跑道	60 m 以上直跑道	

附录6 县级学生情况统计表

_____县学生情况统计表

年度		2006		2007		2008		2009		2010	
学生性别		男	女	男	女	男	女	男	女	男	女
学生情况	学校学生总数										
	留守学生数										
	辍学生生数										
各年级学生人数	高中 三年级										
	高中 二年级										
	高中 一年级										
	初中 三年级										
	初中 二年级										
	初中 一年级										
	小学 六年级										
	小学 五年级										
	小学 四年级										
	小学 三年级										
	小学 二年级										
	小学 一年级										

附录7 县级基础教育经费收支情况统计表

_____县基础教育经费收支情况提及表

一、高 中

项目		2001 年	2006 年	2007 年	2008 年	2009 年	2010 年
收入	财政拨款						
	其他收入						
生均经费							
支出	教师培训费						
	教学实验品、辅助用品等						
	设备购置费						
	教研活动费						

二、农 村 初 中

项目		2001 年	2006 年	2007 年	2008 年	2009 年	2010 年
收入	财政拨款						
	其他收入						
生均经费							
支出	教师培训费						
	教学实验品、辅助用品等						
	设备购置费						
	教研活动费						

三、农 村 小 学

项目		2001 年	2006 年	2007 年	2008 年	2009 年	2010 年
收入	财政拨款						
	其他收入						
生均经费							
支出	教师培训费						
	教学实验品、辅助用品等						
	设备购置费						
	教研活动费						

附录8 县级教师队伍基本信息表

_____县教师队伍基本信息表

指标		人数
教职工编制情况	教职工总数	
	专任教师总数	
	代课教师数	
	流动教师数	
性别结构	男	
	女	
学历结构	硕士	
	本科	
	专科	
	其他	
职称结构	特级教师	
	高级教师	
	中级教师	
	初级教师	
年龄结构	35 周岁以下	
	36~45 周岁	
	46~55 周岁	
	56 周岁以上	
学科（专业）结构	语文	
	数学	
	英语	
	物理	
	化学	

指标			人数
学科（专业）结构		生物	
		政治（思想品德）	
		历史	
		地理	
		科学	
		音乐	
		美术	
		体育	
		教育技术	
		综合实践	
		其他	
岗位培训情况	县市级	培训教师人数	
		校长培训人数	
	省　级	培训教师人数	
		校长培训人数	
	国家级	培训教师人数	
		校长培训人数	

后　记

　　本书的写作历经了几个春秋，在即将付梓之时，有些许激动，但更多的是惶惑。我们深知这只是研究工作的暂时结束，有关农村基础教育三级课程的研究还任重而道远，我们只不过是做了一个初步的尝试。

　　本书的研究采用了实证的研究方法，这需要时间和精力的保障，更重要的是需要得到有关部门和研究对象的支持。在这里首先要感谢西南大学宋乃庆教授的大力支持，没有他的支持与鼓励，或许就没有本书的出版，在研究思路、研究设计、研究工具等方面，宋乃庆教授都进行了指导。同时还要感谢云南、重庆、贵州、四川和广西5个省（自治区、直辖市）各级教育行政部门、教研机构及各调研学校领导、师生的大力支持，没有他们的帮助和配合，研究不可能进展得顺利，不可能获得大量一手的数据。在数据的收集和整理过程中还得到许多朋友和同行的帮助，他们是西南大学王天平副教授、琼台师范学院李长毅教授、河西学院吴文斌讲师、西南大学俞向军博士、四川大学陈朝东助理研究员……难以一一尽述，朋友和同行的帮助是继续前进的不竭动力，感谢他们的无私支持！

　　是为记。

王　标　孙自强

2016 年 11 月 30 日